Le droit de la guerre
dans les religions et traditions d'Afrique noire

Collection « Études africaines »

dirigée par Denis Pryen et son équipe

Forte de plus de mille titres publiés à ce jour, la collection « Études africaines » fait peau neuve. Elle présentera toujours les essais généraux qui ont fait son succès, mais se déclinera désormais également par séries thématiques : droit, économie, politique, sociologie, etc.

Dernières parutions

Mgr Léonard KASANDA LUMEMBU, *La sorcellerie chez les Baluba du Kasayi (RDC),* 2021.

Boubacar NIANG, *Le gouverneur Faidherbe à Saint-Louis et au Sénégal (1854-1861/1863-1865). Mythes et réalités dans l'œuvre du précurseur de la colonisation française en Afrique occidentale*, 2021.

Debeau MUNAYENO MUVOVA et Didier PIDIKA MUKAWA, *Covid-19 au Congo-Kinshasa, Représentations sociales et gestion publique au cœur d'une crise sanitaire*, 2021.

Safiatou DIALLO, *Politiques de santé en Guinée, de la colonisation au début du XXI*e *siècle*, 2021.

Gaptia LAWAN KATIELLOU, Vieri TARCHIANI et Maurizio TIEPOLO (dir.), *Risque et adaptation climatique dans la région de Dosso au Niger*, 2021.

Joël IPARA MOTEMA, *Maladie et quête de sante en République démocratique du Congo,* 2021.

Julien IRUMU AGOZIA-KARIO, *Spiritualité logo au contact de la colonisation*, 2021.

NIAMKEY-KOFFI, *La notion de système philosophique. Spinoza et Nietzsche*, 2021.

Mylène DANGLADES, Babou DIÈNE et Denis Assane DIOUF (dir.), *L'esclavage en mots/maux et en images,* 2021.

Benjamin KAGINA SENGA, *Quelle protection pour les enfants déplacés et refugies non accompagnés en République démocratique du Congo ?,* 2021.

Patrick KABOU

LE DROIT DE LA GUERRE DANS LES RELIGIONS ET TRADITIONS D'AFRIQUE NOIRE

L'Harmattan

5-7, rue de l'École-Polytechnique ; 75005 Paris
http://www.editions-harmattan.fr
ISBN : 978-2-343-24218-7
EAN : 9782343242187

Jean 18 :36

« Mon royaume n'est pas de ce monde. Si mon royaume était de ce monde, mes gens auraient combattu pour que je ne sois pas livré. Mais mon royaume n'est pas d'ici.[1] »

[1] « *La Bible de Jérusalem* », *Évangile selon Saint-Jean, Jésus devant Pilates*, Jean 18 :36, traduite en français sous la direction de l'École biblique de Jérusalem, Éditions du CERF, Avril 1998, p.1830.

Ce livre est un message de la part d'un croyant du monde :

Celui de la paix, de la justice et de la fraternité entre les peuples d'Afrique et d'ailleurs.

Au-delà de tout, je suis juste un être HUMAIN !

REMERCIEMENTS

Mes remerciements et dédicaces vont aussi :

- À Madame Victorine PREIRA, ma très chère mère et Léon KABOU, mon défunt père,
- À mon fils Léon-Louis KABOU-SANCHEZ,
- À ma femme Ana SANCHEZ HERNANDEZ,
- Aux familles KABOU et SANCHEZ.

SOMMAIRE

MÉTHODOLOGIE

Dans le cadre de cette étude en histoire du droit, orientée essentiellement vers le droit de l'Église catholique (le droit canonique), j'ai pris un sujet très délicat qui nécessite de prime abord, une connaissance des réalités du terrain ; ce qui est mon cas. En effet, je suis de l'ethnie *Mancagne*, de foi catholique ; né au Sénégal, à Louga, en territoire wolof et musulman dans l'ancien empire du Ndiambour et de parents originaires de la Guinée Bissau et dont les ancêtres pratiquaient des religions traditionnelles.

Cette étude représente pour moi un retour aux sources, une tentative de réunir l'environnement qui m'a vu naître et grandir. Ceci à travers une lecture simple et éclairée de l'importance de la venue du Christ sur terre. Car la révélation ne peut ni ne doit se limiter aux peuples d'Occident, elle s'adresse aussi d'une manière ou d'une autre à nos ancêtres qui croyaient à l'Être Suprême. La mort n'ayant pas le dernier mot sur nos vies et notre existence, j'espère un jour pouvoir voir mes ancêtres réunis, avec le Père, le Fils et le Saint-Esprit, au banquet céleste.

Pour mener à bien mes travaux de recherche et surtout garder notre obligation d'impartialité, je me suis appuyé sur des méthodes de recherche et d'investigation très connues. Muni de méthodologies de recherche en histoire du droit comme celui de Jean GAUDEMET[2], je me suis rendu à huit (8) reprises dans des pays héritiers des anciens royaumes et empires d'Afrique noire. Ces séjours sur le terrain m'ont permis de contraster, recouper et vérifier les éléments d'information lus, parcourus et reçus à travers des articles de presse et des rapports institutionnels consultés.

Ces méthodologies ont été analysées, associées et interprétées grâce à la sagesse de *la Bible de Jérusalem*[3], du Traité soufi *Xurratul Ayni*[4] et

---

[2]Jean GAUDEMET, « *Sociologie historique du droit* », Éditions PUF, Collection Doctrine juridique, Novembre 2000, 352 pages.

[3]« *La Bible de Jérusalem* », traduite en français sous la direction de l'École biblique de Jérusalem, Éditions du CERF, Avril 1998, 2117 pages.

[4] Cheikh Chouhaybou Mbacké (Cheikh al Akbar), « *Xurratul Ayni* », Traité Soufi et de Jurisprudence. Consulter le lien http:// www.daarayweb.org.

à la rigueur du *Code du droit canonique*[5]. Les conditions de réalisation de ce travail ont été très difficiles car ne bénéficiant pas de bourses ni de subventions.

[5]Ernest CAPPAROS et Hélène AUBÉ (Dir.), « *Code de Droit canonique* », Éditions Wilson et Lafleur, 3e édition révisée, corrigée et mise à jour avec les réformes législatives de 2015, 2016, 2292 pages.

INTRODUCTION GÉNÉRALE

L'Afrique, *Berceau de l'humanité*[6] constituerait à elle seule des siècles de civilisation, d'histoire et de culture. Les peuples africains ont tout au long de l'histoire du monde[7], apporté leurs modes de vie (différentes cultures), leurs perceptions (différentes philosophies), leurs croyances (diversités religieuses) et leurs savoir-faire (moyens manuels et inventions techniques).

Dans un monde où il est question aujourd'hui de « *rendez-vous du donner et du recevoir* »[8], l'Afrique se trouve au centre et au cœur du débat[9] entre deux catégories de pensée, dénommées respectivement afro-pessimistes et afro-optimistes.

Pour les afro-pessimistes[10], l'Afrique n'a rien apporté à la civilisation, elle a juste été le début d'un processus. Alors que pour les afro-optimistes[11], l'Afrique est la mère des civilisations[12], elle est l'alpha de toutes les cultures et sera l'oméga du monde. Une controverse qui est alimentée par des siècles d'évangélisation, de colonisation, de décolonisation et de mondialisation.

La tâche qui nous incombe aujourd'hui est de souscrire à une épreuve intellectuelle d'analyse autour du thème : ***le droit de la guerre dans les religions et traditions d'Afrique noire***.

Une étude qui prendra en compte les différents événements et décisions prises par et pour les Africains. Des décisions « extérieures à l'Afrique » ; mais qui eurent une très grande influence sur sa destinée. Nous faisons référence à la mise en contexte des nombreuses décisions politiques

---

6Georges MORTELMANS, « L'Afrique, berceau de l'humanité », In : *Le Globe. Revue genevoise de géographie*, tome 101, 1961. pp. 12-13.
7Cheikh Anta DIOP, « *Nations, Nègres et Culture* », Éditions Présence Africaine, 4e édition, Juillet 2015,564 pages.
8Kahiudi Claver MABANA, « Léopold Sédar Senghor et la civilisation de l'universel », *Diogène*, vol. 235-236, no. 3, 2011, pp. 3-13.
9Jean-Bernard VERON sur Georges COURADE, « L'Afrique des idées reçues », *Afrique contemporaine*, vol. 259, no. 3, 2016, pp. 201-203.
10Jean-Pierre CHRETIEN et al. « Misères de l'afro-pessimisme », *Afrique & histoire*, Vol. 3, no. 1, 2005, pp. 183-211.
11Alain FOULON, *« Les analyses afropessimistes ne reflètent pas la réalité »*, Interview avec Bernard LUGAN page web l'Eco-austral, n°313, 24 Octobre 2016.
12Alain FROMENT, « Origine et évolution de l'homme dans la pensée de Cheikh Anta Diop : une analyse critique ». In : *Cahiers d'études africaines*, vol. 31, n°121-122, 1991. La Malédiction. pp. 29-64.

(*Conférence de Berlin)*[13] et religieuses (des *Fatwas*[14] qui ont été le soubassement de la traite arabo-musulmane et des *bulles papales* qui ont permis l'esclavage et la colonisation occidentale) qui ont mis les peuples et les terres d'Afrique noire à la merci de « pillards »[15] venus d'Arabie et d'« envahisseurs »[16] venus d'Europe.

En parlant d'**Afrique noire**, expression que nous utiliserons souvent d'ailleurs dans nos réflexions, nous désignons la partie subsaharienne du continent africain[17], objet principal de notre étude.

Notre travail consiste, en d'autres termes, à faire une analyse comparative des empires et des civilisations africaines, qui permettrait, dans un premier temps, de déceler l'impact et la place de la guerre dans ces sociétés et ses répercussions sur les modes de fonctionnement des États africains. Cette analyse comparative permettrait, dans un second temps, de voir l'originalité et l'influence de ces empires et ces civilisations africaines sur la perception, aujourd'hui, du droit de la guerre par les puissances mondiales [les pays occidentaux][18].

Dans le cadre de notre réflexion, nous couvrirons l'essentiel des faits, événement historique et religieux de l'Afrique ancienne et prendrons en compte les plus grandes civilisations d'Afrique noire.

Notre étude a comme cadre la période spirituelle d'avant la décolonisation des peuples d'Afrique et la constitution des États « indépendants ». Cette période va de la préhistoire africaine[19] jusqu'aux années 1960, date de la décolonisation de plusieurs pays africains. Cependant, nous ne nous priverons pas de certaines extrapolations qui feront le lien entre les conflits armés et la période post indépendance.

En premier lieu, cette étude comparative a pour objectif principal de présenter l'Afrique avant l'arrivée des religions monothéistes. Puis en second

---

[13]Roland COLLIN, Bruno COQUET, Jean-Marc DANIEL et Emmanuel FOURMANN, « L'Europe et l'Afrique, d'un Berlin à l'autre : 1885-1989 ». In : *Observations et diagnostics économiques : revue de l'OFCE*, n°43, 1993. pp. 455-488.

[14]Alexandre CAEIRO, « The making of the fatwa. The production of Islamic legal expertise in Europe », *Archives de sciences sociales des religions*, vol. 155, no. 3, 2011, pp. 81-100.

[15]Nous utilisons ce terme car les tribus arabo-musulmanes sont les premières forces extérieures à l'Afrique noire à pratiquer l'esclavage. Le *Bakht* en est la preuve, on parle de la traite transsaharienne.

[16] Nous utilisons ce terme car les nations européennes furent les premières et les seules à avoir colonisé l'Afrique noire.

[17]Vincent AUCANTE (Dir.), « *L'Afrique subsaharienne et la mondialisation* », Préface du Cardinal Crescenzo SEPE, Éditions L'Harmattan, Collection Études Africaines, Mars 2008, 266 pages.

[18]Daniel LAGOT, « *Le droit international et les guerres de notre temps* », Paris, Éditions L'Harmattan, Novembre 2016, 211 pages.

[19]Henriette ALIMEN, « *Préhistoire de l'Afrique* », Paris, Éditions Boubée, 1955, 578 pages.

lieu, nous nous pencherons sur les conséquences de cette cohabitation entre ces dernières et les religions traditionnelles africaines[20]. Une problématique qui exige un incessant va-et-vient entre l'Afrique ancienne (avant la colonisation) et l'Afrique nouvelle (la période que nous appellerons celle de la « *décolonisation-dépendante* » ou de la « *colonisation douce* »).
Des bulles papales nous serviront de baromètre pour mesurer l'action ou l'inaction de l'Église dans le « Golgotha » des peuples d'Afrique noire. Toutefois, en ce qui nous concerne, deux principales bulles retiendront notre attention. Il s'agit :

- *De la Bulle* ***Terra Nullius*** *(1095) du pape Urbain II,*
- *De la Bulle* ***Romanus Pontifex*** *(1454) du pape Nicolas V.*

Mais, qu'est-ce qu'une bulle papale ?

Le site internet de la conférence des Évêques de France définit la Bulle papale comme étant *« une lettre solennelle du pape. Elle est scellée soit d'une boule de métal (à l'origine), soit d'un cachet de cire. Les constitutions apostoliques (équivalent d'une loi) se présentent souvent sous forme de bulles.*[21] »
Il s'agissait d'une correspondance bien gardée que le pape envoyait à une personne, dans le cas nous concernant à un souverain, pour l'informer, lui donner son avis en l'autorisant ou l'interdisant une démarche, un acte, en conformité avec l'Église universelle. Mais comment cette bulle peut donc être rendue publique si elle a un destinataire bien défini ou bien que l'objectif soit, qu'une fois reçue, le destinataire la publie ?

C'est là qu'entre l'intention manipulatrice de certains souverains de s'octroyer les faveurs du pape pour assouvir leurs besoins incontrôlés de dominer le monde.

La bulle Romanus Pontifex, conservée aujourd'hui d'après certains[22] *à l'Institut des archives nationales de Torre Do Tombo à Lisbonne (Portugal), aurait-elle souffert de cela ?*

Malgré nos déplacements au Portugal, nous ne pouvons, aujourd'hui, ni confirmer ni infirmer cette possibilité. Nous savons seulement que les bulles papales ont beaucoup influencé sur les actes portugais au Moyen Âge[23].

---

[20]Jean-Claude BARBIER et Elisabeth DORIER-APPRILL, « Cohabitations et concurrences religieuses dans le Golfe de Guinée. Le Sud-Bénin, entre vodun, Islam et Christianismes *(*Religious cohabitation and rivalry in the Gulf of Guinea. Southern Benin between vodun, Islam and Christianity*)*. In : *Bulletin de l'Association de géographes français*, 79e année, 2002-2 (Juin). Géopolitiques africaines, sous la direction de Roland Pourtier. pp. 223-236.
[21]Consulter le lien suivant : https://eglise.catholique.fr/glossaire/bulle-papale/.
[22]Consulter le lien suivant : http://uhem-mesut.com/medu/0003.php.
[23] Consulter pour plus ample information le lien suivant : http://elec.enc.sorbonne.fr/cid/cid1996/art_16.

Mais, rappelons-le si nécessaire, en ce qui nous concerne, deux bulles papales nous intéressent le plus. Il s'agit de :

- La bulle ***Terra Nullius***, publiée en 1095 par le pape Urbain II, est une autorisation religieuse et juridique en son temps d'accaparement et de confiscation de la terre des autochtones en Afrique et en Asie. Elle privilégiait les grands explorateurs et navigateurs européens qui s'étaient lancés à la « découverte » du monde.
  Cette autorisation religieuse et juridique leur a servi de prétexte pour conquérir d'autres peuples créés à l'image et selon la bonté de Dieu. Elle a été le soubassement, les prémices d'un « surmoi » et d'un « surhomme » dans les rapports entre les hommes.
- La bulle ***Romanus Pontifex***, publiée le 8 janvier 1454, est une autorisation faite à l'Occident (au Roi Alphonse du Portugal) de mener une croisade contre les peuples « païens » d'Afrique noire. Elle a autorisé la « razzia » et « la table rase » de l'Afrique noire.

L'analyse scientifique consiste en la capacité d'éclairer la lanterne des non-initiés et de prendre position sur un sujet à controverse dans l'optique de rendre audible et compréhensible ce qui fait l'objet d'un imbroglio. C'est dans ce sens que nous tenterons de répondre à ce défi intellectuel ; d'abord par une organisation du débat autour de quatre questions :

- *Est-ce que l'Afrique était si homogène, telle qu'on le dit ?*
- *Peut-on parler de civilisation africaine ?*
- *Peut-on parler de pensée philosophique africaine ?*
- *Peut-on parler de théologie d'Afrique noire ?*

Ensuite, répondre à ces questions nous amènera à nous expliquer sur les notions de « **philosophie africaine** », de « **civilisation africaine** » et de « **théologie d'Afrique noire** ». Ce travail de consultation, appelé revue de littérature, requiert une convocation permanente des écrits des anciens, surtout si on sait qu'*en Afrique, le vieillard a sa place dans la société*[24].

La **civilisation africaine** procède avant tout du verbe[25], qu'il soit parole, rythme ou symbole. Une civilisation qui donne un sens à la parole. Faudrait-il rappeler au passage qu'en Afrique de l'Est « *on traduisait Aristote au IVe siècle et qu'au XVIIe siècle, au moment où Descartes publiait son discours*

---

[24]Voir l'article de Sandro CAPO CHICHI, « *L'origine du proverbe "En Afrique, un vieillard qui meurt c'est une bibliothèque qui brûle"* » sur le lien http://nofi.fr/2015/05/lorigine-du-proverbe-un-vieillard-qui-meurt-cest-une-bibliotheque-qui-brule/18032.

[25]Lire deux auteurs qui ont parlé de l'importance du verbe dans les religions et traditions africaines :

- Pierre VERGER, « Automatisme verbal et communication du savoir chez les Yoruba », dans *L'Homme*, tome XII, Paris, 1972.
- Dominique ZAHAN, *« La dialectique du verbe chez les Bambara »*, Dijon, Éditions Darantière, 1963.

de méthode, l'Éthiopien Zera YACOB écrivait Hatata, qui est un traité de philosophie rationaliste.[26] » ?

La philosophie africaine est, en partie, faite de symboles, de langages. Pour l'africain, qu'est-ce que la parole ?

D'après l'analyse des participants au *Colloque international de Kinshasa* sur *Religions africaines et christianisme*[27], tout d'abord il y a **la bonne parole**. Celle qui s'enroule autour de la matrice. Cette parole est dite *permise* car elle renforce et vitalise. Il y a aussi **la parole mauvaise** qui elle se « *confond avec la mauvaise odeur* ». Cette parole est dite *interdite* car prononcée ou seulement entendue, elle contrecarre la puissance expansive de la vie. Ensuite il y a **la parole profane** à structure énonciatrice ou implicative et **la parole sacrée**[28] du prêtre ou du chef de confrérie qui rend le sacrifice possible.

À la question de savoir ce qu'est la parole, *Komo-dibi*, le chantre malien du *Komo* (société d'initiation)[29], déclare que :

- *« La parole est tout,*
- *Elle coupe, écorchée*
- *Elle modèle, module,*
- *Elle perturbe, rends fou*
- *Elle guérit ou tue net,*
- *Elle amplifie, abaisse selon sa charge,*
- *Elle excite ou calme les âmes.*[30] »

Quand pour les *Bambara*, « *la parole est aussi longue que l'humanité : celle-ci atteint les dimensions cosmiques puisque l'homme est, dans son essence, l'expression éminente du monde* »[31]. Chez les *Dogon*, on avance « *trois révélations par la parole :*

- *La parole était un verbe humide,*
- *La parole était un verbe lumineux,*
- *La parole, un langage à la fois parlé et musical* »[32].

Pour les *Soudanais*, « *l'immensité du verbe est son attribut fondamental. Le verbe intégral est le patrimoine de l'humanité, et par- delà elle, de la*

---

[26] Séverine KODJO-GRANDVAUX, « Un Colon », Journal *Le Monde* du 3 décembre 2016, p.2.
[27]Cf. Colloque international de Kinshasa, 1979, p.67.
[28] Germaine DIETERLIN, « *Textes sacrés d'Afrique noire* », Paris, Éditions Gallimard, Mai 2011, 392 pages.
[29] Lire Philippe LABURTHE-TOLRA et René BUREAU, « *Initiation africaine* », Yaoundé, Éditions CLE, 1971, 293 pages.
[30]Cf. Colloque international de Kinshasa, 1979, p.66.
[31]*Idem.*
[32]Cf. Colloque international de Kinshasa, 1979, p.67.

divinité »[33]. La parole devient de ce fait un lien avec la divinité. *« Au commencement était le Verbe, et le Verbe était en Dieu et le Verbe était Dieu. Il était au commencement en Dieu. Tout par lui a été fait, et sans lui rien de ce qui existe n'a été fait »*[34]. La théologie serait-elle alors, une science du savoir comme une autre ? Par exemple, la philosophie ?

Nous répondons à cette interpellation par la négative. La théologie est « *un acte scientifique engagé et d'engagement* »[35]. Elle est « *la science du destin divin de l'homme* ».

Si Dieu a créé l'humanité et l'Afrique, d'après Cheikh Anta DIOP, le berceau de l'humanité, quoi de plus naturel d'affirmer que l'Afrique a connu **l'Être Suprême** avant les autres peuples ? Avant le Christ, l'Afrique parlait d'Être Suprême accessible par l'intermédiaire et l'intercession des ancêtres. Avec le Christianisme, elle a découvert le nom de l'Être Suprême (Abba) et le rôle de médiateur qui est **exclusivement réservé au *Fils de l'Homme***[36] et non plus aux ancêtres. La théologie catholique est alors, « *fondée sur la révélation de Dieu en Christ, et aussi basée sur la connaissance profonde et radicale de l'homme et des conditionnements de sa vie* ».

Pour arriver à comprendre la nature humaine et ses caractéristiques, des sciences de l'homme comme la philosophie deviennent ainsi des outils de compréhension utilisés par la théologie. Faire et vivre de la théologie n'est possible que par le don de l'Esprit qui nous éclaire dans ce que Dieu a bien voulu nous révéler de sa Personne.

La théologie africaine a toujours joué un rôle de lanceur d'alerte en anticipant les maux de nos sociétés[37]. Elle ouvre les portes de l'Espérance dans un continent marqué par la pauvreté. « *Dieu, en effet, n'a pas envoyé son Fils dans le monde pour qu'il juge le monde, mais pour que le monde soit sauvé par lui.*[38] »

À la lumière du *Colloque international de Kinshasa* (1979), il convient de dire qu'« *en Afrique, la théologie a pour rôle, tout en participant à l'effort de pensée requis par et pour l'Église Universelle, de prendre en charge en*

[33]*Ibidem*, p.66.
[34] Traduction du Prologue de l'Évangile selon Jean par Augustin Crampon, Édition en 1894.
[35] Cf. Colloque international de Kinshasa, 1979, p.26.
[36]Jean 14,7 « *Si vous me connaissiez, vous connaîtriez aussi mon Père. Et dès maintenant vous le connaissez, et vous l'avez vu* ».
[37]Alphonse Mushiete NGINDU, « *La théologie en Afrique, d'hier à aujourd'hui* », Kinshasa, 1977.
[38]« *La Bible de Jérusalem* », *L'entretien avec Nicodème*, Jean 3,17, traduite en français sous la direction de l'École biblique de Jérusalem, Éditions du CERF, Avril 1998, p.1793.

particulier « le destin divin, dans le Christ, de l'homme africain ». » Il est de ce fait état d'une **théologie d'Afrique noire**[39].

Il ressort de cette analyse que le continent africain n'est pas homogène. Il est constitué d'une diversité dans les croyances religieuses[40], dans les modes de vie et les manières de penser marquées par des spécificités liées à des liens d'appartenance ethnique, culturelle et religieuse. La famille, l'ethnie, le clan et la tribu deviennent ainsi le nucléo de base. Ce nucléo s'identifie et s'organise au plus haut niveau autour des empires, des royaumes.

Comprendre cette organisation des sociétés africaines à travers des empires nous amène à nous focaliser sur :

- Les différents empires africains (leur organisation, leurs modes de vie, leurs croyances religieuses)
- La/les relation (s) entre ces différents empires africains (fraternelles, conflictuelles, les liens de parenté),
- Les rapports de ces empires africains par rapport à la nature, à l'environnement, au pouvoir, à la ou les divinités.

Un point nous servira de fil d'Ariane pour comprendre le système d'organisation de ces empires, de ces royaumes, ainsi que les normes et les coutumes régissant les rapports qu'ils entretenaient entre eux : **la guerre**[41]. Dans la notion de « guerre », nous nous centrerons sur la guerre comme moyen de conquête de terre et la guerre comme moyen de défense contre l'oppresseur.

Notre sujet de réflexion porte sur ***le droit de la guerre dans les religions et traditions d'Afrique noire.*** Donc de l'édification d'un « droit de la paix » et à la paix si on se réfère à M. Grotius[42] (2012) qui va même jusqu'à soulever l'expression de « guerre juste ». Elle serait liée à l'expansion et la primauté d'une religion sur d'autres.

Par ***Religion,*** nous entendons un « *ensemble déterminé de croyances, de pratiques, de rites spécifiques propres à chacune de ces croyances et de dogmes définissant le rapport de l'homme avec le sacré »*[43]. Georges

---

[39] Vincent MULAGO, « *Théologie africaine et problèmes connexes. Au fil des années (1956-1992)* », Paris, Éditions L'Harmattan, Collection Études africaines, 2007, 390 pages.

[40] Germaine DIETERLIN, « *Essai sur la religion bambara* », Paris, 2e édition, Éditions Université de Bruxelles, Avril 1996, 264 pages.

[41] Jean François OWAYE, « *Guerre, histoire et mythologie africaine* », Éditions Mon petit éditeur, Février 2012, 222 pages.

[42] Hugo GROTIUS, « *Le droit de la guerre et de la paix* », Éditions PUF, Collection Quadrige, Juin 2012, 888 pages.

[43] « *Dictionnaire Larousse Maxipoche 2018* », Paris, Éditions Larousse dictionnaires, 2017, p. 1194.

GRANAI (1923-1981), cité par MM. Thomas et Luneau[44] (1995, p. 12), lui, perçoit la religion comme un langage, « *un moyen d'expression qui permet à l'homme de se saisir dans les rapports les plus intimes avec l'univers.* »

Selon le *Dictionnaire Le Robert* (1993, p.2151*)*, la religion, du mot latin *relegere* qui veut dire en français rassembler, recueillir est *« la reconnaissance par l'homme d'un pouvoir ou d'un principe supérieur de qui dépend sa destinée et à qui obéissance et respect sont dus.*[45] » Autrement dit, elle peut désigner « *un ensemble de croyances et de pratiques cultuelles procédant, d'une religion à l'autre, de fondements divers (sources scripturaires, traditions, doctrine religieuse, dogme, convictions philosophiques), chaque confession professant une foi se référant en général à des valeurs transcendantes.*[46] »

MM. Bonte et Izard (2010, pp.619-620) soulignent que « *définir ce qu'est la religion revient, dans un premier temps, à considérer que l'activité sociale met en évidence l'existence conjointe de croyances- au surnaturel, à des puissances transcendantes, à une divinité unique ou à un ensemble de divinités, etc.- et d'actes- de pratiques rituelles- qui visent à établir des relations spécifiques entre les hommes et les êtres ou les pouvoirs extrahumains, ces actes étant fondés sur les croyances et formant avec eux un système sur lequel porte un savoir ordinaire largement partagé.*[47]»

Ces auteurs (2010, p.620) considèrent qu'« *un tel ensemble de croyances et d'actes, du fait même de l'intentionnalité générale qui, dans l'histoire, a présidé à sa constitution, est envisagé par les acteurs concernés comme une valeur et une portée universelles, malgré le caractère historiquement et sociologiquement particulier de tout système religieux.*[48] » M. Lalande (2010), quant à lui, voit la religion comme une « *institution sociale caractérisée par l'existence d'une communauté d'individus unis :*

- *Par l'accomplissement de certains rites réguliers et par l'adoption de certaines formules,*
- *Par une croyance en une valeur absolue, avec laquelle rien ne peut être mis en balance, croyance que cette communauté a pour objet de maintenir,*

---

[44]Louis-Vincent THOMAS et René LUNEAU, « *Les religions d'Afrique noire* », texte et traditions sacrés, Éditions Stock, 1995, p.12.

[45]« *Le nouveau Petit Robert, dictionnaire alphabétique et analogique de la langue française de Paul Robert* », remanié et amplifié sous la direction de Josette REY-DEBOVE et Alain REY, Paris, Société dictionnaires le Petit Robert, 1993, p. 2151.

[46]*Idem.*

[47]Pierre BONTE et Michel IZARD (Dir.), « *Dictionnaire de l'ethnologie et de l'anthropologie* », 4e édition, Quadrige, Éditions PUF, Octobre 2010, pp.619-620.

[48]Op. Cité, p.620.

- *Par la mise en rapport de l'individu avec une puissance spirituelle supérieure à l'homme, puissance conçue soit comme diffuse, soit comme multiple, soit enfin comme unique : Dieu.*[49] »

Pour MM. Thomas et Luneau (1995, p.11), « *en Afrique noire, sans être tout, la religion pénètre tout et le Noir peut se définir comme l'être « incurablement religieux » : traditionnellement, en effet, il vit en étroite communion avec l'invisible et le sacré ; et si l'islam et le christianisme se substituent immanquablement et selon un processus irréversible aux croyances ancestrales, il ne semble pas, dans l'immédiat du moins, que l'athéisme y ait quelque chance de succès.*[50] »

Afin de nous permettre de connaître et de comprendre cet « être incurablement religieux », ces auteurs[51] se lancèrent dans une entreprise de classification des religions africaines. Leur première découverte fut qu'en Afrique, il existait plusieurs religions donc plusieurs cultures. Ils leur donnèrent les noms suivants :

- *Le* ***fétichisme***[52] : (de *feitiço* en langue portugaise et qui veut dire image talisman en français), les Portugais ayant cru que les noirs adoraient les statues ou les morceaux de bois, qui en réalité représentent les ancêtres ou les dieux.
- *L'****animisme***[53], qui exprime la spécification de la vie en figures (d'où l'existence des âmes, des génies, des esprits, des ancêtres sublimés, des déités associées ou dérivées, intermédiaires nécessaires entre Dieu et l'homme, qui animent l'univers et peuplent les panthéons traditionnels).
- Le ***totémisme***, qui est une expression de la communion homme-animal, culte de la fécondité et la recherche, à travers la sexualité, de la continuité du phylum parental
- *Le* ***naturisme*** correspond plutôt à l'attitude cosmomorphique, c'est-à-dire à la saisie du monde comme ensemble de signifiants, comme langage vivant, comme tissu de messages divins à interpréter
- *Le* ***paganisme*** (*pagus* : pays, canton ; *paganus* : paysan, païen) qui correspond aux croyances locales traditionnelles,

---

[49] André LALANDE, « *Vocabulaire technique et critique de la philosophie* », Paris, Éditions PUF, Novembre 2010, 1376 pages.

[50] Louis-Vincent THOMAS et René LUNEAU, « *Les religions d'Afrique noire, texte et traditions sacrés* », Éditions Stock, 1995, p.11.

[51] Op. Cité, p.12.

[52] Lire Christine GARNIER et Jean FRALON, « *Le fétichisme en Afrique noire* », Éditions Payot, 1951, 213 pages.

[53] Lire Jean-Claude FROELICH, « *Animismes. Les religions païennes de l'Afrique de l'Ouest* », Paris, Éditions Orante, 1964.

- *L'ancestrisme*, communément appelé cultes des ancêtres. Ceux-ci, tantôt divinisés, tantôt promus au rang de génies intercesseurs de l'homme auprès de Dieu, ont pour but de maintenir l'ordre social et d'assurer l'authenticité du culte et des croyances.

Il résulte de cette classification, une analyse d'auteurs non africains qui pour la plupart d'entre eux « *collectaient des connaissances sur les populations afin d'ajuster les modalités de la domination impériale* ». C'est l'exemple du *Comité d'études historiques et scientifiques de l'Afrique-Occidentale Française*[54] qui cherchait impérativement à donner un nom aux pratiques et aux faits cultuels rencontrés en Afrique[55]. M. Deschamps (1970, p.7) qualifie cette entreprise d'« *optique européenne* » et la juge comme étant le « *fruit de l'ignorance, des habitudes séculaires, de la paresse intellectuelle et d'un orgueil commode* »[56] qui, à son avis, « *a longtemps retardé et faussé l'Histoire de l'Afrique* »[57].

Chez *les Africains*[58], les êtres gardent entre eux un rapport ontique intime et la conception d'êtres distincts se trouvant côte à côte, totalement indépendants les uns des autres, est étrangère à leur pensée. La base de la conscience morale se rattache à la conception négro-africaine de l'être, conception essentiellement synthétique, unificatrice : « *l'être est foncièrement un et tous les existants sont ontologiquement reliés entre eux* »[59]. On parle alors de **religion traditionnelle africaine**[60].

M. Mulago (1979, p.44) soutient que *« la religion traditionnelle africaine est basée sur quatre éléments fondamentaux :*

- *L'unité de vie et la participation,*
- *La croyance à l'accroissement, à la décroissance et à l'interaction des êtres,*
- *Le symbole, moyen principal de contact et d'union*

---

[54]Crée en 1915 par le gouverneur d'Afrique-Occidentale Française (A.O.F), François Joseph CLOZEL, il était composé de Maurice DELAFOSSE, Robert DELAVIGNETTE et Henri LABOURET.

[55] Lire John MBINTI, « *Religions et philosophie africaines* », Yaoundé, Éditions Clé, 1972, 299 pages.

[56] Hubert DESCHAMPS, « *Histoire Générale de l'Afrique noire, des origines à 1800* », Éditions PUF, 1970, p.7.

[57]*Idem.*

[58] Placide TEMPELS, « La philosophie Bantoue », pp. 39-40, in *Colloque international de Kinshasa*, 1979, p.53.

[59] Théo THEUWS, in Colloque international de Kinshasa, Tenu du 09 au 14 Janvier 1978, 1979, p. 60.

[60]Lire Vincent MULAGO, « *La Relation traditionnelle des Bantu et leur vision du monde* ». Kinshasa : Éditions Presses universitaires du Zaïre, 1973.

- *Une éthique découlant de l'ontologie.*[61] »

Il précise son propos en affirmant que « *l'ensemble cultuel des idées, sentiments et rites est basé sur :*

- *La croyance à deux mondes, visible et invisible*
- *La croyance au caractère communautaire et hiérarchique de ces deux mondes,*
- *L'interaction entre les deux mondes, la transcendance du monde invisible n'entravant pas son immanence,*
- *La croyance en un Être Suprême, Créateur et Père de tout ce qui existe.*[62] »

De l'avis de M. Tshibangu (1974.p.33) repris par les rapporteurs du Colloque international de Kinshasa « *ces principes de la religion africaine portent des valeurs, dont synthétiquement les plus importantes se rattachent :*

- *À la vénération et au culte des ancêtres,*
- *À la croyance ferme en l'existence et dans la vertu des forces mystiques agissant dans l'Univers et sur les humains et qui oriente le destin de l'un et de l'autre,*
- *À une philosophie vitaliste s'exprimant en particulier dans le domaine matrimonial : une certaine assomption de la sexualité et une conception de la finalité du mariage, avec différentes règles qui en découlent*
- *À un sens intensément vécu de la solidarité des membres d'une famille, d'une communauté et aujourd'hui d'une Nation ; solidarisme qui influe sur l'organisation de la vie religieuse proprement dite, de la vie sociale en général, et des relations entre les membres de la Nation.*[63] »

Il ressort de ces définitions qu'en Afrique, on ne peut parler d'une religion africaine mais de plusieurs religions africaines. C'est dans ce sens que, selon M. Aguessy (1970, p.27) « *les religions africaines sont fondamentalement marquées par le manque radical qu'accuse l'univers. Dans cet esprit, elles visent à rendre un culte à une force ou à un être suprême en passant par la médiation du monde des ancêtres, garants de l'intégrité et de la vie de la communauté, en s'appuyant sur certains principes à l'œuvre d'un bout à l'autre de l'Afrique :*

---

[61] Vincent MULAGO in « *Religions africaines et Christianisme* », Colloque international de Kinshasa, tenu du 09 au 14 Janvier 1978, 1979, p. 44.

[62]Vincent MULAGO, « *La religion traditionnelle des Bantu et leur vision du monde* », Kinshasa, 1980, p 13.

[63]Tharcisse Tshishiku TSHIBANGU, « *Le propos d'une théologie africaine* », 1974 p. 33 repris dans le Colloque international de Kinshasa, tenu du 9 au14 Janvier 1978, 1979, p.30.

- *L'unité, la communauté et la hiérarchie des ordres et des êtres de l'Univers,*
- *La liaison solidaire entre les ancêtres et leurs descendants,*
- *La réincarnation des ancêtres méritants,*
- *Le lien indissoluble entre le visible et l'invisible et, plus spécifiquement, entre les morts, les esprits et les vivants,*
- *L'importance primordiale de l'acte de « vivre »* »[64].

Ces religions africaines véhiculeraient des messages propres à leurs croyances et selon leurs traditions. Par ***Tradition,*** on entend quelque chose :

> « *Qui se transmet verbalement et non par des textes écrits [...]. La tradition orale ne conserve pas seulement une histoire événementielle. Elle englobe également ce qu'on appelle le « mythe fondateur » d'une société et tout le savoir religieux qui s'y rattache, ainsi que des explications historiques et sociologiques de tout ce qui se rapporte à l'organisation même de la société (hiérarchie sociale, différences entre les sexes et les générations, tabous, etc.). Dans ce sens, la tradition orale justifie et valide les choix culturels et historiques des sociétés dites « primitives ».*[65] »

Le Dictionnaire de l'ethnologie et de l'anthropologie considère la tradition comme *: « ce qui d'un passé dans le présent où elle est transmise, demeure agissante et acceptée par ceux qui la reçoivent et qui à leur tour, au fil des générations, la transmettent.*[66] » Il insiste sur le fait que la transmission se faisait de manière orale « *puisque les hommes ont répété leur passé avant d'avoir inventé l'écriture.*[67] »

Ainsi, ***la Tradition*** serait un *« ensemble de légendes, de faits, de doctrines, d'opinions, de coutumes, d'usages, de manières d'agir ou de penser transmis depuis des générations à l'intérieur d'un groupe etc., donné oralement sur un*

---

[64]Honorat AGUESSY, « *Les religions traditionnelles comme source de valeurs de civilisation* », Éditions Présence africaine, 1970, p. 27.

[65]C'est notamment pour préserver les expressions et traditions orales, que l'UNESCO établit depuis 2001 une liste représentative des chefs-d'œuvre du patrimoine oral et immatériel de l'humanité (sur le modèle du Patrimoine mondial, culturel et naturel), qu'elle qualifie comme « le creuset de la diversité culturelle ».
http://www.larousse.fr/encyclopedie/divers/oral/75137

[66]Pierre BONTE et Michel IZARD (Dir.), « *Dictionnaire de l'ethnologie et de l'anthropologie* », 4e édition, Quadrige, Éditions PUF, Octobre 2010, p.710.

[67]*Idem.*

long espace de temps.[68] » Le dictionnaire *Le Petit Larousse* (1970, p.1032) précise que *« la tradition est le lien entre le passé et le présent.*[69] »

Ramenant le cas à la spécificité de la localité africaine qui nous intéresse dans cette étude, la tradition locale est selon le *Vocabulaire juridique,* une ou des pratiques « *particulières à une localité, à un lieu* [70]*[...] hérité du passé qui peut être un élément de l'usage ou d'une coutume.*[71] »

Partant de ces deux perceptions de ***la Tradition*** et de ***la Tradition orale***, le *Vocabulaire juridique* définit le droit comme étant :

> « *Un ensemble de règles de conduite socialement édictées et sanctionnées qui s'imposent aux membres de la société. Le droit positif est un ensemble des règles de droit (droit objectif) en vigueur dans un pays donné, par opposition au droit naturel (ou idéal) ; en ce sens, on distingue les Droits des différents États : droits français, italien... ; les droits applicables aux différentes matières : civil, commercial*[72]*...* »

Ainsi exposé, il semblerait que les affrontements armés propres à une vie en société faisaient partie de ces traditions que le droit devait encadrer. Des affrontements armés qui étaient les fruits des antagonismes et des ambitions de certains.

Pour mieux nous entendre sur les termes, nous utiliserons dans notre introduction le terme générique de « **guerre** » tout en signalant, pour éviter des incompréhensions que les différentes appellations et conceptions de celle-ci soient prises en compte, confronté et apprécié dans le corps de notre texte. Car il est vrai qu'en Afrique antique, le terme de « **bataille** » correspondait beaucoup plus au contexte. Elle se déroulait en dehors des villages, entre combattants, et était très limitée dans le temps et dans l'espace. Toutefois, la finalité de ces batailles rejoint d'une manière celle des guerres dans la mesure où elles portaient sur la propriété des terres et des richesses qui en découlaient d'une part et d'autre part sur la domination politique et religieuse.

---

[68]« *Dictionnaire Larousse Maxipoche 2018* », Paris, Éditions Larousse dictionnaires, 2017, p. 1402.

[69]« *Dictionnaire le nouveau Petit Larousse* », Paris, Éditions Librairie Larousse, 1970, p.1032.

[70]Gérard CORNU (Dir.), « *Vocabulaire juridique* », Association Henri CAPITANT, 9eme édition Quadrige, Éditions P.U.F, Juillet 2012, p. 619.

[71]Gérard CORNU (Dir.), « *Vocabulaire juridique* », Association Henri CAPITANT, 12eme édition mise à jour, Quadrige, Éditions PUF, Janvier 2018, p. 1030.

[72] Op. Cité, p. 373.

Il convient de souligner que **ce sont les moyens et les mécanismes pour y arriver qui les différencient**. En effet, les méthodes de guerre des tribus arabo-musulmanes et des troupes européennes étaient basées sur l'élimination de masse, la déportation et l'esclavage. Tandis que les méthodes africaines cherchaient à intimider et à dissuader pour faire reconnaître la suprématie de sa lignée, son clan, son ethnie, son royaume, son empire.

Pour y voir un peu plus clair dans cette différence de conception et d'appellation entre les autochtones, les tribus arabo-musulmanes et les troupes européennes, il nous paraît important de se poser la question suivante : qu'est-ce que la guerre ?

La guerre est, dans le *Vocabulaire juridique*, perçue comme un « *conflit armé entre deux ou plusieurs États, chacun des belligérants cherchant à soumettre son ou ses adversaires à sa volonté par la force* »[73]. Elle serait « *une lutte armée entre États [...], une lutte entre des groupes, entre des pays qui ne va pas jusqu'au conflit sanglant [...], une lutte entre des personnes, hostilité* »[74].

Vu les résultats et les conséquences de la guerre sur les êtres humains, les créatures de Dieu, M. Fénelon en viendra au fait que « *la guerre est un mal qui déshonore le genre humain* »[75]. C'est sans doute ce qu'a compris M. Prévert quand il disait : « *quelle connerie, la guerre* »[76].

Selon M. Von Clausewitz (1955, p. 51) cité par M. Encel (2018, p.241), « *la guerre n'est rien d'autre qu'un duel à une plus vaste échelle* »[77]. M. Encel, auteur de *mon dictionnaire de géopolitique*[78] (2018), se pose la question de savoir si le monde a évolué en ce qui concerne le droit de la guerre. C'est tout le sens de sa question :

---

[73]Gérard CORNU (Dir.), « *Vocabulaire juridique* », Association Henri CAPITANT, 9e édition, Éditions P.U.F, Juillet 2012, p.498.

[74] La guerre entraîne l'application de règles particulières dans l'ensemble des rapports mutuels entre États ; elle commence par une déclaration de guerre ou un ultimatum et se termine par un armistice et, en principe, par un traité de paix qui met fin à l'état de guerre. http://www.larousse.fr/dictionnaires/francais/guerre/38516?q=la+guerre+#38455

[75]Fénelon cité par « *Le nouveau Petit Robert, dictionnaire alphabétique et analogique de la langue française de Paul Robert* », remanié et amplifié sous la direction de Josette REY-DEBOVE et Alain REY, Paris, Société dictionnaires le Petit Robert, 1993, p. 1183.

[76] Prévert cité par « *Le nouveau Petit Robert, dictionnaire alphabétique et analogique de la langue française de Paul Robert* », remanié et amplifié sous la direction de Josette REY-DEBOVE et Alain REY, Paris, Société dictionnaires le Petit Robert, 1993, p. 1183.

[77]Carl Von CLAUSEWITZ, « *De la guerre* », Paris, Éditions Minuit, 1955, p. 51 cité par Frédéric ENCEL, « *Mon dictionnaire géopolitique* », Paris, 1re édition, PUF/Humensis, Janvier 2018, p. 241.

[78]Frédéric ENCEL, « *Mon dictionnaire géopolitique* », Paris, 1re édition, PUF/Humensis, Janvier 2018, 480 pages.

« A-t-on récemment enregistré une réflexion authentiquement nouvelle depuis saint Augustin[79] et saint Thomas d'Aquin[80] sur la notion en l'occurrence réellement fondamentale de ***guerre juste*** *? »*[81]

Il tenta d'y répondre certes, mais en semant encore plus le trouble dans la pensée de ses lecteurs. À cette question précise, notre auteur s'engouffre dans une « sans réponse » en affirmant « je n'en ai pas le sentiment ». Ce que nous pouvons percevoir comme une réponse par la négative, mais non argumentée.

Alors si tel est le cas, dans le cadre de notre travail, nous ne nous remettrons pas à ces explications données par certains auteurs sur la notion de « guerre juste » en s'adjugeant la voix d'illustres théologiens de la trempe de saint Augustin[82] et de saint Thomas d'Aquin[83].

Notre sujet de réflexion porte, il est important de le rappeler, sur l'édification du droit de la guerre comme culture ancrée dans les religions africaines et transmise par les ancêtres par le biais de la Tradition orale. Notre optique de travail est l'histoire du droit de l'Église catholique[84]. L'interrogation que soulèverait notre lectorat de manière naturelle serait de savoir pourquoi un tel sujet pour faire une étude en histoire du droit, orienté essentiellement vers le droit de l'Église catholique (le droit canonique)[85] ?

Le droit divin présente aujourd'hui plusieurs interpellations et expectatives de la part des fidèles catholiques. Celles-ci sont légitimes pour un croyant et normale pour des non- croyants dans le rôle qu'a joué l'Église catholique dans la défense des droits et libertés des populations d'Afrique noire pendant l'esclavage et la colonisation.

Ces interpellations et expectatives sont naturelles face aux nombreux conflits confessionnels internationaux. Nous ferons fi de ne pas convoquer la

---

[79]Emile POULAT sur Henri de LUBAC, « Augustinisme et théologie moderne », in : *Archives de sociologie des religions*, n°20, 1965. p. 189.

[80]Hubert JACOBS « Diversité des approches actuelles de la pensée de saint Thomas d'Aquin », *Nouvelle revue théologique*, vol. Tome 127, no. 3, 2005, pp. 389-402.

[81] Frédéric ENCEL, « *Mon dictionnaire géopolitique* », Paris, 1re édition, PUF/Humensis, Janvier 2018, p. 245.

[82]M. Th, DISDIER sur Gustave BARDY, « Saint Augustin : l'homme et l'œuvre », in : *Études byzantines*, tome 2, 1944. pp. 291-292.

[83] Amédée De SILVA TAROUCA, « L'idée d'ordre dans la philosophie de saint Thomas d'Aquin », In : *Revue néo-scolastique de philosophie*. 40e année, Deuxième série, n°55, 1937. pp. 341-384.

[84]Patrick VALDRINI, « *Dictionnaire de droit des religions* », sous la direction de Francis MESSNER, Paris, CNRS Éditions, Juin 2013, pp.203-205.

[85] Avant les réformes apportées par la Constitution apostolique *Pascite Gregem Dei,* datant de la solennité de la Pentecôte, le 23 mai 2021, rendue publique le mardi 1er juin 2021 et dont le contenu entrera en vigueur le 8 décembre 2021.

conjoncture internationale[86] marquée par le terrorisme international et des groupes terroristes à sensibilité chrétienne présents en Afrique : *le Lord's Resistance Army*[87] en Ouganda, en République de Centrafrique, au Soudan du Sud..., les *anti-balança* en République centrafricaine[88].

Que dit le droit de l'Église catholique sur la guerre ? Y a-t-il eu connivence entre l'Église catholique et les forces esclavagistes et colonialistes ? Et comment dans la réalité certains se sont servis des bulles papales pour faire la guerre au nom de l'Église catholique ? Des interrogations auxquelles il faut répondre. Mais, comment ?

Nos réponses prendront en compte l'Afrique noire. C'est la partie du continent que nous maîtrisons le mieux et celui qui a eu à vivre ces phénomènes dramatiques de la main de l'homme. D'autant plus que, ne pas y répondre serait cautionner, voire accepter d'être le complice de ces critiques de la nouvelle génération de panafricanistes qui, à un certain moment, confond l'évangélisation et la colonisation. En réalité, le mal de l'esclavage et de la colonisation de la part des pays occidentaux est venu s'ajouter aux traitements cruels que les tribus arabo-musulmanes infligeaient à l'Afrique noire. L'anthropologue Tidiane ne DIAYE, ne nous dira pas le contraire. Ce dernier dans *le génocide voilé, enquête historique*[89](2017), donne une idée claire et chronologique des atrocités (esclavage) qu'a connue le continent noir. Ne pas prendre en compte ses écrits serait se lancer dans le vide, de la spéculation.

Il convient de dire, en parfait accord avec M. Montagnon (2010, p. 558), que « *l'évangélisation en Afrique n'a pas précédé la colonisation. Elle a été conjointe.*[90] » Si on prend comme exemple les anciennes colonies francophones, les premiers missionnaires français étaient identifiables à travers « trois grandes congrégations religieuses :

- Les pères blancs : fondés par le Cardinal Lavigerie en 1868. Ils sont axés sur l'Algérie, le Sahara et le Soudan.
- La Congrégation du Saint-Esprit : fondée en 1703 et fusionnée par le père Libermann, en 1848, avec les pères du saint Cœur de Marie. Elle

---

[86]Didier GIORGINI, « *Géopolitique des religions* », Paris, Éditions PUF, Coll. Major, Février 2016, 208 pages.

[87]Tim ALLEN et Koen VLASSENROOT, « *The Lord's Resistance Army: Myth and Reality* », Publisher Zed Books, July 2010, 288 pages.

[88]Thibaud LESUEUR, « République centrafricaine : autopsie d'une crise méconnue », *Politique étrangère*, vol. Automne, no. 3, 2014, pp. 163-174.

[89]Tidiane N'DIAYE, « *Le génocide voilé, enquête historique* », Éditions Gallimard, Collection Folio, Février 2017, 320 pages.

[90] Pierre MONTAGNON, « *Dictionnaire de la colonisation française* », Paris, Éditions Pygmalion, 2010, p.558.

sera axée sur le Sénégal, la Gambie, la Guinée française (Conakry), l'Oubangui Chari et le Gabon.
- Les missions africaines de Lyon : fondées en 1856-1857 par Monseigneur de Marion Brésillac sont axées sur le Dahomey (Bénin) et la Côte d'Ivoire.[91] »

Revenant à notre problématique, il convient de dire que ce sujet présente plusieurs intérêts qui se tiennent et se complètent. Dans un souci d'organisation, nous nous limitons à cinq intérêts qui résument et donnent à notre sujet tout son sens. Il s'agit de :

- L'**intérêt théologique**,
- **L'intérêt historique**,
- L'**intérêt spirituel,**
- L'**intérêt scientifique,**
- L'**intérêt théorique.**

L'**intérêt théologique** de cette étude réside sur le fait qu'elle replace des évènements théologiques à caractère militaire tels que les croisades et les guerres saintes dans l'islamisation et l'évangélisation des peuples « païens ». Des événements théologiques à caractère militaire qui ont connu leur essor dans cette période précise de l'histoire des religions[92]. Une période qui était accompagnée par des prises de position de guides religieux aussi bien de l'Église catholique[93] et de l'Islam « arabe »[94].

De ces prises de position, une nous intéresse le plus particulièrement, il s'agit de la célèbre bulle papale **« *Romanus Pontifex* »** (*annexe 1 petite extraite en français de ladite bulle*). Elle nous intéresse de par l'influence qu'elle a eue sur la vie en général, la foi en particulier et plus précisément l'avenir « politique, économique et religieux » de beaucoup de peuples d'Afrique noire.

La publication de cette bulle papale a soulevé et continue de soulever beaucoup de controverses. Certains penseurs africains l'analysent comme un « feu vert » de l'Église catholique à un droit de la guerre contre les peuples d'Afrique noire. Un « feu vert » qui contraste avec le message et la démarche dans l'Église catholique codifiée dans *le Canon 1397* qui dispose : celui « *qui commet un homicide ou enlève quelqu'un avec violence ou par ruse, le retient, le mutile, ou le blesse gravement, sera puni, selon la gravité*

[91] *Idem.*
[92] Didier GIORGINI, « *Géopolitique des religions* », Paris, Éditions PUF, Coll. Major, Février 2016, 208 pages.
[93] Eugène IV.
[94] Khalife de Bagdad, Khalife du Caire.

du délit, des privations et interdictions prévues au Canon 1336.[95] » Plus encore, son argumentaire a servi d'alibi à l'esclavage et à la colonisation d'où le « j'accuse » de M. Fassassi dans *Le péché du pape contre l'Afrique, Jésus-Christ outragé, l'Afrique courroucée*[96](2002).

Des positions qui, comme la plupart, seront sorties de leur contexte pour nourrir ce que nous appellerons tout le long de notre réflexion : l'apologie de l'africanisme réfractaire. Ce nouvel élan panafricaniste est d'une grande importance dans le retour aux sources et la mise en valeur de la culture africaine. Mais, il ne doit pas baigner dans l'euphorie des théories assimilables à un refus, un rejet de l'autre.

La colonisation a eu ses influences, ses effets sur les populations africaines et qu'il convient de prendre en compte. C'est dans ce sens qu'il convient de replacer des actes, des dires dans leur vrai contexte, d'où **l'intérêt historique** de cette étude. En effet, ces prises de position donnent aussi à notre sujet un intérêt historique. Elles replacent les faits religieux et les conséquences liées à certaines décisions prises par les guides musulmans et catholiques dans leur contexte historique. Des *Fatwas*[97] expéditives et punitives, le ***Bakht*** *(652)* d'une part, et des bulles papales telles que ***Terra Nullius*** *et* ***Romanus Pontifex*** d'autre part, ont été faits dans un moment précis de l'histoire « militaire » des religions.

Cette étude présente un **intérêt spirituel**. Elle est une prise en compte de la richesse d'une vie et d'une rencontre du continent noir avec le Christ. Plus encore, elle met en lumière ces multiples interrogations de la religion reçue du colonisateur et les incompréhensions liées à la conciliation entre la mise en pratique des orientations données dans le Catéchisme de l'Église Catholique (CEC) et le respect des traditions ancestrales africaines.

Né en terre d'Islam (le Sénégal), d'une famille catholique (d'origine bissau-guinéenne) et de tradition ancestrale (*mancagne*), cette étude répond à un besoin de connaître Dieu à travers nos ancêtres. Elle suscite une curiosité, celle de savoir ce qu'étaient les rapports entre les peuples d'Afrique avec celui qui EST avant la venue du Christ sur la terre des pêcheurs que nous sommes ?

Une question qui est fondamentale dans l'analyse du paysage cultuel africain si on part du constat que les peuples africains entretenaient une relation de soumission à celui que :

---

[95]Ernest CAPPAROS et Hélène AUBÉ (Dir.), « *Code de Droit canonique* », Éditions Wilson et Lafleur, 3e édition révisée, corrigée et mise à jour avec les réformes législatives de 2015, 2016, p.1225.

[96]Assani FASSASSI, « *Le péché du pape contre l'Afrique, Jésus-Christ outragé, l'Afrique courroucée »,* Éditions Al Qalam, Mai 2002, 293 pages.

[97] Une décision juridique basée sur l'interprétation de la charia.

- Les *Manjaque* du Sénégal et de la Guinée-Bissau appellent « *Nashibatji* »,
- Les peuples à usage du créole portugais comme langue appellent « *Matiou garandi* ».

Une relation de confiance, d'écoute et d'acceptation des offrandes et du sort réservé à chaque être (destinée). L'Afrique a toujours connu Dieu ; et les ancêtres ont été, dès le début de la création, des « annonciateurs » de sa grande bonté.

Cette étude présente aussi un **intérêt scientifique**. Elle est une plaidoirie, couchée sur du papier pour faire connaître l'histoire de ceux qui n'ont pas pu écrire car se fiant de la valeur et de la sacralité de la parole et du verbe.

Enfin, cette étude présente naturellement un **intérêt théorique**. Elle constitue une contribution à la réflexion sur les traditions africaines dans lesquelles les croyances à un au-delà ont toujours berné ces peuples. De ce fait, des questionnements s'imposent à nous. Ils consistent à savoir : quel sera le sort de nos ancêtres qui n'ont pas connu le Christ ? Sur quoi seront-ils jugés pour entrer au paradis ? En d'autres termes, nos ancêtres seront-ils sauvés ?

Cette étude constituera, nul doute, un matériel de pastorale dans un continent se posant toujours la question de la liberté de croyance et de la fidélité au legs des ancêtres. Cette étude est une petite contribution d'un laïc en vertu du « devoir d'évangélisation » dans la liberté d'esprit missionnaire que lui offre le *Canon 787*. En effet, ce dernier, dans son alinéa premier encadre et motive notre action en nous rappelant la démarche bienveillante du missionnaire :

> « *Que par le témoignage de leur parole, les missionnaires instaurent un dialogue sincère avec ceux qui ne croient pas au Christ, afin que d'une manière adaptée au génie et à la culture de ces derniers, leur soient ouvertes des voies qui puissent les amener à connaître le message évangélique.*[98] »

Cette étude nous plonge dans le contexte religieux de l'Afrique noire en nous aidant comme le préconise l'alinéa deuxième du *Canon 787* à suivre la bonne attitude du dialogue et d'expansion du message du Christ : « *ils veilleront à enseigner les vérités de la foi à ceux qu'ils estiment prêts à recevoir le message évangélique, de telle sorte précisément qu'ils puissent être admis au baptême quand ils le demanderont librement.*[99] »

---

[98]Ernest CAPPAROS et Hélène AUBÉ (Dir.), « *Code de Droit canonique* », Éditions Wilson et Lafleur, 3e édition révisée, corrigée et mise à jour avec les réformes législatives de 2015, 2016, p.689.
[99]*Idem.*

Cette étude parle à la jeune génération des auteurs panafricanistes qui cherche à panser ses plaies dans les belles et nobles actions salvatrices perpétrées par des missionnaires du Christ en Afrique noire[100]. L'usage du mot « plaies » n'est pas gratuit car les hôpitaux et dispensaires religieux construits par les missionnaires catholiques ont été d'un grand apport dans le traitement de certaines maladies comme la Malaria. Ils étaient des médecins du corps et de l'âme.

À l'image du pape Paul VI dans l'encyclique *Ecclesiam suam*, nous ouvrons ce dialogue scientifique que la guerre et ses différentes conceptions ont pu rompre avec les chrétiens séparés, les non-chrétiens et les non-croyants, vivant en terre africaine. La guerre sous ces différentes formes a rendu le visage de ce continent méconnaissable aux yeux de ses enfants et des populations étrangères admiratrices de son histoire, de ses valeurs et de sa beauté. En effet, l'Afrique marche sur les pas d'un avenir incertain car elle est aujourd'hui minée par des guerres civiles confessionnelles, ethniques et territoriales. Le père jésuite Bado (2012)[101] préfère les regrouper autour de trois éléments qu'il analyse en termes de facteurs structurels, éléments amplificateurs et facteurs déclencheurs.

Quoi qu'il en soit, toute guerre laisse des conséquences. Elles sont politiques, économiques, sociales, culturelles et cultuelles en ce qui nous concerne. Les populations civiles sont toujours les principales victimes de ces affrontements et les mesures pour les épargner feront l'objet de plusieurs propositions (Charte du mandé...).

S'engager dans une telle étude n'est pas un exercice simple. Mais, l'étude étant une réflexion scientifique qui permet d'édifier sur des éléments du passé afin de comprendre le présent et prévoir l'avenir, nous ne dérogerons pas à cette règle. C'est dans cette perspective que, dans le souci de mieux organiser notre travail, nous nous centrons autour de deux grands axes : la première s'intéresse à la notion de « guerre » qui est une tradition locale régulée par les religions. Quant à la deuxième, elle se penche sur les civilisations africaines qui, à travers le monde, sont de manière originelle (par opposition à l'institutionnelle), les initiatrices, les actrices et les témoins du droit des peuples à disposer d'eux-mêmes.

---

[100]Paule BRASSEUR, « Les missionnaires catholiques à la Côte d'Afrique pendant la deuxième moitié du XIXe siècle face aux religions traditionnelles », In : *Mélanges de l'École française de Rome. Italie et Méditerranée*, tome 109, n°2. 1997. pp. 723-745.

[101]Arsène Brice BADO, « *Dynamiques des guerres civiles en Afrique* », Éditions L'Harmattan, Collection Études africaines, Avril 2015, 212 pages.

PARTIE I
LA GUERRE, UNE TRADITION LOCALE « REGULÉE » PAR LES RELIGIONS

Les religions africaines[102] ont su marquer le quotidien de la vie sociale du continent, de sa création à nos jours. MM. Dortier et Testot[103] (2017, p.10) ont, pour arriver à comprendre le phénomène religieux dans le monde, classifié les religions sous trois axes :

- Celles monothéistes (Judaïsme, Christianisme, Islam),
- Celles spiritualistes d'Orient (Hindouisme, Tantrisme, Taoïsme, Bouddhisme),
- Celles avec des cultes polythéistes (antiquité romaine, grecque, égyptienne), celles des Incas, des Aztèques, des Mayas.

De cette classification qui a ses limites, nous sommes tentés de nous poser la question : et les religions d'Afrique noire[104] ? Faut-il donner raison à M. Voltaire, cité par M. Osier (1995, p.551), quand il affirme :

> « *Il n'est permis qu'à un aveugle de douter que les Blancs, les Nègres, les Albinos, les Hottentots, les Lapons, les Chinois, les Américains soient des races entièrement différentes. Des Nègres et des Négresses, transportés dans les pays les plus froids, y produisent toujours des animaux de leur espèce.*[105] » ?

Les *religions égyptiennes*[106], pratiques cultuelles du peuple de Cham, sont une continuité des croyances mystiques d'Afrique noire. L'égyptologue Cheikh Anta DIOP dans son livre *Nations, Nègres et Culture*[107] (1954), en a fait la démonstration. Et il nous semble que là n'est plus le débat ! Pourquoi cette omission, « à dessein », des croyances d'Afrique noire ? Pourquoi ne sont-elles pas prises en compte ?

---

[102]Montserrat PALAU-MARTI sur Ernest DAMMANN, « Les religions de l'Afrique », in : *Revue de l'histoire des religions*, tome 169, n°2, 1966. pp. 226-228.

[103]Jean-François DORTIER et Laurent TESTOT, « *Les religions, des origines au IIIe millénaire* », Éditions Sciences Humaines, Avril 2017, p.10.

[104]Hubert DESCHAMPS, « *Les religions de l'Afrique noire* », Éditions PUF, 1965, 128 pages.

[105]Voltaire, dans la partie introductive de « *Essai sur les mœurs et les nations* », plus précisément au grand II intitulé « *Des différentes races d'hommes* », cité par Pierre OSIER dans Le ROBERT, dictionnaire de citations françaises, Tome 1, Mai 1995, p. 551.

[106]Christiane DESROCHES-NOBLECOURT, « *Les religions égyptiennes* », 1948.

[107]Cheikh Anta DIOP, « *Nations Nègres et Culture* », 4e édition, Éditions Présence africaine, Juillet 2015, 564 pages.

Et pourtant le continent africain et les peuples d'Afrique ont été avant l'histoire des autres peuples du monde. Cette omission de l'histoire africaine donne un écho favorable au discours que l'ancien président français Nicolas SARKOZY avait tenu le 26 juillet 2007 à l'Université Cheikh Anta DIOP de Dakar. Ce dernier peignait l'Afrique « de peuple qui n'est pas entré dans l'histoire »[108]. Une manière de sa part, nous dirons sans doute des panafricanistes comme M. Efoudebe[109] (2007), d'entrer dans le panthéon de l'ignorance en résumant l'ensemble des peuples d'Afrique en un seul.

Le discours de Dakar constitue, d'après le collectif d'auteurs de *L'Afrique qui répond à Nicolas SARKOZY* : *contre le discours de Dakar*[110] *(2008)*, une tentative manifeste de profanation du sanctuaire de l'histoire et de la civilisation du peuple noir qu'est l'Université Cheikh Anta Diop, temple du savoir et de la négritude[111]. Plus encore, il reflète une volonté malhonnête[112], « affreux pessimiste »[113] de réécrire l'histoire en faisant fi des faits. Ce qui mériterait nul doute une objection de la part des historiens. Ce que nous ne sommes pas !

Les successeurs de l'ancien président Nicolas SARKOZY à la magistrature suprême française ont, chacun à sa manière, tenté de rétablir les faits. En effet, le président François HOLLANDE, dans son discours à l'Assemblée nationale du Sénégal le 12 octobre 2012, reconnaît l'histoire en commun et la position de l'Afrique comme berceau de l'humanité[114]. Son successeur et actuel locataire de l'Élysée, lui, Emmanuel MACRON qualifie la colonisation de « barbarie » et de « crime contre l'humanité »[115].

Tel que le débat est mené sur l'histoire de la civilisation africaine, il nous semble opportun de revenir sur l'éclairage de certains concepts afin de mieux faire comprendre le caractère singulier des pratiques civilisationnelles

---

[108]Lire André Julien MBEM, « *Sarkozy à Dakar, débat et enjeux autour d'un discours* », Éditions L'Harmattan, Décembre 2007, 112 pages.

[109] Marcel-Duclos EFOUDEBE, « *L'Afrique survivra aux afro-pessimistes, Lettre ouverte à un "ami" de l'Afrique (et à quelques autres...)* », Paris, Éditions L'Harmattan, Janvier 2007, 170 pages.

[110]Makhily GASSAMA, Mamoussé DIAGNE, Diallo DIOP, Koulsy LAMKO et autres, « *L'Afrique répond à Nicolas SARKOZY : contre le discours de Dakar* », Éditions Philippe REY, Collection Document, Février 2008, 478 pages.

[111]Souleymane Bachir DIAGNE, « La Négritude comme mouvement et comme devenir », *Rue Descartes*, vol. 83, no. 4, 2014, pp. 50-61.

[112]Aimé CÉSAIRE, « *Discours sur le colonialisme* », 4e édition, Éditions Présence Africaine, 1955.

[113] Tiré de l'expression « l'afro pessimisme est un affreux pessimisme » de Joseph KI-ZEBO.

[114] Consulter le lien suivant :
https://www.jeuneafrique.com/173903/politique/france-afrique-le-texte-du-discours-de-dakar-prononc-par-fran-ois-hollande/.

[115] Consulter le lien suivant :
https://www.jeuneafrique.com/499017/politique/emmanuel-macron-sur-la-colonisation-on-doit-parler-de-ces-pages-noires-comme-des-pages-glorieuses/.

africaines. Éclairer la notion de « religion africaine » est, en ce sens, la première étape à franchir.
Mais pour avoir une définition exacte des religions africaines, il faut remonter plus loin encore et se référer à la préhistoire[116]. Ainsi, les religions africaines seraient alors, un ensemble de cultes voué à la divinisation de la nature qui, elle, représente *Nashibatji*[117], sa puissance et son amour à sa créature. Des cultes qui se font selon :

- Son appartenance à un groupe, une ethnie, un clan,
- Son identification à travers des pratiques cultuelles.

M. De Benoist (1989, p.24), en parlant des religions africaines, est tombé d'accord sur l'importance et la finalité de ces religions dites du terroir[118]. C'est dans ce sens qu'il confirme qu'en Afrique :

> « *La religion imprègne toute la structure sociale. Elle est [...] le lien par lequel chaque membre du groupe connait sa place et sa fonction et reçoit son énergie vitale : l'ancêtre est en effet en communion avec l'être suprême, créateur et maitre de toutes les choses, source ultime de la vie.*[119] »

Ces croyances africaines se vivent à travers des pratiques cultuelles et culturelles qui s'identifiaient aux modes de vie des clans, des ethnies et des tribus. La guerre constitue une de ses pratiques[120]. Des pratiques qui répondent à deux besoins ou nécessités :

- La guerre comme moyen de conquête[121] qui entre dans le cadre *du jus ad bellum* **(titre I)**,
- La guerre comme moyen de défense[122] qui s'identifie *au jus in bello* **(titre II)**.

116Carlo LAROCHE sur Hubert DESCHAMPS, « L'Afrique noire précoloniale », in : *Revue française d'histoire d'outre-mer*, tome 49, n°175, deuxième trimestre 1962. pp. 289-290.
117L'Être Suprême, en langue Mancagne et Manjaque du sud du Sénégal et en grande partie en Guinée Bissau.
118Jean-Claude BARBIER et Élisabeth DORIER-APPRILL, « Les forces religieuses en Afrique noire : un état des lieux », in : *Annales de Géographie*, t. 105, n°588, 1996. pp. 200-210.
119Joseph-Roger de BENOIST, « *Le MALI* », Éditions L'Harmattan, Octobre 1989, p. 24.
120Pierre KIPRE, « De la guerre et de la paix en Afrique », *Revue Afrique contemporain*, 2003/3 (2007).
121Alexandre BEVIN, « *Sun Tzu ou l'art de gagner des batailles* », Paris, Éditions Tallandier, Janvier 2017, 320 pages.
122Benoît DURIEUX, « *La guerre pour ceux qui la font. Stratégie et incertitude* », Paris, Éditions du Rocher, Mars 2016, 266 pages.

Titre I
La guerre comme moyen de conquête

Si en Occident, le besoin de comprendre et de réguler la guerre[123] par un ensemble de principes fondamentaux applicables à tous les belligérants était manifeste, en Afrique[124], ces principes étaient appliqués de manière naturelle car répondant à la culture et aux mœurs des différents peuples. Les batailles étaient l'ultime recours et étaient bien limitées dans le temps et dans l'espace.

Dans ces affrontements armés, les peuples d'Afrique noire veillaient à ce que la vie des innocents, des femmes et des captifs soit à préserver. Une chance était offerte à ces derniers de recouvrer leur liberté et leur dignité en servant le royaume. Un rang leur correspondait dès lors car les sociétés étaient organisées en caste[125].

Revenant à la conception occidentale du droit de la guerre, la théorisation du *jus ad bellum* correspond en Occident avec le Xe siècle. Elle soulève des interpellations parmi lesquelles une s'impose à nous. En effet, elle consiste à se demander pourquoi attendre tant d'années pour agir et « codifier » la guerre en Europe.

Le droit de la guerre est défini par les théologiens de l'époque comme la période de la « **Paix de Dieu** ». Une définition voire une appellation qui, de notre point de vue, semble être plutôt une interprétation de ce que les textes sacrés étaient censés apporter à l'humanité. Dieu serait source de paix, il cherche la paix des hommes et la paix des cœurs. Plus encore, elle constitue une invitation voire une main tendue à plus d'humanité dans les rapports conflictuels entre les différentes religions dans cette période bien précise de l'histoire. D'autant plus qu'elle se matérialise, selon certains canonistes, par « *la proclamation de la part de plusieurs conciles régionaux de l'interdiction du pillage des biens d'Église* »[126].

123Benoît DURIEUX, « *La guerre pour ceux qui la font. Stratégie et incertitude* », Paris, Éditions Rocher, Mars 2016, 366 pages.

124Pierre KIPRE, « *De la guerre et de la paix en Afrique* », revue Afrique contemporain, 2003/3 (2007).

125Gilles HOLDER sur Tal TAMARI, « Les castes de l'Afrique occidentale. Artisans et musiciens endogames ». In : *L'Homme*, 1999, tome 39 n°152. Esclaves et « sauvages ». pp. 234-237.

126Consulter le lien suivant :
http://www.forum-scpo.com/relations-internationales-geopolitique-mondialisation/jus-in-bello-jus-ad-bellum-droit-de-la-guerre.htm.

Pendant le temps que l'Europe s'entre-déchirait avec les guerres confessionnelles[127], les peuples d'Afrique noire vivaient de leurs ressources naturelles, cultuelles et culturelles. Le continent africain a su, au cours de son histoire et de son évolution, démontrer qu'elle est une terre de pratiques religieuses et humanistes. Son histoire[128], vielle de plusieurs millénaires, a montré au monde entier une manière particulière de voir la création, l'existence, la condition humaine et les rapports avec les divinités.

En Afrique, Dieu est partout, dans chaque personne, dans les faits et gestes du quotidien. La religion en Afrique est, d'après M. Dieterlin[129] (2005), l'hymne et l'exaltation de la nature. Elle n'est pas comme le pense Karl MARX (1818-1883), « *l'opium du peuple* »[130] mais, un élément stabilisateur des groupes sociaux. La religion est le porte-étendard de l'humanisme africain. En Afrique noire, croire en quelque chose, à un dieu, à une puissance céleste, au surnaturel, à l'Être Suprême était de l'ordre du naturel. La religion dirions-nous même que les religions africaines permettaient de ce fait de réguler les activités entre les différents groupes sociaux.

Ainsi, pendant qu'en Europe on parlait de **guerre**, dans l'Afrique traditionnelle, on parlait de **bataille**. *Le dictionnaire Le Larousse* (2017, p.126) perçoit la bataille comme « *un combat livré entre deux armées ou deux flottes, dont l'issue influe sur la conduite d'une guerre.*[131] »

Cette différence dans les mots, les noms et les méthodes, montre l'écart dans la conception que les Africains et les Européens d'alors avaient des « conflits armés ». C'est dans ce sens que la guerre comme usage des armes et de la force dans le but de conquérir de nouvelles terres (**chapitre I**) et à la défense des intérêts de la communauté (**chapitre II**) sera soumise à notre analyse. Une analyse qui se veut scientifique et basée sur la tradition et les règles générales de vie de ces royaumes et empires d'Afrique noire.

Lire aussi Charles De BEAUREPAIRE, « La paix et la trêve de Dieu, histoire des premiers développements du tiers état par l'Église et les associations », par Ernest Semichon. In : *Bibliothèque de l'école des chartes*. 1858, tome 19. pp. 294-302.

127Mircea ELIADE, « *Traité d'histoire des religions* », Paris, Éditions Payot, Mars 2004, 395 pages.

128Mohamed EL FASI (dir), « *Histoire générale de l'Afrique, tome III, l'Afrique du VIIe au XIe siècle* », Éditions Edicef, abrégée, UNESCO, Mai 1997.

129Germaine DIETERLIN, « *Textes sacrés d'Afrique noire* », Paris, Éditions Gallimard, Juin 2005, 320 pages.

130Lire Karl MARX, « *L'Opium du peuple : Introduction de la Contribution à la Critique de la philosophie du droit de Hegel* », Éditions Fayard/Mille et une nuits, Collection la Petite Collection, Mars 2013, 64 pages.

131« *Dictionnaire Larousse Maxipoche 2018* », Paris, Éditions Larousse dictionnaires, 2017, p. 126.

Chapitre I
La guerre : un moyen de conquête économique

Le contexte de notre réflexion, faut-il le rappeler, a comme cadre l'Afrique antique, l'Afrique de la préhistoire à la décolonisation. Dans cette période, les peuples s'identifiaient, dans un champ plus restreint, à des systèmes d'organisation sociale comme les clans, les tribus et dans un champ plus étendu, à des royaumes et des empires[132].

La parenté devient de ce fait le point fondamental des relations sociales en Afrique. M. Lévi-Strauss (1958, p.392) soutient que « *le concept de parenté doit être saisi à travers la terminologie car le langage est à la fois le fait culturel par excellence et celui par l'intermédiaire duquel toutes les formes de la vie sociale s'établissent et se perpétuent.*[133] » Le *mbock*[134] chez les Sénégalais, l'*avuman*[135] chez les Camerounais, le *nonvi*[136] chez les Béninois, plus que des éléments d'identification de la tradition africaine, étaient le socle de la vie sociale.

La parenté s'articule autour d'une appartenance au lignage. Ce dernier est défini par MM. Panoff et Perrin (1973, p.162), cités par M. Mwissa (2005, pp.24-25), comme « *un groupe formé par les individus qui se réclament d'un ancêtre commun en vertu d'une règle de filiation* »[137]. Dans ce sens, la filiation se perçoit sur deux traits :

- Du côté de la mère (filiation matrilinéaire),
- Du côté du père (filiation patrilinéaire).

La filiation matrilinéaire est, selon MM. Panoff et Perrin (1973, p.174) « *une règle de filiation qui décide que l'individu acquerra les principaux éléments de son statut et notamment son appartenance à un groupe de parenté de référence aux seuls liens généalogiques passant par les femmes.*[138] » Cette

---

[132]Basil DAVIDSON, « *L'Afrique avant les blancs* », Paris, Éditions P.U.F, 1962, 327 pages.

[133]Claude LEVI-STRAUSS, « *Anthropologie structurale* », Paris, Éditions Plon, 1958, p.392, cité par Camille Kuyu MWISSA, Clamecy, « *Parenté et famille dans les cultures africaines* », Janvier 2005, p. 21.

[134]Parenté en langue wolof du Sénégal.

[135] Parenté en langue *Béti* du Cameroun.

[136] Parenté en langue *Mahi* du Bénin.

[137]Michel PANNOFF et Michel PERRIN, « *Dictionnaire de l'ethnologie* », Paris, Éditions Payot, 1973, p.162 cité par Camille Kuyu MWISSA, Clamecy, « *Parenté et famille dans les cultures africaines* », Janvier 2005, pp.24-25.

[138]Michel PANNOFF et Michel PERRIN, « *Dictionnaire de l'ethnologie* », Paris, Éditions Payot, 1973, p. 174.

filiation est moins fréquente dans les royaumes et empires traditionnels africains. La filiation, dont les us et coutumes font le plus état, est la filiation patrilinéaire. M. Rouland (1988, p. 226), cité par M. Mwissa (2005, p. 26), précise, pour éviter tout amalgame, qu'« *il est important de comprendre que matrilinéaire n'est pas synonyme de matriarcat* »[139]. La filiation patrilinéaire est définie comme « *une règle de filiation qui décide que tout individu recevra automatiquement de son père les principaux éléments de son statut et notamment qu'il appartiendra au même groupe de filiation [...] que son père et le père de son père.*[140] »

Dans cette Afrique noire en question, la richesse des peuples était mesurée de manière différente et diamétralement opposée à celle des peuples de l'Occident. La richesse s'évaluait à travers l'étendue de la terre, du cheptel et de la population. La terre, d'après M. Mwissa (2005, p.26), « *ne pouvait être cédée à un individu hors de la communauté* ». M. Melone[141] (1968, p.123), cité par M. Mwissa (2005, p.26), dans sa thèse en droit, prend en témoin le rapport des peuples *Béti* du Cameroun et fait une extension volontaire sur les autres peuples d'Afrique. Il va plus loin dans la description de la relation des peuples d'Afrique et leurs terres. M. Melone (1968) fait un parallélisme entre ce rapport social que ces traditions avaient avec la terre et celle d'une mère d'où la vie familiale et communautaire prend sa source. L'homme et la nature étaient les principaux centres d'intérêt des relations entre les peuples d'Afrique. L'objectif de chaque « meneur » voire porteur d'idées politiques ou guide religieux (roi, marabout) était d'élargir et d'accroître ces centres d'intérêt pour permettre à la communauté (royaume, empires…) d'avoir une autonomie financière.

En Afrique noire, la richesse des terres a toujours été une source de conflit ; que ce soit pour les nationaux ou pour les « pillards » et « envahisseurs ». C'est dans ce champ de vision que notre réflexion s'oriente vers deux points :

- La guerre pour accroître sa main-d'œuvre et sa population (**paragraphe I**),
- La guerre pour étendre ses terres et son marché financier (**paragraphe II**).

---

139 Norbert ROULAND, « *Anthropologie juridique* », Paris, Éditions PUF, 1988, p.226 cité par Camille Kuyu MWISSA, « *Parenté et famille dans les cultures africaines* », Éditions Clamecy, Janvier 2005, p.26.

140 Michel PANNOFF et Michel PERRIN, « *Dictionnaire de l'ethnologie* », Paris, Éditions Payot, 1973, p.162 cité par Camille Kuyu MWISSA, Clamecy, « *Parenté et famille dans les cultures africaines* », Janvier 2005, p.25.

141 Stanislas MELONE, « *La parenté et la terre dans la stratégie de développement : l'exemple du Sud-Cameroun* », thèse de doctorat en droit, Paris, Université Paris I, soutenu en 1968, p.123 cité par Camille Kuyu MWISSA, « *Parenté et famille dans les cultures africaines* », Éditions Clamecy, Janvier 2005, p. 26.

Paragraphe I : La guerre pour accroître sa main-d'œuvre et sa population

La main-d'œuvre était la rampe de lancement de l'autonomie familiale dans l'Afrique antique[142]. L'économie était centrée sur l'élevage, la chasse, la pêche et la cueillette.

Les familles étaient nombreuses et le mâle était de préférence. Il servait, entre autres, en référence aux durs labeurs champêtres-, de « bras droit » au chef de famille et garantissait la continuité de la lignée familiale pour la postérité, par la descendance, le nom et les biens légués à la future génération[143]. Parmi ces biens, figurent en grande partie les captifs des guerres entre les peuples, communément appelés esclaves.

L'organisation interne des peuples d'Afrique noire était faite sous forme de castes. Nous nous poserons la question de savoir ce qu'est-ce que c'est une caste ?

Une caste est un système social d'identification et d'organisation des sociétés traditionnelles d'Afrique noire. Elle est un élément de classification de la personne suivant son appartenance ou non à la structure sociale. Mme Tamari, dans son œuvre sur *Les castes de l'Afrique Occidentale*[144] (2000), tente de donner un large aperçu des castes présentes dans cette partie de l'Afrique. Nous préférons utiliser le verbe « tenter » car des critiques reçues[145], sa perception des castes gagnerait à être approfondie.

Si nous prenons l'exemple des royaumes d'Afrique noire, dans la hiérarchisation de la société figuraient, par exemple, dans les royaumes wolofs[146] du Sénégal :

- La caste des nobles : les *geer* et les *garmi.* Elle est détentrice du pouvoir politique et temporel. Le *buur*, qui veut dire le roi, est issu de ce groupe.

---

[142] Patrice VIMARD, « Modernité et pluralité familiales en Afrique de l'Ouest », in : *Tiers-Monde*, tome 34, n°133, 1993. pp. 89-115.

[143] Lire deux livres de Pierre ERNY, « *L'enfant et son milieu en Afrique noire* », Éditions L'Harmattan, Mai 2000, 310 pages et « *Les premiers pas dans la vie de l'enfant d'Afrique noire : naissance et première enfance* », Éditions L'Harmattan, 2000, 358 pages.

[144] Tal TAMARI, « *Les castes de l'Afrique occidentale. Artisans et musiciens endogames* », Éditions Société d'ethnologie, Collection Sociétés africaines, 2000, 463 pages.

[145] Gilles HOLDER sur Tal TAMARI, « Les castes de l'Afrique occidentale. Artisans et musiciens endogames ». In : *L'Homme*, 1999, tome 39 n°152. Esclaves et « sauvages ». pp. 234-237.

[146]Mamadou NIANG, « *Structures parentales et stratégies juridiques du développement (étude appliquée au wolof de la République du Sénégal)* », Thèse en droit et économie des pays d'Afrique, Paris, LAJP, 1970, 279 pages.

- La caste des sujets et conseillers du roi : les *jaambuur*. Ces derniers sont issus de deux groupes détenteurs du pouvoir spirituel. Il s'agit du groupe des *céddo* et celui des *serigne* (marabout), de leur fils les *doomi soxna* ou de leur famille *ndiabootu serigne*,
- La caste des travailleurs et artisans *: les nyenyo*. Ils sont composés de trois groupes que sont les *tegg*, *les rabb*, *les woudé*,
- La caste détentrice de l'histoire et de la tradition orale du peuple : les *gueweul*. Ils sont reliés directement à l'histoire et à la généalogie des détenteurs du pouvoir politique et temporel. Ce sont les gardiens de la tradition. Ils jouent aussi le rôle de catalyseur, voire de harangueur des troupes avant les combats.
- La caste des captifs *:* les *jaam*.

Dans cette organisation sociale, le « *jaam* » était incarné par des personnes qui disposaient d'une liberté limitée. On remarque trois catégories de « *jaam* » :

- Ceux qui sont nés esclaves : les *jaamu judd*. Leur travail était centré sur l'entretien de la noblesse.
- Ceux qui le sont depuis la naissance mais servent dans l'armée royale : les *jaamu buur*. Ils portent le nom de *tiedo* et constituent une force de frappe dirigée par un chef : le *farba*.
- Ceux qui le sont à la suite d'une guerre : les *jaamu sayoor*. Ces derniers sont constitués en majeure partie de combattants ou de guerriers d'une autre armée vaincue par les troupes du roi, de femmes et d'enfants. Les hommes valides rejoignaient l'armée du roi. Les femmes et les enfants allaient soit au service de la caste des sujets et conseillers du roi, soit étaient vendus aux commerçants arabes nomades.

Cette situation pousse M. Diouf (2001, p.59), à dire qu'en Afrique, plus précisément au Soudan occidental, « *les traits caractéristiques qui restent à peu près stables dans l'espace et le temps sont d'abord une structure sociale très rigide- on nait aristocrate, homme libre ou esclave et on le reste pour la vie, quelle que soit sa condition ; chaque cellule familiale à un rang et ses rapports avec les autres familles sont définis par un ensemble très précis de règles.*[147] »

En Afrique, les guerres (les batailles) font partie des coutumes. Le *Code de droit canonique*[148]*(2016)* « reconnait expressément le rôle de la communauté dans l'introduction de la coutume ». Il déclare de ce fait que « *la coutume a*

147Mamadou DIOUF, « *Histoire du Sénégal* », Laval, Éditions Maisonneuve & Larose, Juin 2001, p.59.

148Ernest CAPPAROS et Hélène AUBÉ (Dir.), « *Code de Droit canonique* », Éditions Wilson et Lafleur, 3e édition révisée, corrigée et mise à jour avec les réformes législatives de 2015, 2016, 2292 pages.

une grande importance dans le système juridique canonique, tant par sa vénérable tradition que par le fait qu'elle [...] ait une influence dans la construction de l'ordre social juste du peuple de Dieu.[149]»

Les guerres se faisaient d'une part, en interne. Elles concernaient alors, les royaumes frères d'Afrique noire, entre eux. Les captifs de ces guerres internes étaient traités comme « des trophées de victoires » qui poussaient le camp adverse à se replier et à admettre sa défaite. Le fait d'admettre sa défaite faisait du camp perdant, le vassal de l'empire ou du royaume victorieux.

Les guerres se faisaient d'autre part, en externe. Des situations qui impliquaient des royaumes d'Afrique noire contre des empires voisins d'Afrique du Nord. Avec les tribus[150] arabes, la notion de « captif de guerre » va évoluer pour devenir celle d'esclave. **Les tribus arabes furent les premières à envahir et à traduire en esclavage les captifs des royaumes et empires noirs.**

Ces deux manières de concevoir et de faire la guerre ainsi que leurs finalités guideront notre réflexion. Dans un premier temps, nous nous intéressons à la guerre pour accroître sa main- d'œuvre et sa population. Autrement dit, nous allons nous centrer sur l'importance de la famille et l'identification de l'individu dans un clan, dans une tribu.

Dans un second temps, la guerre pour étendre son territoire. Cette deuxième partie, nous y reviendrons plus amplement dans le paragraphe II qui suit, permet de voir qu'avant l'arrivée des religions monothéistes, la plupart des guerres tournaient autour de la paternité, de l'appropriation et de l'exploitation des richesses de la terre.

A. La famille comme socle de gouvernance et de divergence

La famille est l'élément central d'identification des peuples africains. Elle est à la base de toutes les activités relationnelles. C'est autour et à travers la famille que s'opère la vie sociale. La famille africaine, nous y reviendrons dans notre second point, va au-delà du père, de la mère et des enfants. Elle englobe un tout. M. Binet (1979, p.5) informe que « *en Afrique le système de la famille étendue est le plus fréquent, dans les conditions de l'habitat traditionnel, tout au moins, et le repli de la famille élémentaire n'est pas*

[149]Op. Cité, p.58.

[150]D'après le « *Dictionnaire de la colonisation française* », Éditions Pygmalion, Octobre 2010, p. 779, « *la Tribu est un Groupement de familles, en principe de même souche, sous l'autorité d'un même chef, dans un espace donné... La Tribu est l'unité de base que les colonisateurs français trouveront le plus souvent en face d'eux* ».

encouragé par les usages anciens »[151]. Il précise de ce fait que « *la famille assure à l'individu une sécurité totale- trop totale peut-être puisqu'il est ainsi à l'abri de toutes sortes de risques qui pourraient affermir son caractère, exercer son énergie, enrichir son intelligence »*[152].

L'Église catholique, par la voie de l'Association des Conférences épiscopales de la Région d'Afrique Centrale (ACERAC), explique de manière on ne peut plus claire l'importance de la famille en Afrique noire. Dans le message final de l'Assemblée plénière du 06 au 13 juillet 2014 à Brazzaville, elle rappelle qu'« *en Afrique, la famille constitue le socle sur lequel s'édifie la société [...]. C'est là que la personne humaine naît, devient, advient à son être et à son destin. [...] Cela est plus particulièrement vrai dans le contexte africain qui est le nôtre.*[153] »

M. De Benoist (1989, p.23) affirme qu'en Afrique, « *la cellule de base est la famille, comprise au sens le plus large de descendants d'un même ancêtre »*[154]. Dans la famille africaine, chaque membre a un rôle particulier à jouer et son importance dans l'équilibre social. Le père est le géniteur, le chef en qui s'identifient tous les autres membres de la famille. Ils portent son nom et héritent de ses croyances. La femme est la maîtresse de maison. Elle organise et gère l'éducation, la restauration et les biens de la maison. L'activité principale de la femme est de donner la vie. Elle assure de ce fait la continuité de la lignée familiale.

M. De Benoist (1989, p.24) précise que « *dans la société traditionnelle soudanaise [...] la femme met au monde des enfants, les élève, leur transmet l'héritage culturel »*[155]. La plupart du temps, elle était issue d'une famille proche. La parole de la femme était « limitée » dans les assemblées et elles avaient le devoir d'obéir à leurs maris. Un mari que la plupart du temps, elle n'avait pas choisi. Mais, par obéissance à ses parents, elle « aimait et vénérait ».

Cette position de la femme africaine nous impose un parallélisme avec la perception de saint Paul de la femme. En effet, lorsqu'il souhaite « que les femmes se taisent dans les assemblées »[156], mieux encore qu'elles « soient

---

151 Jacques BINET, « *Nature et limites de la famille en Afrique noire* », Études scientifiques, Septembre-Décembre 1979, p. 5.

152 *Idem.*

153 Consulter le lien suivant : https://www.la-croix.com/Urbi-et-Orbi/Archives/Documentation-catholique-n-2517-B/La-famille-en-Afrique-aujourd-hui-2014-09-03-1200723#

154 Joseph-Roger de BENOIST, « *Le MALI* », Éditions L'Harmattan, Octobre 1989, p. 23.

155 Op. Cité, p.24.

156 « *La Bible de Jérusalem* », *Les charismes. Règles pratiques*, première épître aux Corinthiens, 14,34-35, traduite en français sous la direction de l'École biblique de Jérusalem, Éditions du CERF, Avril 1998, p.1933.

soumises à leur mari »[157], saint Paul invite la femme, à l'image de la Vierge Marie, à être obéissante jusqu'au bout.

Les mariages étaient souvent décidés par les familles[158]. L'homme choisissait la femme qu'il voulait dans son entourage proche. Et la fille choisie, car elles étaient le plus souvent de très jeunes filles, n'avait le choix que d'accepter la décision de ses parents[159]. L'expression wolof « *tak djabar* » viendrait peut-être de là ! Une expression qui veut dire de manière littérale : « attacher une femme ». Et le signe de cet attachement voire soumission devrait être, d'après saint Paul, dans *1 Corinthiens 11,5-10*, le port sur la tête d'un voile. Une vision de la place de la femme que Mme Herzberger-Fofana[160] (2000) ne partage pas ! Dans *Le Dictionnaire des romancières*, elle invite à un « changement des mentalités dans un sens positif ».

Il semble que certaines positions traditionnelles sur la femme gagneraient à changer. La société ayant évolué, les femmes ont montré qu'elles étaient à la hauteur des défis que le monde soumet aux hommes. M. Binet[161] (1959) explique qu'en Afrique, la femme se marie avec un homme d'une famille, mais aussi, elle est liée à la vie et l'histoire de la famille. Ce qui fait que, « *par-delà la mort, le groupe familial se retrouve toujours vivant, un nouveau père remplace le patriarche défunt* »[162](1979).

Le fils ou les fils étaient d'une part, les témoins de la virilité de leur père et de la fertilité de leur mère[163] et d'autre part, les héritiers de la grandeur et de la puissance de la famille. Les enfants mâles étaient préférés aux enfants femelles. C'est le fils qui allait au champ, qui représentait le père pendant les cérémonies coutumières et religieuses. C'est aussi le fils qui dirigeait les troupes pendant les batailles.

Les conflits entre peuples voisins étaient récurrents. Ils avaient le plus souvent comme motif l'accès aux terres les plus arides. Cela dépendait de la spécialisation du peuple qui pouvait être soit la pêche, soit la chasse ou l'agriculture.

---

[157]Op. Cité, p.1962.

[158]Pierre GRELLEY, « *Contrepoint - Famille, parenté et éducation en Afrique* », *Informations sociales*, vol. 154, no. 4, 2009, pp. 21-21.

[159]Nicole-Claire NDOKO, « Les manquements au droit de la famille en Afrique Noire », In : *Revue internationale de droit comparé*. Vol. 43 N°1, Janvier-mars 1991. pp. 87-104.

[160]Pierrette HERZBERGER-FOFANA, « *Littérature féminine francophone d'Afrique noire ; suivi d'un Dictionnaire des romancières* ». Paris, Éditions L'Harmattan, 2000, 570 pages.

[161]Jacques BINET, « *Le mariage en Afrique noire* », Éditions du Cerf, 1959, 175 pages.

[162] ", « *Nature et limites de la famille en Afrique noire* », Études scientifiques, Septembre-Décembre 1979, p.5.

[163] Lire Buchi EMECHETA, « *Les enfants sont une bénédiction* », trad. de l'anglais par Maurice PAGNOUX. Larbey : Éditions Gaïa, 1994. 328 pages.

Intéressons-nous par ailleurs aux *Akposso* du Togo. Les *Akposso* sont, d'après M. Cornevin (1988, p.62), « *très probablement autochtones des montagnes du Moyen-Togo* »[164]. Ils vivaient coincés, entre autres, par les attaques répétées sous forme de razzias[165] perpétrées par « des guerriers *Kwahou- Ashanti* » à l'Est et les exactions meurtrières « des *Adja-Ehvé* (*Agbogbomé* et *Nuatja*) ».

Ces deux réalités [des razzias guerrières et des exactions meurtrières] étaient le quotidien de plusieurs peuples d'Afrique noire. Notre auteur, qui fut administrateur et inspecteur de brousse au Togo, informe que chez les *Akposso*, les deux fils du roi *Tchoklobi,* pour étendre les territoires de leur père et générer des espaces beaucoup plus riches de par leurs ressources naturelles et leurs populations, quittèrent la région d'*Akposso Koubi* devenue trop petite pour eux. C'est ainsi que « *le premier Isso va fonder Issoto, sur la montagne [...], d'où sont issues les collectivités Akposso de la plaine (Témé, Gbohou, Tadi, Nahoua, Ouakpa, Tchakpali, Evou).*

Le second, Enouli, son frère passe par Bato, marque la limite avec Kpessi puis va s'établir à Aféyé, où il meurt. [...]. Leur origine traditionnelle est au village d'Edifiou, important centre religieux[166]. »

La guerre peut être aussi entre les membres de la même famille. Elle peut avoir comme source « la possession » de la terre. Dans *la Bible de Jérusalem* (1998, p.45), plus précisément dans la partie relative à *la Genèse*, on nous décrit « *une dispute pour les terres entres les pâtres (Cananéens et les Perizzites* »[167] du patriarche Abraham et ceux de Lot. La raison de cette dispute n'est, d'après *Genèse 13, 5 et 13,6*, que la possession de la terre ; en l'occurrence Béthel (entre Bethel et Aï nous dit la Bible de Jérusalem)[168]. En effet, il est relaté que « *Lot, qui accompagnait Abraham, avait également du petit et du gros bétail, ainsi que des tentes. Le pays ne suffisait pas à leur installation commune : ils avaient trop grand bien pour habiter ensemble.* »

La guerre dans une même famille peut aussi avoir comme source : le droit de succession. Dans les royaumes *Wolof* du *Kadjor,* une guerre de succession sanglante eut lieu entre Lat Dior Ngoné Latyr DIOP et son demi-frère Majojo Degen Coumba FALL pour le poste de *Damel* du *Kadjor*.

---

164 Robert CORNEVIN, « *Le Togo : des origines à nos jours* », Paris, Académies des sciences d'Outre-Mer, Janvier 1988, p. 62.

165 De l'arabe *Rhazya* (faire une incursion de dévastation sur les terres de l'adversaire), est une vieille pratique des pays du Maghreb. Définition tirée du « *Dictionnaire de la colonisation française* » de Pierre MONTAGNON, Paris, Éditions Pygmalion, 2010 p.642.

166Op. Cité, p.64.

167 « *La Bible de Jérusalem* », *Séparation d'Abraham et de Lot*, Genèse 13,7, traduite en français sous la direction de l'École biblique de Jérusalem, Éditions du CERF, Avril 1998, p.45.

168*Idem.*

Cependant, la famille était l'élément stabilisateur dans les sociétés traditionnelles africaines. Dans cette organisation sociale interne, nous soulignons l'importance du droit d'ainé. M. Nkaya[169] informe que dans les sociétés traditionnelles africaines, parmi les fils, l'ainé garde une place très importante. C'est le bras droit et le confident du père.

Quant aux jeunes filles, elles n'avaient d'objectif que de se marier un jour et de fonder une famille. Elles étaient « utilisées », dans certains peuples, comme une arme de conquête, celle des cœurs des adversaires. M. Cornevin (1988, p.64) signale dans ce sens que « *les jeunes filles Akposso étaient tellement jolies qu'on obtenait la paix des adversaires en mariant le chef de ceux-ci à l'une des beautés locales* »[170].

M. Frobenius (p.348), cité par M. Cornevin (1988, p.57), lui donne raison quand il chante le dithyrambe des filles du *peuple Losso, « peuples des palmiers »,* du Togo. En effet, il donne, sans modération ni retenue, un état descriptif de ces filles avec « *des yeux bridés qui lui font croire à un métissage avec des éléments chamites bien que l'on ne trouve ici les corps longilignes caractéristiques du type Massai- Somali-berbère. La couleur du peu rouge-brun est souvent luisante grâce aux frictions d'huile de palme* »[171].

B. Le clan, l'ethnie et la tribu comme éléments identitaires du pouvoir

Les sociétés traditionnelles ont été organisées d'une manière très particulière[172]. Si la famille est le socle de toutes les relations sociales, ses membres sont contenus dans trois structures sociales. Il s'agit du clan, de l'ethnie et de la tribu.

Dans une grande partie du continent africain, c'est cette organisation sociale qui demeure jusqu'à présent[173]. Le clan devient ainsi l'échelon qui vient après le nucléo de la famille. Le clan est composé d'un ensemble de familles. Le dictionnaire *Le Larousse* le définit comme « *un groupement de personnes*

169Michel NKAYA, « Frères et sœurs en Afrique noire », *Mélampous* n°5 et 6.

170 Robert CORNEVIN, « *Le Togo : des origines à nos jours* », Paris, Académies des sciences d'Outre-Mer, Janvier 1988, p. 64.

171 Ferdinand Georg FROBENIUS, « Unterdenun straeflichen Aethiopen », p.348 cité par Robert CORNEVIN, « *Le Togo : des origines à nos jours* », Paris, Académies des sciences d'Outre-Mer, Janvier 1988, p.57.

172Lire Léo FROBENIUS, « *Histoire de la civilisation africaine* », Paris, Éditions Gallimard, 1952, 378 pages.

173 Lire Alain BLUM sur Elena FILIPOVA, « Ethnie, nationalité ou clan : des formes d'identité rivales ? ». In : *Revue d'études comparatives Est-Ouest,* vol. 34, 2003, n°4. Dossier : Recenser la Russie en 2002, sous la direction de Catherine Gousseff. pp. 131-152.

ayant entre elles ***un rapport de parenté*** *soit du point de vue* ***du père****, soit du point de vue de* ***la mère »***[174].

Le clan est une organisation sociale majeure par rapport au nucléo familial. Sa structuration sociale, en s'élargissant, tend vers ce que les spécialistes (ethnologues) appellent une ethnie. M. Lugan, pour aider à comprendre cette organisation sociale des peuples d'Afrique noire, les a classifiés sous forme de ce qu'il appelle : les grandes familles ethnolinguistiques africaines.

Avant d'aborder cette notion de « famille ethnolinguistique africaine », il nous semble beaucoup plus cohérent de définir d'abord la notion d'« ethnie » pour ensuite la mettre dans son contexte africain. D'après *le dictionnaire Le Larousse*, une ethnie est « *un groupement humain qui possède une structure familiale, économique et sociale homogène, et dont l'unité repose sur une communauté de langue, de culture et de conscience de groupe*[175]. » C'est sur la base de cette perception que M. Illife[176](2002, p. 23) cité par M. Lugan (2010, p.27), affirme que « *les langues africaines sont classées en quatre grandes familles divisées en plusieurs groupes principaux composés d'une infinité de sous-groupes. Il s'agit des familles KhoiSan, Nilo- Saharienne, Niger-Congo et Afrisienne (afro- asiatique)*[177]. » Il précise sa pensée en ramenant ces quatre différents groupes en deux principaux :

- La *famille KhoiSan* qui pour lui est « celle dite des langues vestiges parlées par les peuples qui occupaient une partie du continent avant sa colonisation par ses actuels occupants noirs »[178].
- La *famille Niger-Congo* composée du groupe occidental avec « de centaines de langues de l'ouest-africain sud saharien à l'exception du songhaï et des langues tchadiques » et du central « qui rassemble les langues bantu »[179].

Entre le clan et l'ethnie, l'élément fédérateur est la langue et la culture[180]. Avec la tribu, ces éléments fédérateurs s'accumulent. Ils prennent en compte, en plus de la langue, les rapports de parenté et la culture, les croyances religieuses de ces membres. Ainsi, la tribu s'affiche comme une « *agglomération de familles vivant dans la même région, ou se déplaçant ensemble, ayant un système politique commun,* ***des croyances religieuses*** *et*

---

174 « *Dictionnaire Larousse Maxipoche 2018* », Paris, Éditions Larousse dictionnaires, 2017, p. 253.
175 Op. Cité, p.525.
176 Joseph ILIFFE, « *Les africains, histoire d'un continent* », Éditions Aubier, Histoires, 2002, p. 23.
177 Bernard LUGAN, « *Histoire de l'Afrique du Sud* », Éditions ellipses, Mars 2010, p.27.
178 *Idem.*
179 *Ibidem.*
180 H. BAUMANN et D. WESTERMANN, « *Les peuples et les civilisations de l'Afrique* », Paris, Éditions Payot, 1967, 604 pages.

une langue commune*, et tirant primitivement leur origine d'une même souche »*[181].

La notion de « croyance » nous semble intéressante dans la mesure où *la Bible de Jérusalem*[182] détermine et parle de la généalogie de Jésus le Christ en se focalisant sur son appartenance à une tribu. Dans les textes sacrés de l'Ancien Testament, plus précisément dans *la Genèse*, on nous replace le contexte de l'arrivée du Christ. Un contexte qui prend en compte les croyances et les systèmes d'organisation sociale de la société d'alors. On nous parle et nous décrit le Christ comme étant un descendant de la tribu de Jessé. Plus encore, dans *la Sainte Bible,* on nous parle des 12 tribus d'Israël. Cette allusion faite aux Saintes Écritures donne un aperçu sur comment les peuples d'Afrique, en particulier le peuple égyptien[183] était socialement organisé. Le peuple égyptien[184] devient ici une partie visible de l'Afrique intérieure avec des pratiques mystiques[185] bien spécifiques et une hiérarchisation de la société en fonction de ses appartenances à un clan ou à une tribu.

Certaines tribus étaient « élues », d'autres soumises à la pratique de l'esclavage[186]. Il convient de rappeler que les peuples arabes ont été les premiers à pratiquer l'esclavage comme nous le connaissons aujourd'hui. Des pratiques esclavagistes qui avaient pour principale cible les peuples noirs de l'intérieur du continent. Dans *la Bible de Jérusalem*, plus concrètement dans *le Lévitique*, on nous parle de la tribu des « Lévi ». Cette tribu de l'Ancien Testament était désignée pour être les prêtres de Dieu. En effet, dans *Lévitique 1, 7*[187], Dieu détermine les tâches de cette tribu choisie par Lui-même en disant : « *les fils d'Aaron, les prêtres, apporteront du feu et disposeront du bois sur ce feu* ». Cependant, la seule différence entre ces peuples d'Afrique noire et les peuples égyptiens ou du Maghreb est l'élément social appelé : **ethnie**.

---

[181]« *Dictionnaire Larousse Maxipoche 2018* », Paris, Éditions Larousse dictionnaires, 2017, p. 1415.

[182]« *La Bible de Jérusalem* », traduite en français sous la direction de l'École biblique de Jérusalem, Éditions du CERF, Avril 1998, 2117 pages.

[183]Carnot SAINTE FARE, « *La vie religieuse dans l'Égypte ancienne* », Mythes et religions, 1947.

[184]François DAUMAS, « *La civilisation de l'Égypte pharaonique* », Éditions Artaud, Collection Les grandes civilisations, Janvier 1993, 552 pages.

[185]Adolf ERMAN, Henri WILD et Étienne DRIOTON, « *La religion des Égyptiens* », Trad.1937, Éditions Payot, 1952, 511 pages.

[186]Fabio VITI, « L'esclavage au Baoulé précolonial », in : *L'Homme*, 1999, tome 39 n°152. Esclaves et « sauvages ». pp. 53-88.

[187]« *La Bible de Jérusalem* », Les holocaustes, Lévitique 1,7, traduite en français sous la direction de l'École biblique de Jérusalem, Éditions du CERF, Avril 1998, p.147.

L'ethnie devient de ce fait une particularité des peuples d'Afrique noire. C'est sur la base de l'appartenance ethnique que le pouvoir s'obtenait et se transmettait. M. De Benoist[188] (1989) explique que chez les *Bobo*, les *Bambara* et les *Khassonké* du Mali, rien n'est plus important, autant du point de vue hiérarchique que du point de vue structurel, que l'appartenance d'un individu à une ethnie.

Prenons l'exemple des royaumes de la Sénégambie. M. Diouf (2001, p. 75) informe que « *la Sénégambie est paradoxalement à la fois une et multiple tant au plan culturel, religieux, sociologique, démographique que politique* »[189]. Elle regroupe en son sein des ethnies nombreuses et diversifiées. Toujours d'après notre auteur, ces ethnies s'identifient suivant leurs particularités et leurs similitudes. Il s'agit :

- Des *Wolof* : ethnie majoritaire, au Centre,
- Du groupe *Pulaar* (Peul) et *Haalpulaar* (Toucouleur) : au Nord et à l'Est,
- Des *Sereer : vers* la petite côte ; et les *Joola :* au Sud,
- Des groupes Manding (*Malinké, Jaxanké, Jalonké et Bambara*) et Soninké : au Sud et à l'Est,
- Des groupes Tenda *(Basari, Baïnuk, Koniagi, Bedik, Bajaranke),*
- Des *Mancagne, Manjaque, Balant, Pepel* : au Sud et à l'Est,
- Des *Lébou* : à l'Ouest.

Dans les royaumes précoloniaux[190] et coloniaux du Sénégal, plus exactement dans le royaume du *Djolof,* vers les années 1800 à 1900, c'est sur la base de ces appartenances ethniques que « *bien qu'appartenant à la puissante famille des Geej, Lat Joor est exclu de la compétition pour le pouvoir du Kajoor à cause de son patronyme et de sa non-appartenance au patrilignage royal Fall- il est Joop* »[191].

Le roi du *Kajoor* s'identifiait à un titre honorifique qui est celui de *Damel.* Lat Dior, de son nom complet *Lat Dior Ngoné Latyr DIOP* (1842-1886), héros national du Sénégal libre et indépendant, a dû recourir à la guerre et aux « sabotages » pour retrouver ses terres « confisquées » par le colonisateur et « confiées » à son demi-frère *Madiodio Deguéne Coumba FALL.* (Nous y reviendrons plus amplement dans notre second chapitre : la guerre comme moyen de résistance).

188Joseph-Roger de BENOIST, « *Le MALI* », Éditions L'Harmattan, Octobre 1989, 265 pages.

189Mamadou DIOUF, « *Histoire du Sénégal* », Laval, Éditions Maisonneuve & Larose, Juin 2001, p.75.

190Charles BECKER, « Histoire de la Sénégambie du XVe au XVIIIe siècle : un bilan… » In : *Cahiers d'études africaines*, vol. 25, n°98, 1985. pp. 213-242.

191Mamadou DIOUF, « *Histoire du Sénégal* », Laval, Éditions Maisonneuve & Larose, Juin 2001, p.158.

Les peuples d'Afrique noire étaient très riches et attiraient beaucoup de peuples étrangers[192]. Dans *La Bible de Jérusalem* (1998, p.45), *Genèse 12,10*, on nous parle de l'exil d'Abraham en terre d'Afrique en précisant le contexte : « *il y eut une famine dans le pays et Abraham descendit en Égypte pour y séjourner, car la famine pesait lourdement sur le pays* »[193].

En Afrique centrale, plus précisément au Cameroun, les royaumes du *Kanem-Bornou*, du *Mandara* et du *Bamoun* ont été créés vers 30000 avant Jésus Christ. Ces royaumes préhistoriques sont inspirés des traditions et pratiques religieuses des peuples et tribus *bantou*[194]. Ils ont migré vers les plateaux montagneux du Cameroun dans l'objectif de trouver de nouvelles terres.

À leur arrivée au Cameroun, ils ont connu au cours de leur histoire et de leur évolution une très grande influence des ethnies et tribus voisine : *Tikars*, *Bamoun*, *Bamiléké* et *Foulbé,* venues du Macina. Ces influences entre les différents empires et royaumes d'Afrique centrale se firent par l'entremise des armes et de la domination. En effet, c'est suite à des batailles meurtrières, particulièrement avec les troupes *Peul* d'Oumar Dan FODIO, que ces influences ont donné naissance à plusieurs ethnies et civilisations :

- Celle des *Béti* « les nobles » du Cameroun et du Gabon,
- Celle des *Bassa* du Cameroun,
- Celle des *Fang* « les vrais hommes » du Cameroun, de la Guinée Équatoriale, du Congo-Brazzaville, de la Centrafrique, du Gabon, du Sao Tomé et Principe.

En Afrique du Sud, deux ethnies semblent marquer la préhistoire de cette partie du continent. Il s'agit des *Khoï* ou *KhoïKhoï* et des *San* ou *Bochimans.* M. Lugan (2010, p.25) explique que les *Khoi* ou K*hoiKhoi* « *hommes-hommes* » vivaient principalement de la chasse et de la cueillette. Ils étaient localisés « *dans la partie occidentale du pays, à l'Ouest de l'isohyète des 380 mm de pluies, depuis le fleuve Orange du Nord, jusqu'à la rivière Sundays qui se jette dans l'Océan Indien* »[195].

Avec l'évolution des conditions climatiques, ils se sont orientés vers l'élevage, d'où leur nom de « *pasteur KhoiKhoi* ». Quant aux *San* « cueilleurs » ou *Bochimans* « homme des buissons » vivaient eux aussi principalement de la chasse et de la cueillette. Contrairement aux *Khoi*, les

[192]Joseph HALEVY, « La légende de la reine de Saba », In : *École pratique des hautes études, Section des sciences historiques et philologiques*. Annuaire 1905. 1904. pp. 5-24.
[193]« *La Bible de Jérusalem* », *Abraham en Égypte*, Genèse 12,10. Traduite en français sous la direction de l'École biblique de Jérusalem, Éditions du CERF, Avril 1998, p.45.
[194]Lire Placide TEMPELS, « *La philosophie bantoue* », Paris, 2e édition, Éditions Présence Africaine, 1961, 123 pages.
[195]Bernard LUGAN, « *Histoire de l'Afrique du Sud* », Éditions ellipses, Mars 2010, p.25.

San étaient, d'après M. Lugan (2010, p.25), présents « *dans toute l'actuelle Afrique du Sud* »[196]. Ils constituent la frange autochtone de l'Afrique australe.

En Côte D'Ivoire, M. Loucou (1984, p. 18) informe que les premières ethnies à avoir vécu sur le sol étaient identifiables suivant les régions :

- « Dans le Sud : les *Ehotilé*, les *Brékégon*, les *Abédjé,* les Zehiri,
- Dans le centre : les *Asrin*, les *Goli*, les *Bomizambo,*
- Dans l'Ouest : les *Ega*, les *Gagou* ou *Gban*, les Toura, les *Nosso*,
- Dans le Nord : les *Falafal*, *Sénoufou* autochtones de la région de Kong, les *Lorhon*, les *Degha* et les *Huéla*[197]. »

Avec le temps, ces ethnies ont soit disparu, soit migré ou se sont diluées dans d'autres pour donner aujourd'hui, par exemple, les *Bawlé,* les *Agni*, les *Dioula*…

Au Burkina Faso, pays voisin de la Côte d'Ivoire, le système d'identification des ethnies et tribus est pareil. Elles sont localisables en fonction des régions et de leurs particularités. Salfo-Albert BALIMA souligne la présence d'« une soixantaine d'ethnies qui se répartissent en huit régions »[198]. Parmi elles :

- Les *Mossi*, les *Silmi-Mossi*, les *Yansi*, les *Zaoce,* les *Koussasse*, les *Bissa* de la région de *Mossi*,

- Les *Kassena*, les *Ko* (en Jula), les *Lela*, les *Nankana*, les *Nunuma*, les *Puguli*, les *Sissala*, les *Dagari-Dioula*, de la région du Gourounsi.

****

En outre, il convient de dire que dans ces empires et royaumes anciens d'Afrique noire, la guerre (bataille) avait un sens :
- D'une part, l'union des populations autour de la famille royale et de la tribu,
- D'autre part, afficher aux yeux des populations la grandeur de la famille, du clan, de l'ethnie et de la tribu.

Le Roi ou l'empereur n'était pas n'importe qui. Il était le trait d'union entre le monde visible et le monde invisible. Le nom de famille déterminait la mission de l'homme sur terre. Son nom s'identifiait à l'histoire de la famille et marquait de ce fait le destin à suivre par le nouveau-né.

---

[196] *Idem.*
[197] Jean-Noël LOUCOU, « *Histoire de la Côte d'Ivoire* », Abidjan, Éditions CEDA, Janvier 1984, p.18.
[198] Salfo-Albert BALIMA, « *Légendes et histoire des peuples du Burkina Faso* », Éditions JA Conseil, 1996.

M. Holas[199] (1953, pp. 77-86) informe qu'en Afrique, le nom est une prédiction du futur. Le nouveau-né est confié à l'Être Suprême par l'intermédiaire des ancêtres pour qu'IL le guide dans sa mission. La guerre (bataille) était une pratique familiale, clanique, ethnique et tribale. Toutefois, dans certaines circonstances comme celle de famine et de pauvreté, la guerre (bataille) devenait un moyen de subsistance. Elle permettait d'étendre ses terres et d'élargir son marché.

Paragraphe II : La guerre pour étendre ses terres et élargir ses marchés

La guerre (bataille) pour étendre ses terres et élargir ses marchés était le propre des royaumes et empires africains. M. Cornevin (1999, p.41) rappelle, par exemple, que dans l'histoire précoloniale du Zaïre, « *la zone de savanes apparaît éminemment favorable aux déplacements de grande envergure et à la constitution d'empires ou de fédérations de peuples* »[200]. Une zone qui a vu naître et se développer plusieurs ethnies et tribus d'Afrique noire.
Cette partie de l'Afrique centrale était une zone propice à l'activité humaine. Des chercheurs, comme M. Cornevin, sont allés jusqu'à y enregistrer une cohabitation entre « au moins une cinquantaine d'ethnies ». Ce sont des ethnies dont la plus connue par les historiens et le monde moderne est celle des *Bantou*[201] (Junod, 1936). M. Cornevin confirme « l'existence de deux cents dialectes *bantou* au Zaïre ». En effet, les conditions climatiques et la richesse de cette zone ont favorisé la naissance et le regroupement de beaucoup de royaumes.

La composition et la constitution des royaumes précoloniaux d'Afrique centrale ont commencé avec celui du *Congo* dans le *Baluba*. Ensuite vinrent celui du *Bakuba* et de « *la confédération du Lunda* » avant de perdre leur splendeur avec l'arrivée des Arabes et des Occidentaux.

Le rayonnement de ces royaumes d'Afrique noire a été stoppé de manière brutale par la traite arabe (XIII siècles). Un déclin qui a été précipité par les offensives répétées des tribus arabes qui cherchaient, entre autres, à faire des échanges et des transactions financières mettant ainsi en péril la transmission du savoir-faire à travers les générations. L'Afrique noire envahie rompt et devient la proie de ses frères et proches voisins arabes. Le dernier royaume

---

199 Bohumil Théophile HOLAS, « Remarque sur la valeur sociologique du nom dans les sociétés traditionnelles de l'Ouest africain ». In : *Journal de la Société des Africanistes*, 1953, tome 23. pp. 77-86.
200 Robert CORNEVIN, « *Histoire du Zaïre, des origines à nos jours* », Bruxelles,4e édition, Éditions Hayez, août 1999, p.4.
201 Henri Alexandre JUNOD, « *Mœurs et coutumes des bantous* », Paris, Éditions Payot, 1936.

de cette partie de l'Afrique noire est celui du *M'Siri*. Il se trouvait au *Shaba* plus précisément dans le *Katanga*.

La cohabitation entre ces populations regroupées en clans, en ethnies et en tribus était souvent difficile. Des conflits internes ayant comme objectif l'occupation, la gestion et l'exploitation des terres étaient récurrents. M. Cornevin (1988, p.97) informe, par exemple, que dans les royaumes et empires du Togo ancien « *les mouvements de clans et les guerres s'accompagnent toujours de mélanges : les vainqueurs épousent les femmes et les filles des vaincus. [...] les enfants emmenés en captivité adoptent la langue et la coutume des ravisseurs.*[202] »

A. Pour les échanges et les transactions financières

Le commerce avait une place très importante dans l'Afrique antique. Il se faisait sous différentes formes et était le monopole des peuples arabes nomades. Le commerce constituait aussi l'activité principale des populations d'Afrique noire. Toutefois, il était fait à un degré moindre par rapport aux peuples arabes nomades. M. Chapelle[203] (1990) informe qu'au Tchad, le royaume du *Kanem* était une des références de cette partie d'Afrique noire.

Le roi du Kanem portait le titre honorifique de « *Maï* »[204]. Le royaume du *Kanem* se distinguait de par sa situation géographique, voisin plus proche des tribus arabes, d'une économie qui était essentiellement tournée vers le commerce et les transactions financières. Le royaume du *Kanem* bénéficiait « d'une civilisation matérielle très avancée »[205] (1990, p.196).

À son apogée, le royaume du Kanem s'étendait « *sur toute la ligne des puits qui va du Lac Tchad au Djado, et au Fezzan par le Kaouar* »[206] (1990, p.198). En effet, l'existence de ces royaumes et ces empires préhistoriques d'Afrique noire ont été révélés au monde musulman par le truchement des échanges commerciaux.

Le Royaume du *Kanem* a su développer un système d'échange commercial avec de nombreuses tribus voisines du Yémen et de la Tunisie. Ces échanges et transactions financières se faisaient par le biais de trocs qui se sont amplifiés avec le développement des caravanes.

---

202 Robert CORNEVIN, « *Le Togo : des origines à nos jours* », Paris, Académies des sciences d'Outre-Mer, Janvier 1988, p.97.
203 Jean CHAPELLE, « *Le peuple tchadien, ses racines et sa vie quotidienne* », Éditions L'Harmattan, 1990, 304 pages.
204 Maître du monde.
205 Jean CHAPELLE, « *Le peuple tchadien, ses racines et sa vie quotidienne* », Éditions L'Harmattan, 1990, p.196.
206 Op. Cité, p.198.

M. Cornevin (1988, p.123) précise qu'avec l'évolution des sociétés, « les motifs de guerre sont devenus très variables »[207]. Il énumère parmi ces motifs, « la sécurité du commerce et le trafic d'esclaves »[208]. Dans ce cas précis, nous donnons beaucoup plus d'importance à la guerre pour faire et sécuriser le commerce entre deux peuples ou tribus. La guerre pour le monopole et la sécurisation des routes commerciales et le trafic d'esclaves était, à cette période de l'histoire, dans une grande partie de l'Afrique noire, la raison principale des affrontements entre les peuples.

Ce fut le cas dans les empires et royaumes du Togo ancien, entre « les *Anlo* et leurs voisins occidentaux de *Goald Coast*, les collectivités *Ehvé*[209] de la rive droite de la Volta » pour des questions relatives aux droits « de pêche, de commerce, ou de difficultés surgies à propos du trafic d'esclaves ».

En ce qui concerne les peuples de la Côte d'Ivoire, M. Loucou (1984, p.103) informe que les *Dioula* étaient connus pour être de grands commerçants. Il précise son information en affirmant : « *le Dioula est, de tous les Noirs, celui qui sait le mieux se plier aux exigences du milieu dans lequel l'a jeté le hasard. [...] Actif, intelligent, patient, rusé, prévoyant, sachant tirer parti de tout, il est né pour le commerce* »[210] .

B. Pour la sauvegarde du savoir-faire à travers les générations

La guerre était aussi un moyen de sauvegarder le savoir-faire de ces peuples. Le patrimoine culturel était une fierté à défendre et à transmettre entre les générations.

Les peuples d'Afrique noire dans leur diversité avaient su développer des compétences en fonction de leur milieu, de la nature et de leur population. La chasse, la pêche, l'élevage et l'agriculture constituaient les principales activités productives.

Au Tchad, par exemple, du fait des caractéristiques de la terre, le mil et le sorgho étaient les principales cultures agricoles. La culture de ces deux produits de la terre était, d'après M. Chapelle (1990), la « chasse gardée » des *Massa*. Ces connaissances de la culture du mil et du sorgho se transmettaient de père en fils pour ne pas dire entre les générations.

---

[207] Robert CORNEVIN, « *Le Togo : des origines à nos jours* », Paris, Académies des sciences d'Outre-Mer, Janvier 1988, p. 123.

[208] *Idem.*

[209] Lire Albert Néron De SURGY, « *Géomancie et le culte d'Afa chez les Ehvé* », Publications Orientalistes de France, 1981, 444 pages.

[210] Jean-Noël LOUCOU, « *Histoire de la Côte d'Ivoire* », Abidjan, Éditions CEDA, Janvier 1984, p.103.

Le peuple *Massa* excellait aussi dans les activités halieutiques. Il partageait cette activité avec le peuple *Kotoko*. Ces deux peuples sont connus pour l'originalité de leurs instruments de pêche qui étaient des barques « cousus ». Il s'agit pour le peuple *Kotoko* de la grande pirogue connue sous le nom local de *Zémi*.

Ce n'est qu'après des années que cette culture fut partagée avec « les *Toupouri*, les peuples du *Fitri*, du *Guéra*, du *Salamat*, les peuples arabes du Bas- Chari avec l'invention du sorgho repiqué communément appelé : *berbéré* »[211].

L'élevage était réservé à la population arabe voisine qui la faisait sous forme de « nomadisme ». Leurs activités s'opéraient tout le long du désert et du sahel tchadien. Leurs connaissances du terrain faisaient d'eux les seules personnes « habilitées » à ce genre d'activité. Quant à la chasse, elle était une spécialité du peuple *Moudang*. M. Chapelle (1990, p.71) affirme que la chasse était un exercice sacré. De ce fait, « *l'animal sauvage n'est donc pas seulement une proie [...]. La mort d'un animal libère, au même titre que la mort d'un homme, des forces occultes qu'il importe de conjurer, d'où le rituel qui accompagne la chasse* »[212] (1990, p.111).

Au Mali, les *Garamante*[213] constituent l'exemple concret de guerriers de l'Afrique antique. Ces derniers ont mené plusieurs batailles autour de la zone du Sahara. M. De Benoist (1989, p.20) souligne que « *armer de javelots, de poignards et d'épées, montées sur leurs chars à quatre chevaux* »[214], les guerriers *Garamante* faisaient face à l'armée romaine. Ils ont dû se battre contre l'Empire romain afin de préserver leurs terres (fertilité des terres du Sahara), leurs savoir-faire (l'agriculture propice à ces terres) et leurs cultures (la construction et l'art décoratif). Leur activité principale était l'agriculture. Certains disent que « *c'est sans doute sur les rives de l'AZAOUAD [...] que l'agriculture a été inventée au Ve et IVe millénaire avant J.C* »[215].

La sècheresse du Sahara et les difficiles conditions d'existence ont chassé les peuples *Garamante* de cette partie du Mali. Ils émigrèrent vers la zone Nord-Ouest pour s'attaquer aux peuples noirs de la vallée du Niger. Ils finiront par se faire accepter et rejoindre les *Bafour*. La situation du Sahara leur imposa plusieurs changements dans leurs activités productives et sociales.

---

211 Jean CHAPELLE, « *Le peuple tchadien, ses racines et sa vie quotidienne* », Éditions L'Harmattan, 1990, p.71.

212 Op. Cité, p.111.

213 David MATTINGLY « Nouveaux aperçus sur les Garamantes : un État saharien ? ». In : *Antiquités africaines*, 37,2001. pp. 45-61.

214 Joseph-Roger de BENOIST, « *Le MALI* », Éditions L'Harmattan, Octobre 1989, p.20.

215 *Idem*.

Concernant leurs activités sociales, une cohabitation avec « des *Sémites* et des *Berbères Zénaga* »[216] était nécessaire. Pour ce qui est de leurs activités productives, elles changèrent pour se centrer uniquement dans l'élevage.

Le Mali d'aujourd'hui est le fruit d'une cohabitation pacifique entre plusieurs ethnies. Il s'agit, d'après M. De Benoist, d'un « pacte de non-agression » entre :

- Les *Touareg* (population de peau blanche localisable au Nord),
- Les *Maure*,
- Les *Peul*[217],
- Les *Manding* (l'essentiel de la population noire).

Chacune de ces ethnies s'identifie par une histoire, une époque et un empire. L'une des plus importantes dans cette partie de l'Afrique est l'empire *peul* du Macina.

Les *Mandingue*[218] constituent aujourd'hui l'ethnie majoritaire au Mali. Leur dialecte est le plus célèbre et le plus parlé dans tout le pays. Le règne de Soundjata KEÏTA (empereur du Mali de 1235 à 1255) n'est, nul doute, pas étranger à cela.

****

Il ressort de cette analyse que les peuples arabes voisins influèrent beaucoup sur l'évolution de la notion de « bataille » à celle de « guerre » en Afrique noire.

Les intérêts en jeu étaient énormes et nécessitaient une modernisation des moyens (armes) de faire la guerre pour pouvoir faire face à la bravoure des guerriers d'Afrique noire. La guerre pour l'exploitation des ressources de la terre, le commerce des produits liés à la terre et les transactions financières, succéda à la guerre pour l'expansion et l'élargissement de l'ethnie et de la tribu.

Cette nouvelle donne fait de l'Afrique noire le théâtre de plusieurs « conflits armés ». Les plus connus sont ceux que des peuples dits « civilisés » voulaient imposer à cette partie de l'Afrique. Pour y arriver, ils se serviront de la religion et du divin. La notion de « Paix de Dieu » rencontre ici un autre sens. Celle d'une guerre voulue et prônée par Dieu lui-même afin de ramener ces « peuples égarés » dans le droit chemin. Cette « mission donnée » aux peuples arabes et à l'Occident contraste avec les pratiques

---

216 Lire Geneviève DESIRE-VUILLEMIN, « *Le monde libyco-berbère dans l'antiquité* »,1964.

217 Tierno MONÉNEMBO, « *Peuls* », Paris, Éditions Points, 27 août 2009, 512 pages.

218 Ethnie composée aussi des *Malinké*, des *Bambara*, des *Dioula*, des *Sarakolé*.

qu'ils en ont faites. En effet, ils ont, par le biais de l'esclavage, réussi à « éloigner le peuple africain du Dieu qu'ils étaient censés Le rapprocher »[219].

[219] Basil DAVIDSON, « *Les Africains, introduction à l'histoire d'une culture* », Paris, Éditions Seuil, 1971, 347 pages.

Chapitre II
La guerre : un moyen de domination religieuse

Les religions traditionnelles africaines ont toujours vécu dans un cadre où la cohabitation était de mise et les conflits cultuels étaient presque inexistants. La domination religieuse n'était pas le principal objectif des empereurs et des rois dans les traditions anciennes. Elle est venue avec l'arrivée des peuples arabes et de l'Occident. C'est précisément cette vision de la guerre qui a été menée par les tribus arabes (XIII siècles) d'abord, et ensuite, par les Européens (IV siècles) contre les royaumes et empires d'Afrique noire. Ce sont des guerres faites sous la bannière de l'islamisation et de la christianisation des peuples d'Afrique noire et qui se sont soldées par l'esclavage, le pillage, la domination arabe puis occidentale de l'Afrique.
Pour arriver à leurs fins, ces peuples « envahisseurs » de l'Afrique noire avaient recours à leur soi-disant « affinité » avec Dieu pour :

- Cultiver le sentiment de peur à l'au-delà (**paragraphe I**),
- Fructifier les retombées économiques auprès des adeptes (**paragraphe II**).

Des dominations qui s'opéraient sur le terrain par des pratiques atroces de pillage humain et matériel de l'Afrique. La question qui se pose alors est la suivante : *Nashibatji*[220], qui aurait fait de l'Afrique le berceau de l'humanité, aurait-il soumis sa propre création à la perte, à la domination et à l'esclavage ?

Revient alors la relation de Dieu avec ces différentes créatures réunies en famille, clans, ethnies, tribus, royaumes et empires éparpillés dans le monde. Dieu préfèrerait-il certains à d'autres ?

Dans *la Bible de Jérusalem*[221], on nous dit que la Vierge Marie a été choisie par Dieu pour être la mère du Christ, Sauveur du monde. Que Jésus le Christ est né à Bethléem « parmi les juifs ».

Dans *le Coran*[222], il est écrit que le prophète Mohamed (PSL) est né à la Mecque (en Arabie Saoudite). Il est le fils d'Abdullah Ibn Abd Al MUTTALIB et d'Amina Bint WAHB. Il fait partie de la tribu *Quraysh.*

---

220 Dieu en langue *Mancagne* du Sénégal et de la Guinée— Bissau.

221 « *La Bible de Jérusalem* », *Ascendance de Jésus*, Évangile selon Saint Matthieu, traduite en français sous la direction de l'École biblique de Jérusalem, Éditions du CERF, Avril 1998, p.1651.

222 « *Le Coran* » traduit de l'arabe par Kasimirski, Paris, Éditions Garnier-Flammarion, 1970, 508 pages.

Dans *la Torah*, relative au Pentateuque dans la Bible, il est bien écrit que le prophète Moïse fait partie du peuple hébreu. Il est le fils d'AMRAM et JOCABED et est né en Égypte en terre d'Afrique[223].

Cette reconnaissance de la naissance des différents prophètes de Dieu hors des terres d'Afrique noire signifie- t-elle une infériorité de ses peuples ?

Certains l'ont cru ! Plus encore, ils se sont sentis investis de la mission d'islamiser et de christianiser l'Afrique noire. Et cela, à n'importe quel prix ! L'Afrique, d'après M. N'diaye (2017, p.9) paya le plus gros tribut : « *des millions d'Africains furent razziés, massacrés ou capturés, castrés et déportés vers le monde arabo-musulman* »[224].

Des actes qui obligèrent les peuples africains à choisir entre deux mondes :

- Celui de croire en Yahvé ou Allah,
- Celui de mourir.

La violence devient de ce fait un moyen d'inciter à la « conversion ». Elle était « spirituelle » et « physique ». Dans le cas de l'incitation par des menaces physiques, la guerre était en « tête de gondole » de ce que proposait l'« envahisseur ». Elle se matérialisait par des affrontements armés condamnant à la mort ou à l'esclavage.

Vu les écarts entre les niveaux d'armement entre les « envahisseurs » et les autochtones, tout le peuple africain était déjà condamné. Avec l'Islam et le Christianisme, les batailles auxquelles les peuples d'Afrique noire se livraient entre eux cédèrent la place à la guerre.

Paragraphe I : Pour redynamiser ses croyances et la peur à l'au-delà

Les croyances et l'au-delà ont ici des sens particuliers. L'au-delà est ce que ces « messagers de la Bonne Nouvelle » ont voulu faire croire aux peuples d'Afrique noire. Pour mettre leur stratégie en place, des « pillards » et « envahisseurs » s'autorisèrent des guerres contre une grande partie des royaumes et empires d'Afrique noire. Leurs croyances étaient basées sur « la certitude » que le Créateur lui-même les avait choisis comme êtres supérieurs à ces peuples noirs. Quant aux peuples noirs, l'accès à Dieu n'était possible que par une conversion à l'Islam ou au Christianisme. Une conversion qui était nécessaire au début et obligatoire par la suite pour embrasser le monde « civilisé ».

---

[223] « *La Bible de Jérusalem* », *Naissance de Moïse*, traduite en français sous la direction de l'École biblique de Jérusalem, Éditions du CERF, Avril 1998, p.96.

[224] Tidiane N'DIAYE, « *Le génocide voilé, enquête historique* », Éditions Gallimard, Collection Folio, Février 2017, p. 9.

Un beau message qui dans la pratique semble être tout autre. L'esclavage tel que nous le connaissons aujourd'hui est le résultat de ces croyances arabes[225] et occidentales. Car de ce que l'on peut noter, l'homme noir a été déjà « puni par Dieu ». Ces derniers ont réussi à pervertir le message originel de la religion qui joue un rôle de trait d'union entre le Créateur et ses créatures, en « privant » les peuples noirs de leur propre processus de rencontre avec Dieu.

La religion devint alors une source de négoce. Elle fut avec ces « pillards » et « envahisseurs » un business de la peur. Une peur de l'au-delà, à un Dieu qui pourtant dans *La Bible de Jérusalem*[226] (1998, p.2051) dit Lui-même, par la voix de son Fils Unique, qu'IL est amour, vérité et vie. L'encyclique *Deus Caritas Est* du pape Benoît XVI rencontre ici un sens : **celui du vrai message du Christ**.

Ces « pillards » et « envahisseurs », certains animés certes d'une bonne intention, ont perverti les véritables messages des envoyés de Dieu. Ils imposèrent au monde les croisades, les guerres saintes...et à l'Afrique noire, la traite transsaharienne et la traite atlantique.

Les « pillards » ont su jouer sur le fondement de *l'homme kamite* en invoquant ce qu'il a de plus important : **son attachement aux croyances à l'Être Suprême**[227]. L'incitation mystique, voire spirituelle, se matérialisait par **une culture de la peur de Dieu** et **de ses représentants sur terre**[228], donc eux.

Cette démarche semble être, à notre avis, une véritable « usurpation de fonction ». Dans le *Vocabulaire Juridique* [229] (2012, p.1047), l'usurpation de fonction est définie comme étant « l'action d'usurper, de s'arroger sans droit d'une chose, d'une qualité ou l'exercice d'un pouvoir appartenant à autrui. »

Ces « usurpateurs de fonction » se sont joués de l'hospitalité et de l'ouverture des peuples d'Afrique noire. Ils finirent par « s'imposer » à eux par la force du canon et de l'épée. Ils se sont érigés en de dignes successeurs de Mohamed (PSL) et du Christ pour s'« imposer », aussi, dans le cas des « envahisseurs », à la droite du Christ. Et ceci, non à l'image d'un saint

---

225 Jacques HEERS « *Les négriers en terre d'islam, la première traite des noirs, VIIe — XVIe siècle* », Éditions Tempus Perrin, Janvier 2008, 320 pages.

226 « *La Bible de Jérusalem* », *La source de la Charité*, première épître de Saint-Jean 4, 7-19, traduite en français sous la direction de l'École biblique de Jérusalem, Éditions du CERF, Avril 1998, p.2051.

227 Lire Jean-Louis TRIAUD, « *Islam et sociétés au sud du Sahara* », Éditions Les Indes Savantes), Juin 2013, 194 pages.

228 Lire Hadji KHAMBALLAH « *La géomancie traditionnelle* », Éditions Guy Trédaniel, Collection Arts divinatoires, Janvier 1990, 175 pages.

229 Gérard CORNU (Dir.), « *Vocabulaire juridique* », Association Henri CAPITANT, 9e édition, Éditions P.U.F, Juillet 2012, p.1047.

Pierre qui de manière passionnée voulait siéger à sa droite, mais par la violence d'un être mortel. Ils y avaient en quelque sorte une « connexion directe » avec le Créateur et seuls eux savaient ce qu'IL voulait pour l'humanité. Ces « messagers de la Bonne Nouvelle » ont amené les guerres confessionnelles en Afrique noire. L'amour envers *Nashibatji* devint, par eux, une peur d'Allah, Yahvé, Dieu.

Cette « prouesse historique », mais contre l'histoire et le sens de la Révélation a changé les rapports des peuples d'Afrique noire avec la divinité, la nature et la création.

A. Dans les rapports à la divinité

À la place de la solidarité, les « usurpateurs de fonction » ont réussi à planter en Afrique noire le rameau de l'individualisme et du culte du moi que les Espagnols appellent avec ironie « *el yoismo* ».
Cette culture nouvelle avait comme dieu, à l'image de « la statue du veau d'or » des peuples israélites, le pouvoir, la domination. Et pour arriver à dominer les peuples d'Afrique noire, force était de recourir à la violence et à la barbarie des guerres. La guerre devient ici un élément de langage : celui de la dissuasion.

Advient alors, comme soubassement des rapports entre les peuples, ce que les spécialistes du droit de la guerre appellent le langage codé des rapports de force. Cette expression illustre de manière voilée, les différences sur le plan des moyens entre les peuples d'Afrique noire, les tribus arabes et les armées occidentales.

Avec cette différence flagrante, Dieu est « utilisé » ici comme celui qui combat, qui protège et qui valide la victoire et la supériorité d'un peuple. Dieu devient un allié politique[230], le commandant des armées. Car en son Nom et pour « Sa Gloire », les guerres se multiplièrent contre les peuples d'Afrique noire.

Les « fossoyeurs de la Bonne Nouvelle » ont réussi à faire des croyances africaines[231], une croyance matérielle tournée vers la recherche effrénée du profit. Le capitalisme est leur création. C'est leur moyen de mettre sous domination le faible, le pauvre. **L'esclavage est son aboutissement**.

---

230 Jean-Claude ANGOULA, « Quand Dieu se fait politique. Contribution à l'étude des représentations de Dieu dans l'espace public en Afrique », In Benoît Awasi Mbandikungua (dir.), Afroscopie, *Revue savante et pluridisciplinaire sur l'Afrique et les communautés noires*, dieu et l'Afrique. Approche prophétique, émancipatrice et pluridisciplinaire, n° 2016-VI, Paris, Éditions L'Harmattan, 2016, pp.93-124.
231 Louis-Vincent THOMAS et René LUNEAU, « *Les religions d'Afrique noire, textes et traditions sacrés* », Paris, Éditions Stock, Décembre 1995, 536 pages.

Le capitalisme autorise un homme « supposé supérieur » à dominer un autre. La couleur de la peau, noire en l'occurrence, devient un élément fondamental dans cette entreprise de déstabilisation des peuples de l'intérieur de l'Afrique dans le cadre de la traite transsaharienne et de la traite atlantique. De ce fait, l'homme n'est plus admirateur ni reconnaissant envers son Créateur. Il est soumis à l'homme qui le rend esclave de sa cause en usurpant le nom de Dieu.

Une nouvelle manière de voir Dieu qui constitue une contradiction énorme avec le message du Christ. Ce dernier qui dans *Jean 15, 15*, affirme : « *iam non dicam vos servos, sed amicos meos ; quia omnia cognovistis, quae operatus sum in médio vestri* »[232].

Peut-on aimer et avoir peur de la personne aimée ? Plus encore, Dieu qui est amour, qui a créé l'homme à son image, utiliserait-IL la violence pour se faire aimer par sa créature ?

Deux interpellations qui mettent à nu la défense de ces derniers. Ils ont fait de la religion ce qu'ils voulaient en entendre et en comprendre : réduire les peuples d'Afrique à l'esclavage par la colonisation en le déguisant d'une « islamisation et christianisation ». Et pourtant, dans le *Coran*[233], le muezzin du prophète Mohamed est un noir, Bilal Ibn RABAH. Ce dernier, esclave de par son père Abyssin, a été réhabilité par l'envoyé de Dieu. Ce qui prouve que le phénomène de l'esclavage dans les tribus arabes n'est pas cultuel mais culturel. Une situation que M. N'diaye (2017, p.15) assimile à de l'« injustice » car elle « e*st d'abord le droit abusif que des hommes se sont donné pour user et abuser des services d'une personne qui ne peut exprimer librement sa volonté. [...] Au maître, le droit d'utiliser ses asservis à sa convenance* »[234].

L'homme devient alors dieu et parle à la place de Dieu. Les paroles du Christ Jésus dans *Jean 13,34* « *aimez-vous les uns les autres comme je vous ai aimé* »[235] sonnent comme un message désuet. L'Afrique noire a tout au long de sa préhistoire et de son histoire, subi la domination des grands de ce monde :

- Les Égyptiens (dans la préhistoire),

---

232 « *La Bible de Jérusalem* », *La vigne véritable*, Jean 15,15 « *Je ne vous appellerai plus mes serviteurs, mais mes amis, par ce que vous avez connu toutes les choses que j'ai faites au milieu de vous* », Traduite en français sous la direction de l'École biblique de Jérusalem, Éditions du CERF, Avril 1998, p.1823.

233 « *Le Coran* » traduit de l'arabe par Kasimirski, Paris, Éditions Garnier-Flammarion, 1970, 508 pages.

234 Tidiane N'DIAYE, « *Le génocide voilé, enquête historique* », Éditions Gallimard, Collection Folio, Février 2017, p.15.

235 « *La Bible de Jérusalem* », *Les adieux*, Jean 13,34, Traduite en français sous la direction de l'École biblique de Jérusalem, Éditions du CERF, Avril 1998, p.1820.

- Les Arabes et les Européens (dans l'histoire).

Chacun de ces « maîtres » du monde a participé à leur manière au dépeuplement et à l'appauvrissement du continent noir. Les Égyptiens, en plus d'avoir soumis les peuples noirs d'Afrique à l'esclavage, l'ont fait avec les Hébreux. L'esclave était le serviteur, l'ami, le confident du maître. Les Arabes ont donné une connotation beaucoup plus péjorative au mot esclave[236]. L'esclave n'est devenu rien d'autre qu'un sous-homme. Les derniers « maîtres », les « explorateurs européens » les considéraient comme une marchandise. De ce fait, ils ont vidé l'Afrique de tout signe de vie.

Par la déportation à grande échelle, ils ont amené la quasi-totalité de ce que le continent noir comptait comme bras vaillants. M. Lovejoy (2017, p.96) informe que « *l'Afrique de l'Ouest et centrale, y compris la côte de Cabinda et Loango jusqu'à l'Angola, a été la source de la majorité des esclaves exportés vers les Amériques jusqu'au dernier quart du 17^esiècle* »[237]. M. N'diaye (2017, p.148) précise que « *beaucoup de paysans africains (fulah, peul, mandingue, yorouba, haoussa ou wolof) convertis furent razziés et déportés au Brésil* »[238]. M. Lovejoy (2017, p.96) revient sur le fait qu'en Afrique centrale, le royaume du *Kongo* « *a continué à être une source majeure d'esclaves, et d'autres États de la périphérie du Kongo ont joué un rôle de plus en plus important comme sources d'esclaves pour les Européens sur la Côte* »[239].

B. Dans les rapports à la nature, à la création

La nature est le cadre de vie de l'homme. Il partage avec celle-ci la beauté de la Création. L'être humain vit de la transcendance avec l'au-delà[240]. L'homme noir, en particulier, vit d'une appartenance à l'au-delà. Il se sent membre d'une divinité, donc très proche du Créateur à qui il rend grâce par la beauté de ses créatures. Tel un Noé redonnant vie à l'ensemble des animaux et bêtes sauvages, l'homme africain s'érige en défenseur de cette « maison commune » qu'est l'environnement. Ainsi, chaque élément de cette nature a un rôle à jouer dans les croyances et le quotidien des tribus.
On décrit souvent la préhistoire africaine en deux périodes : l'âge de la pierre taillée et l'âge de la pierre polie. Dans ce contexte historique et social

---

[236] Olivier PÉTRÉ-GRENOUILLEAU, « La traite oubliée des négriers musulmans », in *Les collections de l'Histoire* n°46, janvier-Mars 2010.
[237] Paul LOVEJOY, « *Une histoire de l'esclavage en Afrique, mutation et transformations (XIVe — XXe siècles)* », Paris, Éditions Karthala, juillet 2017, p.96.
[238] Tidiane N'DIAYE, « *Le génocide voilé, enquête historique* », Éditions Gallimard, Collection Folio, Février 2017, p.148.
[239] Paul LOVEJOY, « *Une histoire de l'esclavage en Afrique, mutation et transformations (XIVe — XXe siècles)* », Paris, Éditions Karthala, Juillet 2017, p.96.
[240] Dominique ZAHAN, « *Religion, spiritualité et pensée africaines* », Paris, Éditions Payot, coll. « Bibliothèque scientifique », 1970, 244 pages.

traditionnel d'Afrique noire, la pierre, comme dans la *Sainte Bible*, a son importance dans l'édifice de Dieu. N'est- ce pas Jésus le Christ, dans *Matthieu 16,18*, qui disait « tu es Pierre et c'est sur cette pierre que je bâtirai mon église ? »

Il en ressort de cette parole de Jésus, l'importance de la pierre dans les cultures et civilisations du monde. Il ajoute dans *Matthieu 21,33-43.45-46*, « *la pierre qu'ont rejeté les bâtisseurs est devenue la pierre d'angle.* »

En Afrique noire, la pierre est sacrée. Elle est le début de la pensée et de la civilisation africaine. L'Afrique est « la pierre » qui a servi de fondation pour bâtir le monde. Les « pillards » et les « envahisseurs » ont voulu la mettre en dehors de l'histoire du monde par ce que nous pouvons appeler : **un déni d'existence**[241]. Un acte dont l'unique objectif était de justifier leurs présences sur ces terres d'Afrique noire. Les paroles de Jésus le Christ retentissent pour donner du sens à ce rapport très fort qu'entretiennent les peuples d'Afrique noire avec l'au-delà.

M. N'diaye (2017, p.81) souligne que « *l'Africain n'a jamais cherché à dominer la nature, mais à vivre avec. Les hommes exploitaient ses richesses, uniquement pour les mettre au service de leur survie*[242]. » Un rapport avec la nature qui différencie de celui des « pillards » et des « envahisseurs ».

Il est clair et nous le disons avec raison que si Dieu a créé l'humanité, et l'Afrique, le berceau de l'humanité, quoi de plus naturel d'affirmer que l'Afrique a connu l'Être Suprême avant les autres peuples. Avec la nature, l'homme noir était en contact avec Dieu. Il le vénérait à travers la Création : la terre, les arbres, les animaux et les ancêtres. Le sermon de la montagne donne le cadre global de l'acte de foi envers Dieu le Père. *Le psaume 119*[243] en précise le sens. Ceux que l'homme africain ne connaissait pas, c'étaient Dieu le Fils et Dieu l'Esprit : la Sainte Trinité.

Avec le Christianisme, l'homme noir a découvert que le rôle de médiateur est exclusivement réservé au *Fils de l'Homme*[244] non plus aux ancêtres. Cette

---

241 Eugène ENRIQUEZ et Claudine HAROCHE, « 4. Déni d'existence, cruauté et reconnaissance », *La face obscure des démocraties modernes.* Sous la direction d'Enriquez Eugène, Haroche Claudine. ERES, 2002, pp. 63-80.

242 Tidiane N'DIAYE, « *Le génocide voilé, enquête historique* », Éditions Gallimard Collection Folio, Février 2017, p.81.

243 « *La Bible de Jérusalem* », Psaume 119, *Éloge de la loi divine*, Traduite en français sous la direction de l'École biblique de Jérusalem, Éditions du CERF, Avril 1998, p.965.

« 1- Heureux ceux qui sont intègres dans leur voie, qui marchent selon la loi de l'éternel.

2- Heureux ceux qui gardent ses préceptes, qui le cherchent de tout leur cœur.

3- Qui ne commettent point d'iniquité, et qui marchent dans ses voies ».

244 « *La Bible de Jérusalem* », *Les adieux*, Jean 14,7 : « *Si vous me connaissiez, vous connaitriez aussi mon Père. Et dès maintenant vous le connaissez, et vous l'avez vu* »,

révélation exige un travail profond d'inculturation. Les penseurs africains, à l'image de leurs anciens dans la foi[245], ont dans ce sens joué un grand rôle dans la rencontre avec le Christ[246]. Avec l'Islam, l'homme noir rencontre en la personne du prophète Mohamed (PSL), « le dernier »[247] envoyé de Dieu, un exemple à suivre pour entrer au paradis.

Ces deux religions ont changé de manière drastique les rapports de l'Africain noir avec la nature et la Création. Illustrons ces changements de la perception de Dieu par l'homme en faisant un parallélisme entre ces deux religions monothéistes. Le Christianisme donne à l'homme un grade de « fils de Dieu ». L'homme devient « l'image de Dieu »[248]. L'Islam fait de l'homme un « *jaamu Yallah* »[249]. Islam signifie « soumission à Dieu ».

Entre ces deux religions, la différence est dans les « rapports » et la « proximité » avec Dieu. Si dans le Christianisme[250], l'homme devient « familier » avec Dieu car le « *Verbe s'est fait chair et il a habité parmi nous* »[251], dans l'Islam, Dieu est Maître et le reste pour ses « esclaves » que nous sommes. Le rapport est aussi familier tout en ayant comme socle l'Omnipotence d'Allah, donc en une acceptation glorieuse de notre infériorité. La crainte d'Allah est notre quotidien et unique signe de vie sur terre.

Ce parallélisme n'enlève en rien l'appartenance de ces deux religions à l'Unique Dieu : celui du Christ Jésus (le Messie) et celui de Mohamed (PSL). Il tente juste de montrer la diversité dans la conception de l'au-delà et la démarche pour plaire et avoir les grâces du Créateur.

****

Il résulte de cette analyse que l'Islam et le Christianisme ont donné une autre orientation aux croyances africaines. Les « pillards » et les « envahisseurs » ont réussi à tout redéfinir en terre africaine. La nature, amie de l'homme,

---

Traduite en français sous la direction de l'École biblique de Jérusalem, Éditions du CERF, Avril 1998, p.1821.

[245]cf. Décret *Optatamtotius,* 16 : Tertullien (+240), Saint Cyprien (+258), Saint Augustin (354-430).

[246] Lire René BRAUN, « Aux origines de la Chrétienté d'Afrique : un homme de combat, Tertullien ». In : *Bulletin de l'Association Guillaume Budé*, n°2, juin 1965. pp. 189-208.

[247] Des guillemets qui sanctuarisent et insistent sur cette place.

[248] « *La Bible de Jérusalem* », *L'œuvre des six jours*, Genèse 1, 27 « *Dieu créa l'homme à son image, il le créa à l'image de Dieu, il créa l'homme et la femme* », Traduite en français sous la direction de l'École biblique de Jérusalem, Éditions du CERF, Avril 1998, p.33.

[249] Mot *wolof* qui signifie : un esclave de Dieu.

[250] Jean SÉGUY et Jean BOSC, « La Foi chrétienne », in : *Archives de sociologie des religions*, n°20, 1965. pp. 159-160.

[251] « *La Bible de Jérusalem* », *Prologue*, Jean 1,1-14, Traduite en français sous la direction de l'École biblique de Jérusalem, Éditions du CERF, Avril 1998, p.1790.

témoin de la grandeur de Dieu, car créée dans la même semaine[252], devient de ce fait « une chose de l'homme ». Le cri de cœur du pape François dans *Laudato Si'*[253], résonne comme une alarme face à la main dévastatrice de l'homme sur la belle œuvre de Dieu : **la Nature**. Pire encore, la foi est pervertie. Elle devient un moyen de se faire de l'argent par l'entremise de ces « pillards » et ces « envahisseurs ». **Dieu devient alors, selon eux, « capitaliste ». Il donne ses faveurs en fonction des intérêts.**

Paragraphe II : Pour fructifier les retombées économiques auprès des adeptes

L'islamisation et l'évangélisation des peuples d'Afrique noire par les Arabes et les Européens avaient comme soubassement un important volet militaire. Elles ont été possibles une fois la conquête par les armes des territoires de l'Afrique intérieure.
La première vague d'explorateurs européens, le portugais Henri LE NAVIGATEUR (1394-1460), l'italien Alvise CADAMOSTO (1432-1483), l'écossais Mungo PARK (1771-1805), le britannique David LIVINGSTONE (1813-1873) ..., et les historiens arabes, le marocain Ibn BATOUTA (1304-1377), le tunisien Ibn KHALDUN (1332-1406) ..., était faite sur des initiatives propres. La science était au début leur principal objectif.

Les retombées de leurs découvertes sur les populations de l'intérieur de l'Afrique leur ont permis d'une part, d'avoir un statut dans leurs pays et une aura dans le continent ; et d'autre part, de bénéficier de financements et surtout d'être désormais accompagnés dans leurs expéditions par des hommes armés, des militaires. Ces derniers, des hommes armés pour les « purificateurs » arabes, et des militaires pour les « civilisateurs » européens, ont permis de réduire à néant les différentes poches de résistances chez les tribus africaines.

L'intérêt principal ou, pour être plus précis, la rémunération de « ces accompagnateurs d'expéditions » était le trafic d'esclaves et l'argent qui en découlait. La guerre et les affrontements armés étaient de ce fait pour eux une nécessité et un moyen leur permettant d'arriver à leurs fins.

Ces « accompagnateurs d'expéditions » ont rendu presque inaudibles les messages et les efforts d'évangélisation des missionnaires occidentaux. Il s'agit d'une part, de missionnaires comme « les pères blancs » en Afrique

---

252 *Idem*.
253 Consulter le lien suivant : http://w2.vatican.va/content/francesco/fr/encyclicals/documents/papa-francesco_20150524_enciclica-laudato-si.html.

noire, le père dominicain Labat[254] (1728) en Afrique occidentale et en Martinique, le père Guillaumet[255] (1895) en Afrique noire, et d'autre part, de théologiens musulmans comme Nasir Al-Din.

Revenant sur les « accompagnateurs d'expéditions », ils constituaient une véritable force de dissuasion contre les coupeurs de route lors de la traversée de l'atlantique, des rives et des cours d'eau de l'intérieur de l'Afrique. Une fois un territoire conquis, ils étaient les garants de la sécurité et de la paix sociale. Ils « instrumentalisaient » les faveurs divines en fonction de l'appartenance ou non à leurs religions.

Désormais, ce n'est plus le clan, l'ethnie et la tribu qui sont les éléments identificatifs de l'organisation sociale de la société, mais la religion de la puissance étrangère dominatrice du moment. Ces deux religions (l'Islam et le Christianisme) amenèrent avec elles leurs civilisations et leurs modes de vie. Ces « accompagnateurs d'expéditions » en firent usage selon leur entendement et leur vision du monde. Par leurs actes, la religion du salam (Islam) devint celle de la guerre. La religion de l'amour du prochain (Christianisme) se convertit en celle de l'amour de soi-même.

La religion se mêla ainsi aux intérêts cryptopersonnels de ces « accompagnateurs d'expéditions » pour donner naissance à l'appât du gain. Le capitalisme prit alors possession de l'Afrique pour en faire ce qu'elle est devenue aujourd'hui : un continent pauvre, dominé et exploité par des puissances étrangères.

A. Dans la gestion de la paix sociale

La notion de « paix » ne se perçoit plus, avec les « pillards » et les « envahisseurs », comme une entente, une fraternité entre les peuples voisins d'Afrique noire. La paix devient celle de « Dieu ». Car au nom de Dieu, ces derniers tuèrent, violèrent et soumirent à l'esclavage un peuple pourtant croyant.

L'intérieur de l'Afrique se vit imposer une « vie » au rythme et aux humeurs d'un dieu qui ne s'identifie qu'aux « pillards » et aux « envahisseurs ». L'homme noir n'est que l'ombre de lui-même. Il est une sous-créature.

La paix sociale dans un clan, une ethnie ou une tribu dépendait désormais de ses relations avec les nouveaux maîtres de l'Afrique que sont le commerçant arabe « musulman » et l'explorateur « catholique » européen.

---

[254] Jean— Baptiste LABAT, « *Nouvelle relation de l'Afrique Occidentale* », Paris, Éditions Guillaume Cavelier, Tome 4, 1728.
[255] Edouard GUILLAUMET, « *Le Soudan en 1894 : la vérité sur Tombouctou, l'esclavage au soudan* », Paris, Éditions Albert Savine, 1895.

La religion du maître, seule, est la bonne. Pire encore, l'appartenance ou non à cette religion du maître faisait qu'un peuple soit libre ou dominé. La paix sociale n'existait qu'à condition que l'homme noir accepte sa soumission et sa domination par les peuples étrangers. C'est dans cette valse endiablée sans fin, que les peuples d'Afrique noire furent soumis pendant plus de XVII siècles (XIII siècles de traite arabo-musulmane, transsaharienne, orientale et IV siècles de traite atlantique).

Dieu devint le paravent de ces exploitants contre les peuples d'Afrique noire. Ils Lui attribuèrent leurs idées, leurs visions et leurs projets qui consistaient à dominer les peuples noirs de l'intérieur de l'Afrique. Chacune de ces deux religions monothéistes apporta un changement dans le code des rapports sociaux en Afrique noire. L'Islam véhiculé par les tribus arabes a apporté en Afrique cette idée de *Religion-État*[256] dans laquelle toute la vie sociale des sujets était entre les mains de l'empereur, du sultan. La notion de « peuple » change alors pour donner naissance à celle de sujet.

La dialectique si on peut se permettre ce mot, des échanges entre les « pillards » et les peuples d'Afrique noire était située dans un schéma à la verticale. Ils décidaient et les peuples d'Afrique noire s'exécutaient. Quant à la dialectique des relations entre les explorateurs européens et les peuples d'Afrique noire, excepté « les accompagnateurs d'expéditions », elle était à l'horizontale. Le Christianisme s'est concentré sur les rapports entre les individus. Le Christianisme ne prônait pas un mode d'État sinon un mode de comportement des individus. Dans *La Bible de Jérusalem*[257] (1998, p.1830), *Jean 18,36*, Jésus répondit à Ponce Pilate « *mon royaume n'est pas de ce monde. Si mon royaume était de ce monde, mes serviteurs auraient combattu pour moi afin que je ne fusse pas livré aux juifs.* »

Les divergences entre ces deux modes de gouvernance résultent du fait que le Christianisme est né dans un contexte de domination romaine. L'incarnation du Christ Sauveur de l'humanité, entre dans le cadre d'une preuve d'amour de Dieu le Père envers sa Création. Les prises de décision et les actes posés par le Christ étaient en réponse à un système social et culturel marqué par le pharisaïsme et un système politique et gouvernemental impérialiste romain. L'Islam est né dans une ville libre, la Mecque, pour certains à Médine. Dans cette partie du monde, au Moyen-Orient, seules existaient des structures sociales et culturelles comme les tribus à cette époque (les années 600 après Jésus Christ). Les structures politiques et gouvernementales étaient à créer. Le message du prophète Mohamed (PSL)

---

[256]« *Religion et État : Logiques de la Sécularisation et de la citoyenneté en Islam* », Colloque international de Genève, organisé les 6-7 et 8 juin 2013 par l'IHEID de Genève.

[257]« *La Bible de Jérusalem* », *Jésus devant Pilate*, Jean 18,39Traduite en français sous la direction de l'École biblique de Jérusalem, Éditions du CERF, Avril 1998, p.1830.

allait dans ce sens. La foi allait avec l'institution d'un État islamique avec comme unique constitution : **la Charia**.

Cette conception de l'État islamique nécessite des organes de régulation et de défense, donc d'une armée. M. Lovejoy (2017, p.120) affirme qu'en Afrique noire, les arabo-musulmans usèrent de deux techniques pour « balkaniser » les clans, les ethnies et les tribus : « *des guerres d'expansion politique et des guerres de fragmentation politique* »[258].

Pour arriver à cette paix sociale, certains comme l'émir et général arabe Abdallah Ben SAÏD, Abd Ibn SARTH, Busr Ben Abi ARTAH..., eurent recours en **652** à des accords plus connus sous le nom arabe de ***Bakht*** pour instaurer un système de pillage et de ponction humaine des peuples d'Afrique noire. Des pratiques culturelles des tribus arabes qui ont réussi à pervertir aux yeux des peuples d'Afrique noire le vrai message de l'Islam.

Ces religions, avec leurs croyances et leurs civilisations, poussent à s'interroger, à l'image de M. Scheller, sur *La situation de l'homme dans le monde*[259](1992), plus particulièrement de l'homme noir dans le monde. Le mal devient alors une énigme car si les religions qui sont censées apporter les remèdes contre le mal de l'homme sur terre et le rapprocher du Créateur sont elles-mêmes celles qui apportent la guerre et la souffrance, la situation est alors grave !

L'Afrique préhistorique et précoloniale, avec ses croyances en Dieu de manière pyramidale qui donnent de l'importance à toutes les créatures (dieu soleil, dieu de la lune, dieu de la pluie, dieu du Nil), connaissait une paix sociale meilleure que celle des « pillards » et des « envahisseurs ». Ainsi, nul besoin de se référer à M. Neusch pour se poser la question de *L'énigme du mal*[260](2007). Le mal est né de l'aventure humaine de vouloir dominer et expliquer un Dieu qu'il n'a pas connu, aimé et appris à écouter.

La démarche d'évangélisation et d'exploration des peuples du monde de la part du chevalier Ignace de Loyola[261] s'affiche ici comme un exemple de l'attitude qu'auraient dû avoir ces explorateurs européens et leurs « accompagnateurs d'expéditions ». En mettant l'argent au-dessus de tout, ils ont manqué le rendez-vous de la grâce accordée aux annonceurs de la Bonne Nouvelle. L'Afrique en aurait bénéficié avec beaucoup plus de splendeur et de reconnaissance dues aux apôtres du Christ. Évangélisé sans

---

258Paul LOVEJOY, « *Une histoire de l'esclavage en Afrique, mutation et transformations (XIVe — XXe siècles)* », Paris, Éditions Karthala, Juillet 2017, p.120.

259 Max SCHELLER, « *La situation de l'homme dans le monde* », Paris, Éditions Aubier, Janvier 1992, 122 pages.

260 Marcel NEUSCH, « *Énigme du mal* », Éditions Bayard, Mai 2007, 199 pages.

261 Robert SCHOLTUS, « L'ambition spirituelle. Ou la vie chrétienne au risque du désir », *Études*, vol. Tome 408, no. 1, 2008, pp. 61-68.

avoir la foi en celui que l'on pense annoncer, a amené certains « envahisseurs » à :

- Instaurer cette pratique de la « paix de Dieu » qui s'étendait jusqu'au fin fond de l'Afrique noire sous la plume de saint Cyprien : « *extra Ecclesiam nulla salus* »[262].
- Pérenniser cette pratique de l'esclavage des peuples noirs, héritée des tribus arabo- musulmanes.

Ces derniers s'agrippèrent à la phrase historique et théologique de saint Cyprien pour justifier leurs actes et leurs comportements. Cette tentative de « christianiser » leurs attitudes fait ressortir leurs intentions délibérées de faire du Christianisme un bouc émissaire pour arriver à leurs fins. Mais lire saint Cyprien avec la lumière de la foi, de l'espérance et de la charité, à l'image de M. Sesboüé[263] (2004, pp.65-75), leur aurait sans doute permis de mieux comprendre sa phrase et son contexte avant de la caricaturer pour en faire un slogan de guerre.

B. Dans la recherche des faveurs divines

Dans ce Nouveau Monde, la raison aurait voulu que les convertis et les baptisés aient « la vie sauve » et bénéficient des faveurs des nouveaux maîtres. Car dans les deux livres révélés, *la Sainte Bible* et *le Saint Coran* qu'ils ont amené, le croyant (converti en Islam et baptisé chez les chrétiens[264]) devient un frère et bénéficie des mêmes grâces que les autres.

Pour la première, c'est-à-dire l'obtention de « la vie sauve », M. N'diaye soutient avec raison dans son livre *Le génocide voilé, enquête historique*[265] (2017), le contraire. Les convertis avaient la « compassion » du maître. Une compassion qui avait ses limites. En effet, M. N'diaye (2017, p.64) informe que « *la conversion des peuples africains ne les préservera nullement de l'état de « proie », en dépit de leur statut d'« étrangers » et de « récents convertis* »[266].

Quant à la deuxième, c'est-à-dire, « bénéficier des faveurs » des nouveaux maîtres, la réalité dans ce Nouveau Monde était que Dieu, par le biais de ces

---

262 « *Hors de l'Église point de salut* ».

263 Bernard SESBOÜE, « Hors de l'Église, pas de salut ». Cet axiome faussement clair (Yves CONGAR) », *Études*, vol. Tome 401, no. 7, 2004, pp. 65-75.

264 Le Canon 849 affirme que « le baptême, porte des sacrements, nécessaire au salut, qu'il soit reçu en fait ou du moins désiré, par lequel les êtres humains sont délivrés de leurs péchés, régénérés en enfants de Dieu, et, configurés au Christ par un caractère indélébile, sont incorporés à l'Église, n'est conféré validement que par le bain d'eau véritable accompagné de la formule requise ».

265 Tidiane N'DIAYE, « *Le génocide voilé, enquête historique* », Éditions Gallimard, Collection Folio, Février 2017,320 pages.

266 Op. Cité, p.64.

« accompagnateurs d'expéditions », les protégeait. On parle alors de faveur du maître. Des faveurs que ces « pillards » et « envahisseurs » accordèrent à une population qui, pourtant, était sur ses propres terres. Par la magie de la bulle papale ***Terra Nullius***, ces populations sont devenues des étrangers sur leurs propres terres ! Avec ces « accompagnateurs d'expéditions », Dieu n'est plus au ciel mais sur terre. Il agissait et s'identifiait au « pillard » et à l'« envahisseur ». Ce sont eux qui donnaient « la grâce » et le droit de maudire, de vivre ou de mourir (tuer).

Le surhomme de Fréderic NIETZSCHE (1844-1900) a-t-il peut être eu ces soubassements chez ces hommes armés ?

Ce qui est sûr, c'est qu'un autre dieu est né : celui créé par l'homme fort pour dominer l'homme faible. Cette mise en scène de l'homme est, à notre avis, assimilable à une « imposture ». Une « imposture » face aux livres révélés, plus précisément, *la Sainte Bible* et *le Saint Coran* qui réduit le message de Dieu pour l'homme à une prise de part dans la domination sans scrupule d'une partie de l'humanité sur une autre.

Dans le *Code du droit canonique,* le titre III du livre VI parle de « l'usurpation des charges ecclésiastiques »[267]. Une usurpation de fonction qui frise l'« hérésie » tellement que l'abime était insondable entre d'une part, le message véhiculé qui était de paix, d'amour et de fraternité ; et d'autre part, les actes posés qui étaient relatifs à l'esclavage, la guerre, les tortures...

Cette domination de l'homme blanc est le fruit de falsification[268] et de diabolisation[269] du noir et de sa culture. Elle s'est reposée sur des piliers idéologiques et militaires.

- **Sur le plan idéologique**,

Des théories savamment orchestrées par des penseurs arabes et européens, peignaient le noir comme un sous-homme, un inculte à qui il fallait amener , voire tirer vers la civilisation.

Les penseurs arabo-musulmans s'agrippèrent à un mythe imaginaire sur *la malédiction de Cham*[270], très contestée par le juriste et savant musulman

---

[267] Ernest CAPPAROS et Hélène AUBÉ (Dir.), « *Code de Droit canonique* », Éditions Wilson et Lafleur, 3e édition révisée, corrigée et mise à jour avec les réformes législatives de 2015, 2016, p.1212.

[268] Consulter le lien suivant : https://www.fabula.org/actualites/le-discours-de-la-suprematie-blanche-autocritique-d-un-imaginaire-falsifie_34161.php.

[269]Consulter le lien suivant : http://www.lemonde.fr/livres/article/2010/07/01/hegel-et-l-afrique-theses-critiques-et-depassements-de-benoit-okolo-okonda_1381553_3260.html.

[270] Benjamin BRAUDE, « Cham et Noé. Race et esclavage entre judaïsme, Christianisme et Islam ». In : *Annales. Histoire, Sciences sociales*. 57e année, N. 1, 2002. pp. 93-125.

Ahmed BABA (1556-1627), pour donner corps à leur « dégoût croissant » du Nègre.

En Europe, des penseurs dont certains identifiés par M. Tardieu[271] (2016) dans son livre *Les penseurs ibériques et l'esclavage des noirs (XVIe- XVIIIes siècles),* ont tenté de légitimer dans un premier temps, la suprématie des peuples « latins » sur les peuples « orientaux ». Ensuite, la supériorité des peuples d'Europe occidentale et de la méditerranée sur les peuples d'Afrique noire. Une caricature de l'homme noir qui atteindra son paroxysme avec la traite atlantique.

Les générations suivantes, à l'image du français François Marie AROUET (1694-1778), de l'allemand Georg Wilhelm Friedrich HEGEL (1770- 1831), prirent la relève de cette caricature de l'homme noir : un sous-homme.

L'ethnologue allemand M. Frobenius[272] (1936) avoue, à son arrivée sur les terres africaines, avoir été surpris des écarts entre ce qui était relaté par certains auteurs influençant l'opinion publique européenne et la réalité sur le terrain. Et pourtant, si on se réfère aux normes juridiques ou sociales qui régissaient chaque peuple avant la colonisation, nous nous apercevons que :

✓ **En Europe**

L'état de la société, des actes délictuels et criminels, faisait appel à une régulation des rapports d'une part, entre les individus et d'autre part, entre les individus et les autorités religieuses. Ces rapports entraient pour certains dans le domaine religieux et pour d'autres dans le domaine étatique. C'est ainsi que dans le domaine religieux, *le décret de Gratien* ou *la Concorde des Canons discordants*, rédigé entre 1140 et 1150, répondait à ces besoins. Les travaux du professeur Eckert[273] (2014) sur *la Peine judiciaire, pénitence et salut entre droit canonique et théologie (XIIe siècle au début du XIIIe siècle)*, montrent cette recrudescence de la violence dans les sociétés occidentales dites « civilisées ». La *loi du Talion*[274] que le Christ, dans *Lévitique 24,19-20,* avait aboli en proposant la doctrine de ce que nous pouvons appeler de la compassion en « tendant l'autre joue », revient par la main de l'homme.

---

[271] Jean-Pierre TARDIEU, « *Les penseurs ibériques et l'esclavage des noirs (XVIe — XVIIIe siècles)* », Éditions L'Harmattan, Janvier 2016,260 pages.

[272] Leo FROBENIUS, « *Histoire de la civilisation africaine* », traduction de l'allemand au français par H. BACK et D. ERMONT, Éditions Gallimard, 1936.

[273] Raphaël ECKERT, « Peine judiciaire, pénitence et salut entre droit canonique et théologie (XIIe s. – début du XIIIe s.) », *Revue de l'histoire des religions* [En ligne], 4 | 2011, mis en ligne le 1er décembre 2014, consulté le 11 janvier 2018. URL : http://journals.openedition.org/rhr/7820 ; DOI : 10,400 0/rhr.7820.

[274] Lire Raphaël DRAÏ, « *Le mythe de la loi du Talion* », Éditions Herrmann, Juin 2017, 264 pages.

Au niveau étatique (royauté), en Angleterre, la *Carta Magna*[275] fut rédigée en 1215. Elle permettait de délimiter les pouvoirs du Roi et garantir les droits et les libertés du peuple. Il est important de signaler que pendant longtemps la frontière entre le domaine religieux et le domaine étatique était presque inexistante. Le pouvoir s'identifiait au religieux.

✓ En Afrique

Pour réguler les rapports conflictuels (batailles) entre les royaumes et empires, une charte humaniste a été édictée. Elle consistait à épargner, entre autres, la veuve et l'orphelin des affrontements armés. C'est dans ce sens qu'au XIIIe siècle, à Kouroukan Fouga, fut **prononcée en 1222,** *la Charte du Mandé*[276]. Elle constitue, d'après certains[277], nous y reviendrons plus amplement dans notre deuxième partie, « *la première Déclaration des droits de l'homme au monde* »[278]. Elle est l'initiative de l'empereur du Mali, Soundjata KEÎTA[279].

- Sur le plan militaire

L'élan militaire est la mise en pratique des théories fausses, développées par des penseurs qui n'ont jamais foulé le sol africain. Le volet militaire est une adaptation de la violence connue en Europe dans ces périodes précises. La seule différence est qu'en Afrique noire, elle s'exerçait en toute impunité. C'est ainsi qu'avec l'arrivée des « pillards » et des « envahisseurs » sous bonne escorte de leurs militaires « accompagnateurs d'expéditions », les peuples d'Afrique noire passèrent des batailles régulées par la *Charte du Mandé* à la guerre sans normes ni limites. La barbarie prit alors le dessus sur le bon sens. Le canon remplaça les pièges, les fusils remplacèrent les épées et les couteaux, le captif devint esclave.

M. N'diaye[280] informe que des généraux arabo-musulmans, Amr Ibn Al'AS et Ogba Ben NAFI, sous l'égide du Calife des omeyyades, dictèrent leur loi sur toute la partie du Maghreb. Il en fut de même pour la conquête européenne de l'Afrique noire. De hauts officiers comme l'amiral Alphonse Jean René Fleuriot de LANGLE (1809-1881) en Afrique orientale, le général

---

275 Consulter le lien : http://mjp.univ-perp.fr/constit/uk1215.htm.

276 Lansana KAMISOKO, Fa Djimba KANTE, « *La charte du Manden, Du serment des chasseurs à l'abolition de l'esclavage, 1212-1222* », Tome 1, Paris, Éditions Triangle Dankoun, 2015, pp.169-172.

277 Hamidou DIA.

278 Consulter le lien suivant : https://afrolegends.com/2012/05/23/la-charte-du-mande-premiere-declaration-de-droits-de-lhomme-au-monde/.

279 Youssouf Tata CISSE, « *Soundjata, la gloire du Mali* », Éditions Karthala, ARSAN, 1991.

280 Tidiane N'DIAYE, « *Le génocide voilé, enquête historique* », Éditions Gallimard, Collection Folio, Février 2017, 320 pages.

Louis Léon César FAIDHERBE (1818-1889) en Afrique de l'Ouest, étaient la partie visible d'une domination étrangère des peuples d'Afrique sur leurs propres terres.

Être dans les faveurs de ces représentants de la colonisation occidentale donc de « Dieu » était un moyen de survie, un gage de subsistance. Les contrarier, attirait les foudres de la guerre (El Hadji Omar TALL[281], Ousmane Dan FODIO[282]...) et de la déportation au Gabon (Cheikh Ahmadou BAMBA[283] de **1895 à 1902**, Samory TOURE[284] de **1899 à 1900**).

La violence des armes a, depuis ce moment précis, pris le dessus sur la force du dialogue en Afrique noire. Les « talibés », disciples de ces marabouts, furent tentés de répondre à l'affront occidental.

****

L'analyse de ce paragraphe montre cette crispation des rapports sociaux avec l'arrivée des « pillards » et des « envahisseurs ». Leurs cultures de la violence et de la domination se reflétèrent sur les affrontements armés avec les peuples de l'intérieur de l'Afrique. La **charte de Kouroukan Fouga** (annexe 2) fut rangée aux oubliettes, à l'image de tous les us et coutumes de cette partie du monde.

Jean de la FONTAINE (1621-1695) affirme dans *Le loup et l'agneau* que « la raison du plus fort est toujours la meilleure ». Jean-Jacques ROUSSEAU dans *Du Contrat social*[285] (1763), lui emboîte le pas et préconise : « puisque le plus fort a toujours raison, il ne s'agit que de faire en sorte qu'on soit le plus fort ». Et c'est ce que les arabo-musulmans et les Européens firent en Afrique noire. C'est dans ce champ de ruines, semé par les actes des « pillards » et des « envahisseurs » que M. Park (1799), cité par M. N'diaye (2017, p.47) souligne deux types de guerres en Afrique noire :

- « *D'une part des guerres formelles de prestige,*

---

[281] Thierno Mountaga TALL, « *El Hadji Oumar Tall, l'aigle de Alwar* », Éditions L'Harmattan, Janvier 2018, 212 pages.

[282] Seyni MOUMOUNI, « *Vie et œuvre du Cheikh Uthmân Dan Fodio (1754-1817), de l'Islam au soufisme* », Éditions L'Harmattan, Juillet 2008, 222 pages.

[283] Didier HAMONEAU, « *Vie et enseignement du Cheikh Ahmadou Bamba* », Éditions Albouraq, Octobre 1998, 336 pages.

[284] Ibrahima-Khalil FOFANA, « *L'almamy Samori Touré, empereur : récit historique* », Éditions Présence Africaine, Juillet 2000, 136 pages.

[285] Jean-Jacques ROUSSEAU, « *Du Contrat social ou Principe du droit politique* », L.I, Ch. III, Du droit du plus fort, Paris, Union Générales d'Édition, 1763. Version électronique : http://classiques.uqac.ca/classiques/Rousseau_jj/contrat_social/Contrat_social.pdf

- *D'autre part, depuis l'arrivée des Arabes, des razzias c'est-à-dire des coups de main ayant pour objectif principal la vengeance et la quête de captifs* »[286].

[286] Mongo PARK, « *Voyage dans l'intérieur de l'Afrique* », traduit de l'anglais au français sur la 2e édition par J. Castéra, Collections les auteurs classiques, 1799, cité par Tidiane N'DIAYE, « *Le génocide voilé enquête historique* », Éditions Gallimard, Collection Folio, Février 2017, p.47 version électronique : http://classiques.uqac.ca/classiques/park_mungo/voyage_interieur_afrique/voyage_interieur_afrique.html.

Conclusion titre I

Les affrontements armés sont le propre des rapports humains. Nous osons affirmer que le sort de Caïn et Abel dans *Genèse 4,1-15*[287], de Kâbîl et Hâbîl dans la *Sourate 5, 27-30*, nous édifie sur l'usage de la force et de la violence de l'homme hors contrôle de Dieu, pour arriver à ses fins.

Avec l'évolution du monde et des intérêts, les affrontements armés prirent de l'ampleur et eurent le plus souvent un fondement religieux. Si l'affrontement à caractère religieux pour imposer sa religion, ses croyances et ses civilisations était régulier, la conception et le cadre des affrontements armés divergeaient entre les peuples du monde.

En Afrique noire, pendant longtemps, seule était utilisée et connut la notion de « bataille ». Le monde romano-chrétien d'Europe occidentale parlait de **croisade**. Quant aux dynasties arabo-musulmanes, les affrontements armés étaient, d'après Mme Eddé[288](1999), le quotidien des rapports humains. Ils avaient pour nom **le djihad.**

Ainsi, les peuples d'Afrique noire furent appelés, avec l'invasion des dynasties arabo-musulmanes, des explorateurs européens et de leurs « accompagnateurs d'expéditions », à adapter leurs moyens armés et leurs techniques de bataille pour pouvoir faire face à ces « pillards » et « envahisseurs » préparés pour la guerre.

La colonisation a terni l'image de tout le travail d'évangélisation de l'Afrique noire. Elle lui a donné cette conception de domination et de dénigrement du noir.

Des guides religieux, des rois, des princes guerriers s'organisèrent pour défendre leurs peuples avec des fortunes diverses. La guerre comme moyen de défense (**jus in bello**) répondait ainsi à la guerre comme moyen de domination religieuse (**jus ad bellum**).

---

287 « *La Bible de Jérusalem* », *Caïn et Abel*, Genèse 4,1-15, traduite en français sous la direction de l'École biblique de Jérusalem, Éditions du CERF, Avril 1998, pp.36-37.

288 Anne-Marie EDDÉ, « *La guerre sainte des musulmans* », Collection 4, Février-Avril 1999.

Titre II
La guerre comme moyen de défense (*jus in bello*)

L'islamisation et la christianisation de l'Afrique noire, nous l'avons vu, ne se sont pas faites selon les règles de l'art. L'idéologie dominatrice prit le dessus sur la volonté et la capacité de parler de Dieu, ce que les pères blancs et d'autres missionnaires[289] avant et après eux ont réussi avec brio. La violence et les brimades étaient devenues au fur et à mesure les seules constances de l'islamisation et de la christianisation.

Il convient de dire, de prime abord, que même si les peuples d'Afrique, avec leurs croyances, avaient déjà des prédispositions pour embrasser des religions monothéistes, par exemple *les falachas*[290], les « idéologues » de ces deux religions monothéistes (l'Islam et le Christianisme) participèrent massivement à la défiguration du visage « paisible » de l'Afrique.

Les messages de Moïse, du Christ et de Mohamed (PSL) auraient eu beaucoup plus d'échos favorables si la « pédagogie » était meilleure, basée sur le respect des traditions africaines.

De ces trois religions monothéistes, l'Afrique a le plus souffert des attaques répétées de tribus arabo-musulmanes[291]. Ces dernières réussirent à introduire de nouveaux codes vestimentaires, de vie, de gouvernement et de faire la guerre dans cette partie de l'Afrique. Les éléments de langage vont évoluer et laisser place à la notion d'« État-musulman » et d' « émir local ». C'est ainsi que, par la religion, les tribus arabo-musulmanes arrivèrent à influencer les aspirations et les perceptions des peuples noirs d'Afrique.

Ils réussirent d'abord à s'allier aux empereurs et aux rois de l'intérieur de l'Afrique. Une fois le roi ou l'empereur investi de cette mission de « cheikh al Islam »[292], son rôle consistait ensuite à prendre le relais de ces tribus arabo-musulmanes pour l'expansion de la religion musulmane sur les terres d'Afrique noire. Il bénéficiait d'un apport logistique et d'une aide financière pour mener des guerres sans merci contre ses frères d'avant, devenus

---

[289] Bernard SALVAING, « Missions chrétiennes, Christianisme et pouvoirs en Afrique noire de la fin du XVIIIe siècle aux années 1960 : permanences et ». In : *Outre-mers*, tome 93, n°350-351, 1er semestre 2006. Sites et moments de mémoire, sous la direction de Robert Aldrich. pp. 295-333.

[290] Tidiane N'DIAYE, « *Les falachas, Nègres errants du peuple juif* », Paris, Éditions Gallimard, 2004, 232 pages.

[291] Murray GORDON, *« L'esclavage dans le monde arabe, VIIIe — XXe siècle »*, Éditions Tallandier, Novembre 2009, 265 pages.

[292] Érudit de l'Islam, fidèle serviteur du prophète Mohamed et de ses enseignements.

« *koufars* »[293]aujourd'hui. La guerre était la « tête de gondole » de ce que cette vision de l'Islam proposait aux royaumes et empires païens.

Avec la colonisation donc du Christianisme, l'Islam constituait un trait d'union entre les royaumes et empires islamiques d'Afrique noire. Les motifs de faire la guerre changèrent pour donner place à la guerre pour la défense de l'Islam.

Dans cette entreprise d'affrontements armés sous la bannière de la défense de l'Islam, nous mettons de côté le groupe des érudits qui choisirent de faire face à la colonisation de manière pacifique en se remettant à Dieu et à son prophète. La foi fut le bouclier de ces érudits de l'Islam. Le plus emblématique d'entre eux fut, nous y reviendrons plus amplement dans la deuxième partie, Cheikh Ahmadou Bamba MBACKE (1853-1927), guide du mouridisme. D'autres[294] choisirent les armes, en l'occurrence la lutte armée jusqu'au bout. Ce jusqu'auboutisme religieux fut le propre d'un radicalisme que le djihad encourageait et glorifiait.

En somme, il convient de constater que l'idéologie de la colonisation a réussi deux choses :

- Rendre caduc tout effort de pacification de l'évangélisation,
- Réveiller le sentiment d'agression d'un peuple noir baigné dans la culture de guerre arabo-musulmane.

Les affrontements armés furent désormais inévitables.

Pour une meilleure organisation de notre travail, nous analyserons dans un premier temps, l'usage des armes pour se protéger contre les « pillards ». Et dans un second temps, il ne serait pas inintéressant de voir ce qu'ont pu apporter les guerres d'autodétermination des peuples de l'intérieur de l'Afrique.

Cette période est définie par les théologiens occidentaux comme celle de la « Trêve de Dieu »[295]. Elle coïncide avec le XIe siècle.

---

293 Mot arabe qui signifie mécréants, païens en français.

294 Samory TOURE, El Hadj Omar TALL.

295 Charles de BEAUREPAIRE, « La paix et la trêve de Dieu, histoire des premiers développements du tiers état par l'Église et les associations », par Ernest Semichon. In : *Bibliothèque de l'école des chartes*. 1858, tome 19. pp. 294-302.

Chapitre I
La défense des intérêts contre les « pillards »

Le recours aux armes pour se défendre contre les tribus arabo-musulmanes fut la seule alternative que des « pillards » sous le fanion du djihad offrirent aux peuples de l'intérieur de l'Afrique.

L'Islam, d'après ces chefs de guerres arabes, leur proposait « la conversion » ou la mort. Il faut tuer les « mécréants »[296]. De ce fait, la croyance et la mort eurent de nouvelles perceptions. Elles dépendaient de l'adhésion ou non de l'individu à l'Islam. Une seule religion était valable et légitime sur terre : c'était l'Islam. Et dans cette religion monothéiste, le croyant est celui qui reconnait que *« La ilaha ilaallah, Mouhamad rassoul Allah »* [il n'y a de Dieu qu'Allah et Mohamed est son envoyé]. Le fait d'embrasser l'Islam devient ainsi la voie, la seule voie pour être dans le « regard de Dieu ».

Les autres êtres humains, identifiés sous la dénomination de « *koufars* », de mécréants, furent la cible, selon eux, de la fureur « d'Allah ». La violence contre eux était « légitime » et autorisée par « Allah ». Nous voyons dans cette « légitimité », les soubassements de la cruauté de groupes islamistes radicaux actuels. Il s'agit de l'« État Islamique » en Syrie, en Irak, des *talibans* en Afghanistan et au Pakistan sans oublier ceux d'Afrique noire. En Afrique noire, ces derniers s'identifient au nom d'*Al Qaïda*, des *Shabbaab*, de *Boko Haram*...

Pour eux, l'autre n'est pas un humain. Il ne le sera que quand il aura embrassé l'Islam. Et la plupart du temps quand il l'embrasse, sa peau, noire, n'est pas celle de la famille du prophète : arabe donc de couleur blanche. C'est avec ce raisonnement, basé sur des discriminations entre les hommes que les tribus arabo-musulmanes menèrent des croisades meurtrières contre les peuples noirs d'Afrique. Les razzias furent leurs spécialités et l'esclavage la finalité.

Il devient clair que sous l'éclairage de cette finalité qui est l'esclavage, l'islamisation des peuples d'Afrique noire n'était qu'un alibi. Les tribus arabo-musulmanes ont réussi la prouesse de faire de ces peuples d'Afrique noire, des étrangers sur leurs propres terres. Elles s'appuyèrent sur *des hadiths*[297] pour motiver leurs actes. Toutefois, les peuples d'Afrique noire

---

[296] « *Le Coran* » traduit de l'arabe par Kasimirski, Paris, Éditions Garnier-Flammarion, 1970, p.393.

[297]Consulter le lien suivant :

ne restèrent pas passibles à ces velléités dominatrices des tribus arabo-musulmanes. Ils organisèrent la riposte et la défense de leurs biens et de leurs valeurs.

Afin de comprendre ces affrontements armés entre les « pillards » et les peuples autochtones d'Afrique noire, nous prendrons en témoin deux angles :

- La légitime défense (**paragraphe I**),
- La protection de leurs terres et de leurs biens (**paragraphe II**).

Paragraphe I : Le principe de la légitime défense

Sous couvert d'une batterie de *fatwa*[298], les tribus arabo-musulmanes provoquèrent le *faatu*[299] du peuple africain. Il fallait réagir car face à une extermination programmée, la disparition de tout un peuple, de toute une civilisation africaine sur terre n'était pas permissible. La riposte des tribus africaines pourrait être assimilée à de **la légitime défense**[300].
La légitime défense est définie par l'article 122-5 du Code pénal français comme : « *une riposte à une atteinte immédiate et injustifiée à sa personne, à autrui ou à ses biens, à condition que les moyens de défense soient proportionnels à la gravité de l'atteinte* ». Le dictionnaire *le Larousse* perçoit la légitime défense comme « le droit de riposter par la violence (homicide, blessures, coups), en cas de nécessité actuelle, à une agression dirigée contre soi-même ou autrui ; droit naturel pour un État de se défendre contre une agression d'un autre État »[301]. Le *Dictionnaire de la culture juridique* (2003, p.924) va plus loin. Il situe la légitime défense comme « un véritable droit de se défendre ou de défendre autrui contre une agression et dont l'origine semble se perdre dans l'histoire.[302] »

À la lecture de ces définitions et perceptions, il convient de se demander ce qu'englobe la notion de « légitimité » ?

Pris dans l'angle juridique, la légitimité liée à sa défense est une « réaction justifiée à une agression injustifiée ; plus précisément, état de celui qui, sous le coup de la nécessité de protéger sa personne ou celle d'autrui, ou même

:http://www.hadithdujour.com/hadiths/hadith-sur-Le-Croyant-et-le-mecreant-face-a-la-mort_280.asp.
298 Décision juridique faite basée sur l'interprétation de la Charia.
299 La mort en langue wolof du Sénégal.
300 Thierry MENISSIER, « La légitime défense, hier et aujourd'hui : le "résidu réaliste" du droit international ? », *Revue de métaphysique et de morale 2009/4* (n° 64), p. 443-458.
301 « *Dictionnaire Larousse Maxipoche 2018* », Paris, Éditions Larousse dictionnaires, 2017, p. 800.
302 Denis ALLAND et Stéphane RIALS (Dir.), « *Dictionnaire de la culture juridique* », Paris, Quadrige, Éditions Lamy/PUF, Octobre 2003, p. 924.

ses biens, contre une agression injuste (actuelle ou imminente) commet un acte ou une réaction proportionnée.[303] »

La légitimité est perçue dans le *Dictionnaire des faits religieux*[304] (2010, p.640*)* sous trois angles. Elle peut être traditionnelle, légale-rationnelle et charismatique.

En ce qui nous concerne, la légitimité tend vers deux caractères : traditionnel et charismatique. Ces deux caractères la rendent obligatoire, donc légale. Ramenée à notre étude, la légitimité serait alors quelque chose reconnue comme étant canonique**[305]**. Cette perception contraste avec la définition donnée par le *Dictionnaire du droit privé* qui conçoit la légitimité comme :

> « *La conformité à un principe supérieur qui dans une société et à un moment donné est considéré comme juste. La notion de légitimité ne recouvre pas celle de légalité qui est plus restreinte et qui caractérise ce qui est seulement conforme à la loi. La notion de légitimité est contingente de la culture ; la légalité s'apprécie en fonction du droit positif. Dans le langage quotidien, ces notions sont souvent employées l'une pour l'autre.*[306] »

Voulant donner un coup d'arrêt à ces confusions persistantes entre la notion de « légitimité » et celle de « légalité », certains éditeurs juridiques comme *le Dalloz étudiant* ont voulu dans leurs dernières éditions clarifier la position des acteurs juridiques. La légitimité s'appuie comme le préconise *le Dalloz étudiant*[307] sur trois « caractères cumulatifs » : réelle, actuelle, injuste. Dans notre cas précis, elle a été « uniquement religieuse ». Une domination religieuse contre des peuples jugés « barbares » et qui doivent être civilisés. *Le lexique des termes juridiques* (2016/2017)[308] lui emboîte le pas en affirmant que la légitimité (constitutionnelle) est relative à tout ce qui est conforme. Toutefois, elle n'est pas immuable. C'est dans ce sens qu'il décrit trois (3) types de légitimité : **démocratique, monarchique et théocratique**. Cette dernière nous intéresse dans notre analyse d'autant plus qu'elle entre dans le cadre de la justification des actes perpétrés contre les peuples d'Afrique noire.

---

[303] Op. Cité, p.603.

[304] Régine AZRIA et Danièle HERVIEU-LEGER (Dir.), « *Dictionnaire des faits religieux* », Quadrige, Éditions PUF, 2010, p.640.

[305] Consulter le lien suivant : https://dictionnaire.reverso.net/francais-definition/l%C3%A9gitime.

[306] Consulter le lien suivant : https://www.dictionnaire-juridique.com/definition/legitimite.php.

[307] Consulter le lien suivant : https://actu.dalloz-etudiant.fr/a-la-une/article/point-sur-une-notion-de-droit-penal-la-legitime-defense/h/d2e941fff4d074356d0a2fe73882b60a.html,

[308] Serge GUINCHARD et de Thierry DEBARD (Dir.), « *Le lexique des termes juridiques (2016-2017)* », 24e édition, Éditions Dalloz, Juin 2016, pp.643-644.

Sur le terrain, la riposte contre ces actes (invasions armées et violentes) semble ne pas être disproportionnée car les armes utilisées par les tribus arabo-musulmanes étaient beaucoup plus complexes, « sophistiquées » et modernes que les haches et les flèches des peuples d'Afrique noire. Ainsi, plus qu'une légitime défense[309], les guerres pouvaient être qualifiées d'ultimes recours et de moyens de résistance contre l'oppresseur arabo-musulman.

A. La résistance face aux tribus arabo-musulmans

Avant d'aller plus loin, il convient de préciser le sens du mot résistance. Le droit comprend par résistance « l'action de s'opposer à une initiative (agression, ordre, décision, prétention, etc.) ».

La résistance était à échelle inégale vu le caractère disproportionné des forces opposées. La résistance commença par les peuples voisins. Il s'agissait des peuples du Soudan et de la Nubie antique. Ces peuples d'Afrique noire tentèrent, malgré leurs faibles moyens militaires, de tenir tête aux armadas et puissances militaires que comportaient les armées des sultans arabes. Il nous semble clair que la guerre leur fut imposée. Et les modalités de cette guerre furent celles des tribus arabo-musulmanes. **La razzia et les captures d'esclaves** furent les techniques qui revenaient le plus, donc les plus connues.

La maîtrise de l'environnement était un élément essentiel dans cette domination des autres peuples. L'eau, à l'image des messages bibliques, était le point de regroupement des peuples et des civilisations. Elle était signe de vie et de rayonnement. Elle jouait le rôle d'abreuvoir pour le bétail et de moyen d'irrigation pour les terres cultivables.

Dans la première partie de l'histoire du monde, le Nil a joué un rôle important. Il était un point de repère, une source de confrontation entre les peuples[310], une marque de domination du peuple égyptien[311]. Le Nil constituait le centre névralgique de l'ensemble des actions et son contrôle faisait office de peuple conquérant, riche aux yeux des autres peuples.

Des peuples d'Afrique noire voisins réussirent à repousser les attaques des armées arabo-musulmanes et parvinrent à gouverner le « monde » pendant

[309] Joe VERHOEVEN, « Les "étirements" de la légitime défense », in : *Annuaire français de droit international*, volume 48, 2002. pp. 49-80.
[310] Lire Jehan DÉSANGES, « *Catalogue des tribus africaines de l'Antiquité classique à l'ouest du Nil* », Dakar, Fac. De lettres, 1962.
[311] Jean HADOT et Arpag MEKHITARIAN, « L'Égypte », in : *Archives de sociologie des religions* », n°20, 1965. pp. 191-192.

des années. M. N'diaye (2017, p.23) informe que « *Amon de Napata et ses troupes conquirent le royaume d'Égypte vers 730 avant notre ère* »[312].

Des suites d'une bataille farouche, ils réussirent à détrôner *Tefnakht* qui fut le pharaon de la XXIVe dynastie égyptienne. Les peuples de la Nubie antique devinrent ainsi les maîtres du monde en instaurant en grande pompe la XXVe dynastie pharaonique.

Il s'agissait d'une question d'orgueil et de survie de tenir contre les « pillards » et « envahisseurs ». Plus encore, il s'agissait de défendre l'histoire et la culture de ces peuples pacifiques qui étaient menacées de disparaître pour une idéologie et des croyances imposées par le glaive.

La soumission à Dieu comme *leitmotiv* d'un nouveau croyant voulait se faire par « la force et l'oppression ». L'homme (le sultan, le roi, l'émir ou le général) derrière ce message et cette entreprise dévastatrice, dominatrice et humiliante cherchait sa gloire et celle de sa tribu. Très loin du message de Dieu transmis par son prophète Mohamed (PSL), ce fut d'abord avec les tribus ***Quraychite*** et ensuite des tribus apparentées qui s'autoproclamèrent héritières du message de Dieu.

La souffrance des peuples noirs était cette fois-ci pire. Longtemps limitées en Afrique septentrionale, la découverte par les tribus arabo-musulmanes d'autres contrées d'Afrique noire comme celle de la Somalie, du Mozambique, la domination et l'expansion de l'Islam s'étendront vers le VIIe siècle.

La mise sous tutelle et la domination des peuples de l'intérieur de l'Afrique allaient connaître son apogée. Elles obligèrent les peuples d'Afrique noire à se plier à des accords. C'est le cas du roi Nubien **Khalidurat**. Dès lors, l'Afrique signa de fait son arrêt de mort. Car le droit de ponction fut établi et la dépréciation de l'homme noir pérennisée.

B. La contre- offensive des empires et royaumes d'Afrique noire contre les tribus arabo-musulmanes

La riposte était légale et obligatoire. Elle avait changé de cadre et de méthode. Concernant le cadre, la méditerranée constituait le nouveau décor du monde « civilisé ». En effet, après des siècles comme centre névralgique du monde, le Nil céda la place à la mer Méditerranée.

Dans cette étape de l'évolution du monde, le peuple grec était devenu le peuple modèle sur qui les écrits de la domination mondiale s'appuyaient.

---

[312] Tidiane N'DIAYE, « *Le génocide voilé, enquête historique* », Éditions Gallimard, Collection Folio, Février 2017, p.23.

Ces derniers (les Grecs), malgré ces tentatives d'hégémonie, étaient fascinés par l'histoire du peuple égyptien.

Pour ce qui est relatif à la méthode ou à la tactique des guerres, les razzias et les déportations donnèrent place à des attaques-surprises sur des points stratégiques comme la résidence de l'émir, le domicile du chef des armées et le sabotage des infrastructures. Ces méthodes répondaient au contexte marqué par la déportation d'une grande partie des bras forts des empires et royaumes de l'intérieur de l'Afrique.

La civilisation égyptienne fut évincée par la culture gréco-romaine avec « des racines égyptiennes ». Ces derniers, les grecs, percevaient les noirs d'une autre manière. En effet, les peuples d'Afrique noire étaient connus sous la dénomination d'« *aethiops* » qui veut dire éthiopiens en langue grecque. L'Éthiopie était pour les Grecs antiques, *Homère et Hérodote*[313], la terre des noirs.

Les Romains iront plus loin en découvrant la partie septentrionale de l'Afrique et de la Nubie (située au nord de l'actuel Soudan plus précisément entre la deuxième et la sixième cataracte du Nil). M. N'diaye (2017, p.19) affirme que le nom Afrique vient du mot *Afris* qui « étaient des guerriers de la tribu des *Awragas*, qui occupaient le sud de la Tunisie[314] (le Carthage).

La contre-offensive a commencé par des révoltes. L'histoire retient que les peuples d'Afrique noire déportés suite aux razzias et par le biais de la traite arabo-musulmane furent les premiers à se révolter contre l'oppression. En effet, il s'agit des *Zendjs*[315].

La première tentative, d'après M. N'diaye[316] (2017, p.154) qui cite M. Popovic[317] (1974), date de **869**. Elle était nourrie par l'idée de « détruire » le symbole de leurs souffrances et de la domination du peuple arabe : **la ville de Bagdad**. Cette première tentative ayant échouée et avec ces conséquences macabres pour le peuple *Zendj*, une restructuration était nécessaire. Ce n'est que des mois après, plus précisément « le 7 septembre 869 » sous la houlette

---

313 Raoul LONIS, « Les Éthiopiens du pseudo-Scylax ; mythe ou réalité géographique ? », In : *Revue française d'histoire d'outre-mer*, tome 66, n°242-243, 1er et 2e trimestres 1979. pp. 101-110.

314 Tidiane N'DIAYE, « *Le génocide voilé, enquête historique* », Éditions Gallimard, Collection Folio, Février 2017, p. 19.

315 Louis Marcel DEVIC, « *Le pays des Zendjs : ou la Côte orientale d'Afrique au Moyen Âge (Géographie, mœurs, Production, Animaux légendaires) d'après les écrivains arabes* », Éditions Nabu Presse, Février 2012, 290 pages.

316 Tidiane N'DIAYE, « *Le génocide voilé, enquête historique* », Éditions Gallimard, Collection Folio, Février 2017, p. 154.

317 Alexandre POPOVIC, « *La révolte des esclaves en Irak au III*e*, IX*e*siècle* », Paris, Éditions P. Geuthner, 1976, 218 pages.

d'Ali Ben Mohammed, que les peuples *Zendjs* réussirent à battre les armées arabo-musulmanes.

S'en suivirent d'autres révoltes qui furent matées. Ces révoltent ayant échoué, les peuples d'Afrique noire apprirent au fur et à mesure à découvrir l'Islam, à le connaître, à l'aimer et à se l'approprier. La révolte céda la place à l'ère de l'inculturation islamique sous la houlette des grands chefs religieux islamiques africains.

****

En outre, il convient de dire que l'islamisation des peuples d'Afrique noire n'a pas été un exercice pacifique ni pacifiste. Les préjugés sur l'infériorité de ces peuples face aux autres peuples du monde, en l'occurrence les tribus arabo-musulmanes, rendirent violents et haineux tous les rapprochements et échanges avec l'Islam.
Dans ce Nouveau Monde (arabe), il convient de distinguer une grande partie de l'Afrique : la partie nord. Une distinction actée dans le langage colonial français et qui distinguait désormais l'Afrique du Nord[318] de l'Afrique noire[319]. À partir de cette distinction, la partie « noire » de l'Afrique fut beaucoup plus accessible par les armées des tribus arabo-musulmanes.

C'est après des siècles d'affrontements sanglants que les premiers peuples d'Afrique noire se convertirent à l'Islam. Certains le firent pour échapper à la barbarie arabo-musulmane, d'autres par conviction religieuse.

Ces convertis, imbus des préceptes de l'Islam, déclarèrent la guerre à leurs propres frères devenus des « *koufars* »[320] avec l'Islam. La tolérance entre les ethnies et les royaumes d'Afrique noire laissèrent la place à la domination et à l'installation de royaumes islamiques.

Paragraphe II : Le principe de la protection de ses biens

Mme Basdevant-Gaudemet (2014, p.59) cite Thomas de VIO dit Cajetan (début du XVIe siècle) en soulignant :

> « *Que les gouvernements de ces peuples (Nouveau Monde), même infidèles, sont légitimes et ont une juridiction sur leurs sujets ! On ne doit pas leur faire la guerre pour s'emparer de leurs biens car le*

[318] Afrique du Nord : Théoriquement, c'est la frange septentrionale de l'Afrique, du Maroc à l'Égypte. […] c'est à dire l'Afrique français du Nord : cf. Pierre MONTAGNON, « *Dictionnaire de la colonisation française* », Paris, Éditions Pygmalion, 2010 p.18.
[319] Afrique subsaharienne.
[320] Mot arabe qui signifie Mécréants en français.

Christ a envoyé des prédicateurs et non des soldats. La conquête par les armes constitue un grave péché.[321] »

Pour comprendre cette position de Thomas de VIO, il nous semble opportun de se poser la question de savoir ce qu'est un bien. Le bien est perçu par M. Cornu (2014, p.128) dans le *Vocabulaire juridique* comme « *tous les éléments mobiliers ou immobiliers qui composent son patrimoine à savoir les choses matérielles (biens corporels qui lui appartiennent) et les droits (autres que la propriété) dont elle est titulaire (biens incorporels).*[322] »

Les dieux et maîtres du monde changèrent de camp. À la fin du XVe siècle et début du XVIe siècle, ce n'étaient plus les tribus arabo-musulmanes qui dominaient le monde, mais l'Europe occidentale. Une Europe occidentale qui se distinguait avec ses différentes « sensibilités » (portugaise, française, espagnole, hollandaise…) et avec comme mode de civilisation et de vie sociale : le Christianisme.

Ici encore, les cours d'eau eurent un rôle à jouer dans la vie et les rapports entre les peuples. La mer Méditerranée céda la place à l'océan Atlantique. La différence de pratique avec les tribus arabo-musulmanes est que les empires européens n'avaient pas cette notion de « Religion-État ». Même si les Portugais et les Espagnols (Rois Catholiques) en faisaient un de leurs principaux moyens de domination. Les Espagnols, connus sous leur célèbre « *asiento de Négros* »[323], brillaient par leurs traitements dépréciatifs des populations locales.

La France, par exemple, gouvernait sur des conditions « moins strictes » et suivant les colonies en ce qui concernait l'obligation de conversion au Christianisme. Les peuples du Maghreb en sont la parfaite illustration.

Toutefois, leurs agissements à travers des guerres et des déportations causèrent beaucoup de pertes aux peuples de l'intérieur de l'Afrique. Ils ont su mettre en pratique un programme de colonisation et de traite atlantique. Le pillage de l'Afrique s'organisa sur des concepts et des méthodes propres à eux.

Parcourir le *Dictionnaire du droit des religions*[324] (2013) nous donne un aperçu sur les agissements de ces peuples d'Europe censés « civiliser » et « évangéliser » l'« Afrique barbare ».

---

[321] Brigitte BASDEVANT-GAUDEMET, « *Histoire du droit canonique et des institutions de l'Église latine du XVe au XXe siècle* », Économica, Janvier 2014, p.59.
[322] Gérard CORNU (Dir.), « *Vocabulaire juridique* », Association Henri CAPITANT, Paris, Quadrige, Éditions PUF, Janvier 2014, p.128.
[323] L'acte d'accorder à un autre État européen, moyennant redevances, le monopole de la traite des noirs.
[324] Francis MESSNER (Dir.), « *Dictionnaire de droit des religions* », Paris, CNRS Éditions, Juin 2013, 789 pages.

Contrairement aux tribus arabo-musulmanes, le pillage de l'Afrique se fit en moins de temps mais à plus grande échelle. Ceci se justifie par les moyens « modernes » dont disposaient les empires et royaumes européens.

Le pillage était ciblé aussi bien au niveau des matières premières que des hommes (à déporter). Ce furent quatre siècles, mais « quatre siècles intenses » comme aimait bien le rappeler le conservateur de la maison des esclaves de Gorée au Sénégal, Monsieur Joseph NDIAYE.

Les canons prirent la relève des épées et des voitures de guerre tirées par des chevaux. Et les grands voiliers prirent le contrôle de l'Atlantique. Les explorateurs occidentaux découvrirent une Afrique différente de celle qu'ils avaient laissée en période de « conquête et d'évangélisation ».

La réalité à laquelle ils durent faire face était celle d'une Afrique « islamique » avec des perceptions différentes sur la notion de « bien », de « défense » et de « guerre ». L'Islam avait changé les concepts, les visions et renforcé la haine contre les « *yéfers* »[325].

Ces derniers, à ce que l'on peut comprendre des échanges de procédés entre « **islamisateurs** » et « **christianisateurs** » étaient « un gâteau » à se partager. En effet, il y eut, même si certains (afro pessimiste) aiment l'omettre, en période de croisades et de djihad des échanges « diplomatiques » entre les peuples de la Méditerranée. C'est en tout cas ce que M. Sénac (2007, pp.19-36) démontre dans « *le Maghreb al Aqsâ et l'Occident chrétien* (VIIIe –IXes siècles) »[326].

M. Sénac (2007, p.29) prend à témoin une correspondance que le pape Léon III aurait envoyée à Charlemagne le 11 novembre 813. Correspondance « dans laquelle le pontife rapporte que [...] le Patrice Grégoire de Sicile avait reçu une ambassade musulmane envoyée par un personnage désigné sous le nom de [...] commandeur des croyants.[327] »

Donc entre les deux grands du monde dans cette période de l'histoire de l'humanité, le royaume arabe décrit par Mme Rey-Goldzeiguer[328](1977) et l'Europe occidentale, existaient des normes humanistes de bienséance dont l'Afrique était exemptée. Des normes qui faisaient de l'Afrique noire la seule cible à « chasser ».

---

325 Mot arabe *wolofisé* qui signifie aussi en français les mécréants.

326 Philippe SENAC, « Le Maghreb al Aqsâ et l'Occident chrétien (VIIIe — IXe siècles) », in *Le Maghreb al andalus et la méditerranée occidentale (VIIIe — XIIIe siècle)*, CNRS Université Toulouse Le Mirail, collections « Méridiennes », 2007, pp.19-36.

327 Op. Cité, p.29.

328 Annie REY-GOLDZEIGUER, « *Le royaume arabe* », Alger, Société Nationale d'Édition et de Diffusion, 1977, 676 pages.

Ces siècles de paix entre les deux grands de ce monde furent rompus par l'appétit impérialiste de coloniser l'ensemble des peuples d'Afrique. Les « accompagnateurs d'expéditions » n'eurent plus besoin de se cacher derrière la religion ni d'être guidés par les explorateurs. Ils connaissaient désormais l'Afrique, ces cultures et ces civilisations donc, les richesses que ce continent pouvait leur apporter. Cette ambition se solidifia avec la découverte en 1492 d'un Nouveau Monde : l'Amérique. Face à eux, les peuples de l'intérieur de l'Afrique durent changer leur conception et leur perception de la notion de « résistance ».

Désormais, ce ne fut plus juste de la résistance, mais de la défense d'une religion, d'une manière de voir le monde. C'est dans cette optique que les biens matériels devinrent des legs d'Allah (**A**) et les défendre avait comme finalité « une rémunération divine » (**B**).

A. La « légitimité spirituelle » sur ses biens

Avec l'arrivée de l'Islam dans cette partie intérieure de l'Afrique, plusieurs concepts et codes furent « bouleversés ». Il s'agissait d'une part, de la relation entre les populations et la divinité. De ce fait, le prophète Mohamed (PSL) devient la seule référence pour suivre Dieu. D'autre part, la terre n'est plus celle des ancêtres, mais celle de Dieu. C'est Dieu qui l'a mis au service de ses créatures.

Ces nouvelles donnes firent que le bien matériel ou « humain », c'est-à-dire l'esclave, fut « une légitimité spirituelle » du croyant. Ce dernier se reconnait ainsi membre d'une grande famille qui est la *Ummah islamique*.

L'Afrique noire se métamorphosa et se construisit à l'image du Maghreb. Au Maghreb, la religion « régit la vie quotidienne. Elle unit les croyants face à l'infidèle »[329]. Pour eux, faire face à la colonisation européenne par le biais des armes était un moyen « légitime » et « spirituel » de défendre sa foi et sa terre. La terre que Dieu a voulu leur confier pour la fructifier et lui rendre grâce.

Le choc entre les deux religions monothéistes a connu en Afrique des conséquences terribles. Une guerre interposée, à l'image de la guerre froide que l'on connait aujourd'hui. La seule différence est que celle-là se faisait entre les souverains « catholiques » de l'Europe coloniale et les rois « musulmans » arabes et ottomans à travers leurs vassaux.

L'Afrique, sans le vouloir, fut au centre de ces égos décrits sous forme « d'islamisation » et de « christianisation ». La conquête et l'évangélisation ont été les fruits d'une grande préparation et d'une grande prudence. Nous ne

---

329 Pierre MONTAGNON, « *Dictionnaire de la colonisation française* », Paris, Éditions Pygmalion, 2010, p.19.

pourrions dire pareil en ce qui concerne la colonisation. En effet, elle s'est affichée comme une épreuve de force, une domination du monde occidental sur le reste du monde.

Vu de cet angle, les soubassements originels de la conquête et de l'évangélisation n'étaient plus à l'ordre du jour. Ils furent gommés par l'impérialisme occidental. L'impérialisme occidental tel que décrit ici est assimilable à une soif de dominer et d'imposer la culture et la civilisation occidentale dans le monde. Elle a son fer de lance qui est le capitalisme économique.

Cette entreprise (capitaliste) a imposé une nouvelle manière de faire la guerre : l'anéantissement de toute une culture et l'exploitation des terres jugées plus riches. Un spécialiste du droit de la guerre que nous avons pu rencontrer l'appelle la technique du bâton et de la carotte. Mais toutefois, dans la réalité africaine, ce bâton s'illustre sur le terrain à travers des bombardements à armes lourdes et l'usage des fusils avec comme finalité de mater toute résistance. La carotte peut s'appréhender à travers l'installation d'infrastructures, d'écoles, de centres de soins médicaux...

L'erreur cruciale des « colonisateurs » est, d'après M. Van Vollenhoven (1977, p.10), le fait que « *la propriété indigène a été étudiée et l'a été magistralement, le propriétaire indigène jamais* »[330]. Le modèle romain de domination du peuple juif fut remis à jour. L'objectif était, s'il n'y a pas de résistance, de mettre en place des gouvernorats un peu partout en Afrique. La distinction entre l'Afrique subsaharienne et septentrionale n'avait en principe aucune signification à leurs yeux. C'est dans ce sillage que toute l'Afrique fut soumise aux feux nourris des « garnisons » de l'Europe occidentale. La violence de ces affrontements dépendait de plusieurs éléments :

- De l'islamisation ou non de la zone,
- De l'État colonisateur (France, Espagne, Portugal, Angleterre, Hollande, Allemagne...)

Prenons comme illustration les deux grandes puissances étrangères coloniales que sont la France et l'Angleterre.

En Afrique australe, le royaume *Zulu* opposa des batailles farouches aux armées britanniques. Une des plus importantes fut celle d'*Isandhlwana*. Elle s'est tenue le 22 janvier 1879. Dans cette bataille historique, les guerriers *Zulu* infligèrent une cuisante défaite à l'armée de l'Empire britannique. Ce n'est qu'à Ulundi que les Britanniques réussirent à venir à bout des guerriers *Zulu*.

---

[330] Joost Van VOLLENHOVEN cité par Annie REY— GOLDZEIGUER, « *Le royaume arabe* », Alger, Société Nationale d'Édition et de Diffusion, 1977, p. 10.

En Afrique de l'Ouest, des royaumes du Sénégal comme celui du Djolof, du Cayor et du Baol s'opposèrent rudement à l'avancée des troupes coloniales françaises. Ils se lancèrent individuellement dans la défense de leur territoire contre les puissances coloniales d'Europe occidentale et leurs idéologies. M. Gavrilov[331] (1965) nous informe que des batailles sanglantes ont eu à opposer les armées coloniales françaises aux guerriers des empires du Cayor (Sénégal), du Fouta-Djalon[332], des *Peul* du Macina[333], du Ouassoulou.

Prenons comme exemple l'empire du Ouassoulou. L'empire du Ouassoulou (1878-1898) était dirigé par l'Almamy Samory TOURÉ. Il s'étendait « du Haut -Niger à l'Ouest, au royaume de Sikasso vers l'Est, de Dinguiraye et du Fouta-Djalon et du Libéria au Sud ». Dans cet empire, les guerriers musulmans d'Afrique noire tinrent longtemps tête à l'armée coloniale française.

De par leur détermination et leur foi, les guerriers du Ouassoulou arrivèrent à les faire douter. C'est ainsi qu'ils infligèrent une cuisante défaite à l'armée coloniale française le 02 avril 1882, lors de la bataille de *Woyo-Woyankô*. Ce n'est qu'en 1898, plus précisément le 29 septembre 1898 que l'empire céda suite à la capture et à la déportation de Samory TOURÉ au Gabon.

Dans la vie et la défense contre les percées sanguinaires et répétées des puissances coloniales occidentales au Sénégal précolonial, deux grands royaumes retiennent notre attention. Ils ont une histoire commune et leur déclin a permis une extension de la domination coloniale française en Afrique. Il s'agit des royaumes du Djolof et du Waalo.

- L'empire du Djolof[334] :

Fondé au XIIIe siècle, l'empire regroupe la grande ethnie *Wolof*[335] qui va du Sénégal à la Gambie actuelle. Le *Wolof* constitue aussi une des langues les plus parlées au Sénégal et en Gambie. Nous utilisons l'expression « langue » car comme toutes les autres langues du monde, le *Wolof* a sa structure et est écrit et parlé. Le roi du Djolof portait le titre de *Buur Ba*.

Un clan avait la primauté sur le titre de *Buur Ba*, il s'agit de la grande famille des *N'DIAYE*. D'ailleurs, au Sénégal, les populations ont l'habitude

---

331 Nicolas Ivanović GAVRILOV, « *Le mouvement de libération nationale en Afrique de l'Ouest* », Éditions du progrès, 1965, 135 pages.

332 Thierno Mamadou BAH, « *Histoire du Fouta-Djalon des origines au XXe siècle, Conakry,* Société Africaine d'Édition et de Communication, 1999, 182 pages.

333 Ahmadou Hampâté BÂ et Jacques DAGET, « *L'empire peul du Macina*, 1818-1853 », Paris, Éditions La Haye, Mouton, 1962, 309 pages.

334 Oumar Leyti NDIAYE, « *Le djolof et ses Bourba* », les Nouvelles Éditions Africaines, 1981, 110 pages.

335 Abdoulaye Bara DIOP, « *La société wolof. Tradition et changement* », les systèmes d'inégalité et de domination, Paris, Éditions Karthala, 1981, 362 pages.

de dire que le pays appartient aux *N'DIAYE*. Cela explique une appartenance voire une domination de ce clan sur une grande partie du Sénégal (le Cayor, le Baol, le Sine, le Saloum, une partie du Fouta Toro) et de la Gambie.... La prouesse de cet empire est d'avoir réussi à réunir des ethnies comme les sérères, les peuls, etc.

L'empire du Djolof opposa une farouche résistance aux troupes militaires des colonels Archinard et Blanchère de l'armée impérialiste française. Il finira par rompre vers les années 1890 avec la mort d'Alboury NDIAYE, dernier Buur Ba du clan des NDIAYE, et de son acolyte, Amadou TALL, fils du marabout El Hadj Omar Foutiyou TALL, sous la poursuite acharnée des troupes de Louis Léon César FAIDHERBE.

Il convient de noter que le *Buur Ba*, roi du Djolof, faisait face dans son règne aussi bien à la révolte des vassaux (le Cayor d'Amary Ngoné Sobel FALL, le Namandirou de Koli TENGUELA...), qu'au Djihad des empires islamiques (de Maba Diakhou BÂ...) et à l'impérialisme des troupes françaises. Le Djolof sera annexé en 1890 par la France.

M. Diouf[336] (2001, pp.157-160) dresse dans un élan dithyrambique le parcours de ce grand peuple et de son dernier roi. Il lui offre, avec Lat Dior Ngoné Latyr DIOP, la couronne de « figure emblématique de l'éthique *Ceddo*[337] de l'honneur et de la bravoure dans la mémoire collective *wolof* »[338].

Un statut de « figure emblématique » qui ne peut se comprendre qu'en se mettant dans le contexte colonial marqué par l'inégalité des forces et des armes. Cette inégalité a sans doute poussé des rois et guerriers d'Afrique noire à se soumettre au jeu des « occupants ».

Les troupes militaires impérialistes de l'Europe occidentale usèrent de subterfuges et de techniques de guerres qui consistaient à semer la zizanie entre les différents royaumes. Les deux techniques les plus récurrentes furent le recours à des alliances avec des vassaux et la prise de partie pour un des héritiers du trône pour déstabiliser les grands empereurs.

Ces techniques de déstabilisation des grands empires de la part des puissances coloniales causèrent beaucoup de pertes dans les rangs des guerriers d'Afrique noire. Elles menèrent Lat Dior et Alboury NDIAYE vers la perte de leurs terres, de leurs pouvoirs et de leurs vies.

---

336 Mamadou DIOUF, « *Histoire du Sénégal* », Laval, Éditions Maisonneuve & Larose, juin 2001, pp.157-160.

337 Lire Mamadou DIOUF, « *Le kajoor au XIXe siècle : pouvoir ceddo et conquête coloniale* », Éditions Karthala, Paris, 1999, 327 pages.

338 Mamadou DIOUF, « *Histoire du Sénégal* », Laval, Éditions Maisonneuve & Larose, Juin 2001, p.157.

Il ressort de notre analyse que, de la part des empereurs et rois d'Afrique noire de cette époque, ces techniques de guerre ou de déstabilisation étaient irrésistibles. Le pouvoir est ce que tous les protagonistes cherchaient. Et c'est ce pouvoir et une autonomie que les troupes impérialistes coloniales proposaient à ces rois et empereurs. Lat Dior qui souffrit beaucoup de ces pratiques en usa avec le colonel Louis Brière De L'ISLE pour faire capturer son frère d'armes du Waalo Sidya DIOP. La ruse devient ainsi un élément clé dans la guerre des puissances coloniales occidentales contre les peuples d'Afrique noire.

Tel un refrain qui résonne de la bouche du Général Charles De GAULLE : les États n'ont pas d'amis, ils n'ont que des intérêts. Les empereurs et rois d'Afrique noire, fidèles à une tradition africaine du respect de la parole donnée, découvrirent à leurs dépens qu'en droit de la guerre, même l'écrit est susceptible d'être interprété et réinterprété suivant le contexte et les intérêts.

Ce sont ces mêmes techniques de déstabilisation qui continuent de perdre les chefs d'État et de gouvernement africains. Le paysage politique et conflictuel africain actuel[339] ne nous dira pas le contraire.

- L'empire du Waalo[340]

Le Waalo est né suite au premier éclatement de l'empire du Djolof (vers 1540). Il se trouvait dans la partie actuelle de Nord Sénégal, communément appelée le Delta du fleuve Sénégal qui va jusque vers le sud du voisin mauritanien. Cette proximité avec la Mauritanie, composée de population *maure* et *berbère*[341], faisait du Waalo une zone d'affrontements quotidiens contre les empires islamiques et esclavagistes.

Le roi du Waalo portait le titre de *Brack*. Le dernier *Brack du Waalo* est Sidya DIOP. Contrairement aux autres empires, le clan dominateur du royaume, vu que la société était organisée en système de succession matrilinéaire, est passé par des noms de familles différentes. En effet, le titre de Brack du Waalo est passé des *Mbodj*, au *Diop* en passant par les *Diaw*, *Wade*, *N'diaye* et *Ndiouck*.

Nos échanges avec monsieur Mandickou DIOP (avril 2017 dans la ville de Louga), descendant de Sidya DIOP et originaire du village de Ndombo, nous ont permis de comprendre le rôle central du Waalo. Un rôle qui peut s'analyser :

---

339 Philippe HUGON, « *Géopolitique de l'Afrique* », Paris, Éditions Armand Colin, Avril 2016, 132 pages.

340 Boubacar BARRY, « *Le royaume du Waalo, le Sénégal avant la conquête* », Paris, Éditions Karthala, 1985, 421 pages.

341 Lire Gabriel CAMPS, « *Aux origines de la berbérie : monuments et rites funéraires protohistoriques* », Paris, Arts et métiers graphiques, 1961, 629 pages.

- D'abord, dans la résistance contre les *Maure* de la Mauritanie,
- Ensuite, dans la défense contre les troupes colonialistes françaises.

Pour ce qui est de la résistance contre les *Maure* de la Mauritanie, l'histoire des femmes de Nder constitue une parfaite illustration. M. N'diaye[342] (2017, p.152), en prenant en témoin Mme Serbin[343] (2004), informe que les femmes de Nder, soucieuses des traitements qui leur seraient réservés une fois capturés par les *Maure* du Trarza (venant du sud-ouest de la Mauritanie) et les toucouleurs, ont préféré le suicide collectif[344] à l'esclavage et à l'imposition de l'Islam comme pratique cultuelle. En effet, un groupe de femmes dirigé par Mbarka DIA, après avoir résisté de façon véhémente aux troupes du chef Amar Ould MOKHTAR avec leurs maigres moyens, s'immolèrent ensemble, le mardi 07 mars 1820, dans une case pour garder leurs honneurs. Cet acte « héroïque » sera connu sous le nom de ***Talatay Nder***[345].

Quant à la défense du royaume contre les troupes de l'impérialisme français, elle se fit tout au long de l'existence du Waalo. Sidya DIOP, dernier *Brack du Waalo*, résista pendant longtemps aux troupes impérialistes françaises dirigées dans cette partie de l'Afrique par le colonel Louis Brière de L'ISLE (1827-1896). Ce n'est que suite à la trahison de son frère d'armes, Lat Dior Ngoné Latyr DIOP, qu'il fut capturé à Bangoye, jugé à Saint-Louis et déporté au Gabon où il se suicida[346] par honneur, le 26 juin 1877.

Au-delà de ces trahisons internes pour le pouvoir, l'histoire de l'empire du Waalo retrace l'importance des femmes dans la défense des valeurs et de l'honneur des royaumes et empires du Sénégal précolonial.

L'attitude d'une femme comme Yacine Boubou, leurs *dialorés*[347] ont peut-être inspiré les femmes du village de Nder et fait ensuite qu'elles en aient inspiré d'autres comme Aline Sitoé DIATTA (1920-1944) dans la partie sud du Sénégal : la Casamance[348].

---

342 Tidiane N'DIAYE, « *Le génocide voilé, enquête historique* », Éditions Gallimard, Collection Folio, 2017, p. 152.

343 Sylvia BERBIN, « *Reines d'Afrique et héroïnes de la diaspora noire* », Éditions SEPIA, Novembre 2004, 312 pages.

344 Lire Pierre TITI NWEL, « L'approche traditionnelle du suicide », *Cahiers de l'IDEDH (Montpellier)*, N°7, 1999, pp. 107-117.

345 Le mardi de *Nder* en Wolof.

346 Lire Pierre TITI NWEL, « L'approche traditionnelle du suicide », *Cahiers de l'IDEDH (Montpellier)*, N°7, 1999, pp. 107-117.

347 Leurs bravoures, leur histoire en langue Wolof du Sénégal.

348 Mark PETER, « *A cultural, Economic and Religious history of basse Casamance sine 1500* », Stuttgart, Wiesbaden, Franz Steiner, Verlag, 1985, 136 pages.

B. La « rémunération divine » par des biens matériels

La colonisation de l'Afrique a été un partage de l'Afrique entre les différentes puissances européennes. C'est ce que les panafricanistes de la nouvelle génération appellent le « tong-tong »[349] de l'Afrique. C'est à travers la conférence de Berlin que le sort de l'Afrique se scella. Cette conférence marqua un avant et un après pour l'ensemble du continent africain. La période pré-conférence de Berlin avait connu une « colonisation sauvage de l'Afrique ». La période post-conférence de Berlin a décidé de manière chirurgicale du sort de l'Afrique du futur. Désormais, on ne parle plus de royaumes ni d'empires en Afrique noire, mais de colonies, de protectorats, etc.

Des conclusions de cette conférence sur l'Afrique sans présence des Africains, l'Afrique sera désormais à la merci de l'impérialisme occidental. De nouveaux éléments de langage virent le jour. Un langage colonial qui était destiné à différencier les colonies de la métropole.

Ainsi, il convient de distinguer, en nous référant au langage colonial, les appellations de colonie, de protectorat, de mandat, d'autonomie, d'administration et d'occupation. Deux des grandes puissances coloniales déjà citées nous serviront d'exemple. Pour une meilleure chronologie de notre étude, nous restons sur le cas de la France et de l'Angleterre.

L'Afrique « française » était composée en majorité d'une grande partie des anciens royaumes et empires d'Afrique de l'Ouest, du Centre et du Nord. Par exemple :

Constituaient **des colonies françaises** :

- Le Niger,
- La Guinée française de 1893à 1958,
- La Mauritanie.

Constituaient **des autonomies françaises** :

- Le Sénégal de 1958 à 1959,
- La Côte d'Ivoire de 1958 à 1960,
- La Haute-Volta de 1958 à 1960.

Constituaient **des protectorats[350] français** :

- Le Maroc,
- La Tunisie de 1881 à 1956.

---

349 Nom wolof qui signifie une cérémonie de partage d'un bœuf entre les grandes familles.

350 Guy PERVILLIÉ, « *L'Europe et l'Afrique de 1914 à 1974* », Éditions Ophrys, Collection Documents et Histoires, Janvier 1994, 152 pages.

L'Afrique « anglaise », elle, était composée en majorité de la partie australe de l'Afrique noire et de pays du Maghreb comme l'Égypte.

La domination britannique en Afrique s'étendait du Cap au Caire. En Afrique de l'Ouest, les Anglais réussirent à s'emparer d'anciens empires comme celui du Lagos, de James Island (la Gambie), du royaume du Sotho et du royaume du Ghana. Par exemple :

Constituaient **des protectorats anglais** :

- Le Basutoland de 1868 à 1966,
- L'Égypte de 1914 à 1921,
- L'Ouganda de 1894 à 1962.

Constituaient **des colonies anglaises** :

- Ascension en 1922,
- Cap de Bonne Espérance de 1814 à 1910,
- Sierra Léone de 1808 à 1961.

Constituait **un mandat anglais** :

- Le Cameroun de 1919 à 1960,
- Le Tanganyika de 1919 à 1961,
- Le Togoland de 1919 à 1957.

Constituait **une administration anglaise** :

- L'Érythrée de 1941 à 1951.

Constituaient **une occupation anglaise** :

- Cyrénaïque en 1942,
- Tripoli en 1942,
- Fezzan en 1942.

Se défendre contre les « agressions » et contre l'avancée des troupes impérialistes n'était pas, pour les autochtones, juste un acte de guerre. Elle allait plus loin. C'était un acte de foi.

La défense des biens matériels contre les colonisateurs était un acte spirituel qui avait sa contrepartie. Il était dans la conscience de tous les guerriers des empires et royaumes africains que « Dieu était avec eux ». Ce qui fait que la défense contre les troupes coloniales d'Europe occidentale, jugées comme des mécréants, était « avalisée » et « approuvée » par Dieu.

La guerre se traduisait de ce fait à un acte spirituel. Un acte spirituel « voulu » par Dieu donc « rémunéré » par Dieu. Chaque combattant s'identifiait à la figure sainte et salvatrice du prophète Mohamed (PSL). Il s'appropriait la défense de l'Islam et s'acheminait vers son propre « *kharé badar* »[351] (guerre sainte).

L'effort de guerre entrait dans le cadre d'un devoir religieux. De ce fait, une rétribution divine était la récompense. Il convient toutefois, pour éviter toute confusion entre l'acte de rémunération, de rétribution, de récompense..., de préciser ces trois notions.

Le *Dictionnaire Biblique Westphal*, plus prudent, s'est lancé dans une distinction entre ces différentes notions liées à la rétribution. Il précise que « plusieurs termes plus ou moins synonymes expriment cette idée connexe de rétribution. La nuance particulière à chacune de ces notions peut être précisée d'après son étymologie latine :

- **La rétribution** se rattache à l'idée de tribut, d'impôt.
- **La rémunération** est la reconnaissance d'un bienfait (*munus* en latin signifie un présent, un don).
- **La récompense** est l'acte de compensation par lequel on équilibre les deux plateaux de la balance (*pensare* en latin signifie peser, examiner attentivement en français ; *compensare* en latin signifie contrebalancer, mettre en parallèle en français).
- **Le mérite** est ce que l'on gagne ou acquiert par son travail (*mereci* en latin signifie gagner en français, d'où vient aussi mercenaire ; *meritum* en latin signifie ce qu'on mérite, en français) »[352].

Nous nous appuyons là-dessus pour insister sur le fait que dans le cadre de notre réflexion, nous parlons bien de la notion de « rémunération divine ».

****

En outre, il convient de dire que le principe de la protection de leurs biens était un acte d'une grande transcendance des peuples de l'intérieur de l'Afrique. Il répondait à une dialectique d'interaction entre Dieu le Père, *Nashibatji*, et ses créatures. Les biens de la terre, confiés à l'homme, ne sont pas une propriété personnelle mais, comme mentionnée dans la *Parabole des talents ou des trois (3) serviteurs*[353] (Matthieu 25, 14-30), un prêt de Dieu. Leurs luttes consistaient ici à disposer d'eux-mêmes de ce prêt de Dieu afin de pouvoir rendre compte eux-mêmes de sa gestion devant Dieu.
La Charia [loi islamique] était la référence dans les rapports entre les empires et royaumes musulmans d'Afrique noire. Dans les empires et

[351] Traduit du wolof et qui signifie Bataille de Badr : Première bataille victorieuse des Arabes musulmans.
[352] Consulter le lien suivant :
https://www.levangile.com/Dictionnaire-Biblique/Definition-Westphal-4443-Retribution.htm.
[353] « *La Bible de Jérusalem* », *Parabole des talents*, Matthieu 25, 14-30, traduite en français sous la direction de l'École biblique de Jérusalem, Éditions du CERF, Avril 1998, p.1690.

royaumes non musulmans, c'était le droit coutumier[354] qui édifiait et régulait les rapports entre les individus. La Charia[355] et le droit coutumier[356] furent pendant des siècles les seuls outils de légitimation de la guerre comme moyen de défense (***jus in bello***) en Afrique noire.

Avec l'arrivée des puissances militaires occidentales, ils ont été supplantés et soumis à de nouvelles règles : le droit d'origine et d'inspiration gréco-romaine. Ces nouvelles règles de vie et de cohabitation, jugées par les colonisateurs comme étant plus « humanistes » et « civilisées », ont été à l'origine de plusieurs principes. C'est ainsi que le droit colonial[357] a vu le jour. Elle légitimait suivant le sens commun propre aux puissances militaires dominatrices, le droit d'invasion et de colonisation des peuples d'Afrique noire.

---

354 Lire Jacques J. MAQUET, « Droit coutumier traditionnel et colonial en Afrique centrale ». Bibliographie commentée. In : *Journal de la Société des Africanistes*, 1965, tome 35, fascicule 2. pp. 411-418.

355 Baudouin DUPRET, « *La Charia* », Éditions La Découverte, Avril 2014, 208 pages.

356 Evariste BOSHAB, « *Pouvoir et droit coutumiers à l'épreuve du temps* », Éditions Academia, Novembre 2007, 338 pages.

357 Olivier Le Cour GRANDMAISON, « L'exception et la règle : sur le droit colonial français », *Diogène*, vol. 212, no. 4, 2005, pp. 42-64.

Chapitre II
Le droit des peuples à disposer d'eux-mêmes

Le droit colonial tenta d'« organiser les rapports conflictuels entre les peuples ». Ce droit d'origine gréco-romaine, discriminatoire, a été pendant longtemps le levier autour duquel s'organisaient les rapports entre les colonisateurs et les colonisés. Le droit colonial reflète, dans la forme et dans le fond, une discrimination notoire entre les règles de vie des populations occidentales et celles des populations de l'intérieur de l'Afrique. En effet, le droit colonial[358] faisait la différence entre les colons et les autochtones.

Ce droit dit colonial, en ses premières étapes en Afrique noire et internationale vers la fin des années de colonisation, a servi d'outil pour légitimer et renforcer l'idéologie expansionniste et dominatrice des puissances étrangères occidentales.

La particularité de ce droit est qu'il se voulait teinter de trois caractères (général, abstrait et obligatoire) pour les Occidentaux présents sur le sol africain et avec des restrictions pour les autochtones.

Ce droit imposa aux anciens royaumes et empires d'Afrique noire une nouvelle organisation sociale. En effet, après la mise en place des colonies qui succédèrent aux empires et royaumes suite à la capitulation des différents rois et empereurs face aux puissances militaires étrangères, le diptyque entre « commune de plein exercice » et « commune de moyen exercice » creusa le fossé discriminatoire à l'intérieur des colonies. C'est dans ce sens qu'au XIXe siècle, dans un même pays, il y avait un droit applicable aux populations issues d'un des pays colonisateurs occidentaux « indigènes » et un autre droit applicable aux autochtones.

Au Sénégal, par exemple, il y avait quatre communes[359] (Dakar, Gorée, Saint-Louis et Rufisque) qui étaient régies par les normes françaises. Le reste des villes sénégalaises était soumis à un droit issu d'un mélange entre le droit coutumier et la charia.

Désormais, les affrontements armés portèrent comme fondement idéologique le droit des peuples à disposer d'eux-mêmes. Ce droit est devenu au fur et à mesure de l'évolution des rapports entre les peuples, une des principales causes de guerre entre peuples colonisés et peuples colonisateurs. C'est sur

---

358 *Idem.*

359 Jacques-Henri LEGIER, « Institutions municipales et politique coloniale : les Communes du Sénégal », in : *Revue française d'histoire d'outre-mer*, tome 55, n°201, 4e trimestre 1968. pp. 414-464.

la base des règles de vie et de cohabitation établies par les puissances étrangères occidentales (droit international humanitaire) que les peuples d'Afrique noire parvinrent à s'affranchir.

Mais, pour y arriver, les peuples d'Afrique noire ont dû livrer des batailles militaires afin d'empêcher les puissances étrangères occidentales de mettre en pratique leurs désirs impérialistes. Ainsi, l'implantation en Afrique noire avait deux phases pour les puissances militaires occidentales. Il fallait :

- D'abord, vaincre militairement tous les royaumes et peuples d'Afrique hostiles à elles,
- Ensuite, convaincre de manière spirituelle[360] sinon neutralisée tous les guides religieux.

La défense des terres africaines se fit sous diverses formes et stratégies de guerre. Certains, les rois et empereurs, firent face aux puissances militaires étrangères occidentales en usant de la violence (**paragraphe I**). Les dignitaires religieux, par contre, en s'appuyant sur la mystique et la divinité, leur opposèrent une bataille spirituelle de non- soumission (**paragraphe II**).

Paragraphe I : Le choix de la violence comme moyen de défense

Le choix de la violence a été particulièrement celui des empereurs et rois musulmans d'Afrique noire, des Touaregs et des peuples jadis païens berbères. Ces derniers, convertis au Christianisme au début du siècle, devinrent « musulmans » avec l'islamisation de l'Afrique du Nord. En effet, les nombreux voyages religieux, les pèlerinages vers la Mecque ont réussi à « fraterniser » les peuples d'Afrique noire, d'Afrique du Nord et les tribus arabo-musulmanes. C'est ainsi que l'Islam devint progressivement la religion majoritaire en Afrique, avec comme point culminant l'Afrique du Nord après une période d'affrontement entre les tribus arabo-musulmanes et les autochtones (646-711 après Jésus-Christ). Les principes de l'Islam servirent de base pour faire face, au-delà du colonialisme, à la résistance contre la nouvelle civilisation et à ses pratiques cultuelles.
Dans ces parties de l'Afrique, il y eut une forte présence des deux grandes puissances colonisatrices : la France et l'Angleterre. Lutter contre les puissances militaires impérialistes d'Europe occidentale était pour les autochtones une manière de défendre l'Islam contre l'expansion du Christianisme. C'est ce discours « religieux » qui fut servi aux peuples d'Afrique du Nord et d'Afrique noire par les grands dignitaires de l'Islam. Un discours qui eut un écho favorable sur le terrain. Car il permit de

---

360 Danielle JONCKERS, « Résistances africaines aux stratégies musulmanes de la France en Afrique occidentale (région soudano-voltaïque) », *Le choc colonial et l'Islam*. La Découverte, 2006, pp. 283-299.

mobiliser et d'organiser le front « islamique » contre l'impérialisme occidental et ses soubassements religieux, économiques et politiques.

Avant d'aller plus loin dans notre réflexion, il convient de battre en brèche cette théorie arabo-musulmane du colonialisme. Le colonialisme est une vision capitaliste du monde. Contrairement à ce que certains auteurs panafricanistes comme M. Doumbi-Fakoly[361] (2005) affirment, le colonialisme n'est pas religieux.

À un moment de l'histoire de l'humanité, il nous semble urgent de dépasser ce « victimisme » constant auquel une classe intellectuelle africaine nous soumet. Une classe intellectuelle africaine qui voudrait à force de matraquage de théorie « complotiste » à tout va, faire adosser au Christianisme les malheurs de l'Afrique.

Il est clair que l'africanisme doit animer tout homme noir dont l'historique retrace des siècles de domination et d'esclavage. Le discuter serait refuser d'admettre la réalité. Mais il ne doit en aucun cas consister à céder aux sirènes d'une « africanité » qui chercherait dans un « mirage fantomatique » à voir l'Afrique et le peuple africain comme des victimes d'une religion et non des hommes qui s'en sont fait les « faux prophètes ».

Non ! L'Afrique n'a été victime d'aucune religion mais des hommes qui étaient censés lui proposer, transmettre et faire connaître la grâce du Dieu qui s'est révélée par ses prophètes, apôtres et envoyés. Car sur le plan idéologique, l'Islam, tout comme le Christianisme et le Judaïsme, véhicule aussi une culture : la culture arabe.

Il est vrai que l'africanisme doit s'appuyer bien sûr sur une dénonciation des mensonges et manipulations du passé tragique de l'Afrique avec un langage propre au continent. C'est-à-dire dénoncer en utilisant un langage correct, basé sur le respect d'autrui, de son histoire, de ses croyances et de ses traditions. Toutefois, il convient d'insister sur le fait que cette dénonciation ne doit aucunement outrepasser ce cadre exposé. Ce que manque de prendre en compte M. Doumbi-Fakoly (2005, p. 12) en apostrophant « le patriarche » Noé qu'il traite d'« ivrogne »[362] et surtout Dieu qu'il voit comme un « ennemi de l'Afrique ».

On ne peut défendre l'africanisme en mettant de côté ses fondements : la Foi et le respect aux anciens et aux divins. Il est important pour tout chercheur africain de savoir faire ce travail de distanciation. L'africanisme est une démarche visant à proposer au reste du monde les richesses de la culture africaine. Cette aptitude à voir Dieu dans chacune de ses créatures et de s'en

---

[361] Doumbi-Fakoly, « *L'origine biblique du racisme anti-noir* », Éditions Menaibuc, 2005, 138 pages.

[362] Op. Cité, p.12.

remettre à LUI pour guider sa vie. La vie, comme un pèlerinage, rencontre ici tout son sens. L'Afrique semble être cette belle terre de la Foi, de l'Espérance et de la Charité.

La guerre ici se faisait pour la défense de deux fondamentaux de la nouvelle Afrique post-affrontements avec les tribus arabo-musulmanes :

- La culture et l'identité africaine,
- La religion islamique héritée des tribus arabo-musulmanes.

C'est dans cet ordre d'idées qu'en Afrique du Nord (**A**), marquée par une forte connexion avec l'Islam d'Arabie et unie par la langue, les affrontements furent d'une très rare violence. Ce sentiment anti-Occident est d'ailleurs visible jusqu'à nos jours. Quand en Afrique noire (**B**), les armes furent utilisées à un degré moindre par rapport aux voisins et frères « musulmans » d'Afrique du Nord.

A. L'histoire des empires précoloniaux d'Afrique du Nord

L'Afrique du Nord, nous pouvons le dire, a été pendant longtemps avant la venue du Christ sur terre (contre les Phéniciens, les troupes romaines, hilaliennes, ottomanes…) le porte-étendard de la résistance contre l'envahisseur étranger. Le Carthage était le lieu symbolique de cette résistance.
Plus connue sous le nom du Maghreb[363], cette partie de l'Afrique a rencontré plusieurs influences culturelles et cultuelles. M. Laraoui[364] (1982, p.9) se désole « de la malchance du Maghreb de n'avoir pas reconnu la valeur civilisatrice de la conquête romaine ». Car cette résistance fortifiée pendant la période d'occupation et de domination ottomane se consolida pour la défense de l'Islam en Afrique contre les troupes impérialistes d'Europe occidentale.

L'Afrique du Nord est aujourd'hui la plaque tournante d'un retour aux sources islamiques et de l'Islam politique. D'ailleurs, un regroupement d'érudits s'est constitué pour perpétrer ce nouvel élan : « les frères musulmans ».

Dans cette partie de l'Afrique acquise totalement à la culture arabe et à la foi islamique, la guerre comme moyen de défense contre les « conquérants occidentaux », a une importance particulière dont l'objectif reste très précis :

---

363 Jean-François TROIN (Dir.), « *Le Maghreb. Hommes et espaces* », Paris, Éditions Armand Colin, 1985, 350 pages.
364 Abdallah LAROUI, « *L'histoire du Maghreb, un essaie de synthèse* », Paris, Éditions Maspero, 1982, p.9.

« sauver l'Islam de la perversion des « *koufars* » par les armes ou périr dans la guerre ».

Aucune autre option n'était sur la table du fidèle arabo-musulman. La foi était et est au-dessus de tout. C'est dans ce sens que des peuples s'organisèrent en prenant des noms de guerre et des batailles symboliques livrées par le prophète Mohamed (PSL). La défense de l'Islam s'organisa autour des Califats islamiques médiévaux.

Ces Califats étaient en réalité constitués de regroupements ou d'alliances entre une ou plusieurs dynasties dans le but de « faire un front commun » contre les troupes militaires des puissances coloniales occidentales.

La particularité de cette partie de l'Afrique est que pendant des siècles l'essentiel des combats concernait les royaumes d'Espagne et de Portugal (Rois Catholiques) contre l'Empire ottoman et les dynasties arabo-musulmanes d'Afrique du Nord.

Dans le cadre de nos enquêtes, nous nous sommes déplacés en Espagne pour nous imprégner de cette histoire entre le royaume de Castilla et les empires, les dynasties arabo-musulmanes et berbère musulmanes. Nos différents déplacements (06 au total de 2016 à 2018) se sont faits dans des communautés autonomes comme celle de l'Andalousie, de Castilla la Mancha et de Castilla y Léon.

Le résultat de nos enquêtes montre que la colonisation de l'Afrique du Nord est une des conséquences de ces rapports de domination qui existaient entre ces deux mondes : chrétien et musulman. En suivant le raisonnement de M. Cherif[365] (1975), on découvre que ces affrontements eurent lieu d'une part, dans la péninsule ibérique et d'autre part, au Maghreb.

En territoire ibérique, il s'agissait entre autres :

- Des Almoravides (1040-1147 à Marrakech, au Maroc et jusqu'en 1236 à Cordoue, en Espagne). Les Almoravides sont une tribu berbère d'Afrique du Nord. Elle s'étendait du Maroc à une grande partie de la péninsule ibérique. Ils ont continué leur expansion en Espagne après leur chute face à la dynastie almohade. Dans leurs avancées fulgurantes, ils infligèrent de lourdes pertes aux troupes castillanes. C'est dans ce sens que le 23 octobre 1086, dans la province de Badajoz, ils marchèrent sur les Castillans lors de *la bataille de Sagrajas*.

---

[365] Mohamed CHÉRIF, II. « L'histoire de l'Afrique du nord jusqu'à l'indépendance du Maroc, de l'Algérie et de la Tunisie : Le Maghreb dans l'histoire » In : *Introduction à l'Afrique du Nord contemporaine* [en ligne]. Aix-en-Provence : Institut de recherches et d'études sur le monde arabe et musulman, 1975 (généré le 13 février 2018).

Ce n'est qu'en 1236, année de la prise de Cordoue par le royaume de Castille, que les Almoravides furent définitivement chassés de l'Espagne,

- Des Nasrides (1238- 1492). Les Nasrides sont une dynastie arabe, contrairement aux dynasties Almoravides. Ils fondèrent entre 1237 et 1238, suivant les traditions islamiques du moment, ce qu'ils appelèrent l'émirat de Grenade.
  Ce n'est qu'en 1492, le 02 janvier 1492 pour être plus précis, conscient de la différence abyssale des forces en face, que l'émirat fut cédé au royaume de Castille.

En territoire arabo-berbère, il s'agissait entre autres :

- Des Almohades (1121- 1269). Les Almohades sont une dynastie d'origine berbère devenue arabo-musulmane après l'islamisation de l'Afrique du Nord. Ils ont contrôlé pendant longtemps une grande partie du Maghreb et d'Al Andalous. Ils étendaient leur domination sous forme d'alliance avec d'autres « frères » arabo-musulmans, sur une grande partie du Maroc et de l'Algérie. Les guerriers Almohades connurent une lourde défaite sous le commandement de Mohamad An NASR, le 16 juillet 1212 lors de *la bataille de Las Navas de Tolosa,*
- Des Mérinides (1248-1465). Les Mérinides sont une dynastie issue des tribus berbères. Ils prirent la relève des Almohades. Leurs actions militaires étaient tournées vers la péninsule ibérique. C'est dans ce sens qu'ils faisaient face à l'avancée des troupes espagnoles et portugaises vers le Maroc actuel. Les Mérinides livrèrent de farouches oppositions à ces deux empires militaires coloniaux. Ce n'est qu'à la sanglante *bataille de Tarifa,* le 30 octobre 1340 que, devant les différences qui leur étaient défavorables sur le plan militaire (des moyens de guerre), les guerriers mérinides furent battus.

B. L'histoire des royaumes précoloniaux d'Afrique de l'Est

La réalité des royaumes d'Afrique de l'Est en période précoloniale, comparée aux voisins d'Afrique du Nord, est très différente. Les affrontements armés étaient orientés et centrés exclusivement contre les troupes militaires de l'impérialisme britannique et leurs alliés en Afrique. Même si une présence allemande était visible dans une certaine partie du continent.

La particularité de cette partie de l'Afrique est son histoire avec le peuple juif (le roi Salomon), son adhésion très forte au Christianisme et ses relations tumultueuses avec l'Islam.

L'arrivée et l'avancée des troupes militaires de l'impérialisme occidental et colonial connurent des fortunes diverses. La présence allemande en ces terres est à souligner surtout dans des royaumes comme le Rwanda et le Burundi (l'Afrique orientale allemande).

Afin de mieux comprendre les réalités de cette partie de l'Afrique, notre réflexion va être orientée :

- D'une part, sur des empires qui, comme celui d'Éthiopie, n'ont jamais cédé aux troupes de la colonisation (**01**),
- D'autre part, sur les deux grands empires d'Afrique de l'Est qui ont eu à faire face à la menace de colonisation allemande (**02**).

1) L'empire éthiopien

L'histoire de l'empire éthiopien est une illustration parfaite de la bravoure sur le plan militaire et de la très grande richesse politique, culturelle, administrative, économique et sociale de l'Afrique antique.
L'empire s'est développé suite à la chute de ses proches voisins de l'Égypte et de la Nubie. Il a aussi bénéficié des qualités visionnaires de chacun de ses empereurs qui ont su insuffler aux populations, à des moments très critiques de l'évolution de l'empire, un sentiment d'appartenance, de sérénité et d'espoir.

L'empire éthiopien, connu aussi sous le nom Abyssinie, a dû au cours de son évolution faire face à des affrontements sanglants et des pertes humaines liées aux différentes guerres et sécheresses. C'est dans ce sens que le roi portait le titre de *dieu de la guerre*.

Pour faire face aux différentes agressions venues de l'extérieur et de l'intérieur de l'Afrique, les différents empereurs éthiopiens ont su adopter et perfectionner des techniques de guerre de l'époque pharaonique. Les affrontements armés à l'intérieur de l'Afrique pendant cette période consistaient essentiellement à repousser les armées qui venaient de l'Égypte (*batailles de Gundet, de Gura…*) et du Soudan (*bataille de Metemma*). Quant aux affrontements armés venant de l'extérieur de l'Afrique, ils étaient orientés contre les troupes coloniales britanniques, esclavagistes ottomanes et dominatrices italiennes.

Les empereurs éthiopiens ne manquèrent pas d'ingéniosité pour contrer ces attaques internes et externes. Forts de l'expérience des affrontements dans la Nubie antique, ils utilisaient des techniques basées pour la plupart, sur la construction d'alliances stratégiques. Des techniques qui ont fait de cette terre un empire imprenable. Un empire qui n'a jamais connu la colonisation occidentale.

Chaque empereur joua sa partition dans l'édification d'une Éthiopie libre, catholique et prospère. Les populations ne furent pas en reste. Étant imbues des valeurs traditionnelles fortifiées par la venue du Christianisme, elles répondirent toujours présentes aux appels de détresse de leurs guides. C'est dans ce sens que, sous le règne de diverses dynasties (Zagwés, Salomonienne) et d'empereurs (Ménélik 1er et 2e, Hailé SELASSIÉ 1er et 2e) l'empire éthiopien a chronologiquement :

- Connu, vécu et adoré plusieurs dieux,
- Embrassé le Christianisme,
- Résisté aux tribus arabo-musulmanes et ottomanes ainsi qu'à leurs alliés de la Somalie,
- Infligé de sanglantes et cuisantes défaites aux troupes impérialistes de l'Europe occidentale, particulièrement les troupes italiennes dont de mémoire d'homme, *la bataille d'Adoua* du 1er mars 1896 reste gravée dans les annales du droit de la guerre en Afrique.

Pour comprendre cet empire, il nous semble nécessaire de recourir à son passé, à son histoire avec le Christianisme.

L'empire d'Abyssinie a existé avant la première venue de Jésus Christ sur terre. Pendant cette période, il était question de l'empire d'Axoum. Il fut pendant longtemps un empire, avant la conversion au Christianisme par Ezana (320-342), avec des croyances traditionnelles. Il constitue aujourd'hui les États indépendants et voisins d'Éthiopie et d'Érythrée.

Revenons au contexte de *la bataille d'Adoua*. Dans *Histoire Générale de l'Afrique VII sous domination coloniale 1880-1935*[366], le contexte précolonial est fidèlement retracé. M. Adu Boahen (1987, p.25) informe de « l'appel émouvant lancé en avril 1891 par Ménélik à Victoria de Grande-Bretagne [...] aux dirigeants de la France, de l'Allemagne, de l'Italie et de la Russie ». Dans son message, l'empereur d'Éthiopie avertissait : « *je n'ai pas la moindre intention de rester un spectateur indifférent, au cas où il viendrait à l'idée des puissances lointaines de diviser l'Afrique, car l'Éthiopie est depuis quatorze siècles un îlot chrétien dans une mer païenne.*[367] »

Il continue en déclarant :

> « *Le Tout-Puissant ayant protégé l'Éthiopie jusqu'à présent, j'ai le ferme espoir qu'il continuera à la soutenir et à l'agrandir ; aussi je ne pense pas un seul instant qu'il permettra que l'Éthiopie soit divisée entre les autres États.*

366 Albert Adu BOAHEN, « L'Afrique face au défi colonial » in *Histoire Générale de l'Afrique VII, sous domination coloniale 1880-1935*, sous la direction de Albert Adu BOAHEN, Éditions UNESCO, 1987, p.25.

367 Op. Cité, p.24 Albert Adu BOAHEN citant ASMAI (Archives del Ministero degli Affari Esteri, Rome), Éthiopia Pos. 36/13-109 « *Ménélik to Queen Victoria, Addis Abeba, 14 Miazia, 1883* », pièce ajoutée à Tarnielli to MAE, Londres, 6 août 1891.

Autrefois, les frontières de l'Éthiopie s'étendaient jusqu'à la mer. N'ayant pas recouru à la force, ni bénéficié de l'aide des chrétiens, nos frontières maritimes sont tombées aux mains des musulmans.

Nous n'avons pas aujourd'hui la prétention de pouvoir recouvrer nos frontières maritimes par la force, mais nous espérons que les puissances chrétiennes, inspirées par notre Sauveur Jésus-Christ, nous les rendront ou nous accorderont tout au moins quelques points d'accès à la mer.[368]»

D'après M. Adu Boahen, c'est en réaction aux ambitions dominatrices de l'Italie que Ménélik mobilisa les troupes en septembre 1895. Ces paroles réveillèrent dans chaque éthiopien cet amour à la terre de ses ancêtres. En effet, il réussit à donner un sens biblique à la résistance contre les troupes colonialistes, en l'occurrence italiennes qui s'en servaient pour leurrer leur opinion publique et motiver leurs ambitions capitalistes. Avec solennité, Ménélik disait à son peuple :

« *Des ennemis viennent maintenant s'emparer de notre pays et changer notre religion [...] Nos ennemis ont commencé par s'avancer en creusant leur chemin dans le pays comme des taupes. Avec l'aide de Dieu, je ne leur livrerai pas mon pays [...] Aujourd'hui, que ceux qui sont forts me prêtent leur force et que les faibles m'aident de leurs prières !*[369]»

L'histoire de cet empire montre que la colonisation est une entreprise du capitalisme impérialiste d'Europe occidentale. Ce dernier, pour donner du cachet à son entreprise, s'est longtemps couvert du drap humaniste et religieux du Christianisme.

Adoua résonna comme une victoire de la vérité contre le mensonge. Car l'Éthiopie noire du Dieu de l'amour triompha sur le dieu conquérant et méprisant. Cette entreprise « drapée » du Christianisme sema le doute et essuya de vives critiques de la part des penseurs et humanistes du mouvement de la Négritude[370]. Elle a causé beaucoup de tort au message du Christ.

2) Les royaumes du Burundi et du Rwanda

L'empire du Rwanda et l'empire du Burundi sont deux royaumes d'Afrique de l'Est, situés plus précisément dans la région des Grands Lacs. Ils ont marqué d'une empreinte indélébile la période précoloniale et la défense des terres africaines d'Afrique noire contre l'impérialisme occidental. L'empire

---

368 *Idem.*

369 *Ibidem*, p.25, Albert Adu BOAHEN citant H. Marcus, 1975, p. 160.

370 Aimé CESAIRE, « *Discours sur le Colonialisme* », Paris, Éditions Présence Africaine, 1955.

du Rwanda et l'empire du Burundi ont longtemps constitué, avec (le Buha) la Tanzanie actuelle, ce que les historiens appellent l'Afrique orientale allemande.

La particularité de ces royaumes est qu'ils ont, sous la plume fantaisiste des décideurs, géographes à leurs heures perdues, du sommet de Versailles (France), le 28 juin 1919 et sous la coupe de la Société des Nations, vu leur destin lié à celui d'une des nations les plus en vue dans la colonisation des peuples noirs : la Belgique.

Désormais, le rapprochement avec les frères du Congo voisin ne se limitait plus à la richesse de la culture *Bantou*, mais à la puissance coloniale à combattre. Sortir les populations de l'emprise du Roi belge et de ses troupes d'une part et d'autre part de l'affront de la création de la province Ruanda-Urundi était le principal objectif du Mwami[371].

L'histoire de ces deux empires est d'une richesse qui démontre que l'Afrique était avant l'esclavage arabo-musulman et la colonisation occidentale une terre de paix. Sous la direction de M. Mworoha (1987), des chercheurs de la trempe de Jean-Pierre CHRETIEN, Joseph GAHAMA, etc. ont, à travers *Histoire du Burundi des origines à la fin du XIX*^e^ *siècle*[372], démontré quel havre de paix et de pratiques humanistes était cette partie de l'Afrique.

Une partie du continent noir qui a été longtemps prisée par les explorateurs David LIVINGSTONE, Oscar BAUMAN, Johannes–Michael VAN BURGT, Richard KANDT… Des explorateurs qui ont su décrire chacun lors de leurs visites, à leur manière et suivant leurs spécialités, les richesses de cette partie de l'Afrique. Une partie de l'Afrique qui a connu un autre visage avec la colonisation.

Afin de comprendre cette plénitude de vie en communion avec la nature avant la colonisation et autour du Tanganyika[373], il nous semble intéressant d'étudier d'abord l'origine de ces deux grands royaumes pour ensuite les prendre chacun de son côté.

L'empire du Rwanda, à majorité *Tutsi*, (1300-1959) et l'empire du Burundi, à majorité *Hutu*, (1500-1966) sont issus de l'éclatement de l'empire du Kitara. Cet empire[374] fondé par Ruhanga aurait existé entre le VIIe et le XIIe

---

371 Titre donné au Roi du Rwanda et du Burundi.

372 Emile MWOROHA (Dir.), « *Histoire du Burundi, des origines à la fin du XIXe siècle* », Paris, Éditions Hatier, Avril 1987, 271 pages.

373 Harry CAMPBELL, « *Mais qu'est donc devenu le Tanganyika ?* », Éditions Opportun, Février 2011, 190 pages.

374Jean-Pierre CHRETIEN et Hervé PENNE, « *Afrique de l'Est : l'empire dans tous ses états* », *Monde(s)*, vol. 2, no. 2, 2012, pp. 123-149.

siècle. Ils regroupaient des royaumes africains avec à leurs têtes des chefs traditionnels et des religions traditionnelles[375].

Ce système de gouvernement africain a persisté au Rwanda jusqu'à la période révolutionnaire interne qui a conduit à la mutation vers la République en septembre 1961. Le 1er juillet 1962 constitue une date importante dans le destin politique de ces deux pays. En effet, il marque le passage de colonie à une monarchie constitutionnelle pour le Burundi et l'instauration de la république au Rwanda.

Dans ces deux pays d'histoire commune, les affrontements armés furent d'une grande violence ethnique à partir de 1962. M. Lugan[376] (1997) retrace de manière fidèle l'historicité de ces affrontements post-indépendances. Plus encore, il donne un sens à ce climat tendu entre ce qu'on peut aujourd'hui appeler les « frères ennemis » des Grands Lacs. Car au-delà de ces deux pays, les violences ethniques s'exportèrent jusqu'au Nord-Kivu. Mais pourquoi les affrontements armés sont-ils aussi récurrents dans cette partie de l'Afrique ?

Si on se réfère à l'analyse de M. Lugan, ces guerres ne sont pas ethniques. La question qui nous vient à l'esprit est de savoir si ces affrontements entre *Hutu* et *Tutsi* ne sont pas ethniques, de quelles origines sont-ils ? Seraient-ils d'origines étrangères ?

Comment comprendre le livre de M. Lugan, *Histoire du Rwanda de la préhistoire à nos jours* (1997), qui parle d'influence « de la démocratie chrétienne belge puis de la France » de 1961 à 1994 ?

La remarque que nous pouvons faire dans l'histoire de cette partie de l'Afrique, est que les relations entre les populations ont beaucoup changé depuis la mise sous tutelle par la SDN de certains empires d'Afrique de l'Est en 1924 et l'avènement de la province du Ruanda-Urundi. Le 1er juillet 1962 constituerait alors un « simulacre d'indépendance » car jamais le royaume belge n'a été autant présent sur ces terres. Ce sont ces puissances coloniales qui choisissaient et décidaient comme leurs autres alliés occidentaux, des alliances qui leur permettaient d'avoir une mainmise sur les richesses de cette partie de l'Afrique. Dans ce cas précis, si on se réfère au raisonnement de M. Lugan (1997), il s'agirait de la Belgique et de la France.

Le résultat de ces « ficelles tirées à distance » par ces deux pays est la diversification des guerres ethniques sanglantes dont le principal objectif était le contrôle des richesses minières de la zone. Ils armeraient donc des

---

375 Jean-Pierre CHRETIEN, « Autorité mystique et pouvoir d'État ; religieuse des royaumes des Grands Lacs ». In : *Revue française d'histoire d'outre-mer,* tome 68, n°250-253, Année 1981 1981. État et société en Afrique Noire. pp. 112-130 ; doi : 10,340 6/outre.1981.2288.

376 Bernard LUGAN, « *Histoire du Rwanda, de la préhistoire à nos jours* », Éditions Bartillat, Avril 1997, 603 pages.

groupes ethniques favorables à eux et hostiles au pouvoir central. En contrepartie, ils bénéficiaient de l'exploitation des mines et des ressources naturelles.

De ce fait, les populations ne parvenaient plus à tirer profit ni à vivre eux-mêmes de leurs propres terres et ressources naturelles. La faute incomberait et serait imputable aux nombreuses intimidations, aux embuscades meurtrières et aux enlèvements qui devinrent le lot quotidien des populations locales et étrangères de la zone.

Il s'agirait ainsi de la nouvelle colonisation économique de l'Afrique. Elle n'utiliserait plus le Christianisme comme alibi mais l'humanitaire et le partenariat « gagnant-gagnant ». La mondialisation de l'économie est le fruit de leur perversion. Le cancer, qui gangrénait l'Afrique pendant la colonisation, persisterait et utiliserait de nouveaux subterfuges pour continuer sa progression dans ce corps infecté [l'Afrique] qui ne cherche que la paix, la stabilité et la joie d'avant colonisation.

****

En outre, il convient de dire que l'envie et le besoin de dominer les peuples d'Afrique constituent un caprice économique du capitalisme occidental. L'histoire de ces royaumes d'Afrique de l'Est montre que la religion n'a jamais été la mission principale de ces « mercenaires du profit ».
Toutefois, le manque de prise de « position officielle du Vatican » démontre que leurs actions et leurs entreprises dominatrices ont eu, de manière tacite, l'aval de la papauté. Sinon, comment expliquer l'élan de rattrapage des années perdues par l'Italie[377] dans le « tong-tong »[378] de l'Afrique ?

Paragraphe II : Le choix de s'en remettre à la divinité

Le choix de s'en remettre à la divinité est, nous pouvons le dire, une forme de faire la guerre. C'est une guerre pacifique qui s'identifie sur le terrain par la désobéissance civile.
Toutefois, il convient de situer cette « technique de guerre » dans son contexte. Les empires et royaumes d'Afrique noire étaient vaincus et c'étaient les troupes militaires impérialistes occidentales qui « quadrillaient » presque la totalité des territoires. Les religieux et marabouts, principaux penseurs africains de l'époque, devaient se réinventer pour reprendre leur place de guides du peuple.

377Colette DUBOIS, « L'Italie, cas atypique d'une puissance européenne en Afrique : une colonisation tardive, une décolonisation précoce », in : *Matériaux pour l'histoire de notre temps*, n°32-33, 1993. Colonisations en Afrique, sous la direction de René Girault. pp. 10-14.
378 Mot Wolof qui signifie en français le partage de l'Afrique.

Ainsi, leur principale mission consistait à défendre les traditions africaines face à la nouvelle culture colonialiste occidentale. La disparition de toute une tradition ancestrale propre à l'Afrique noire était en jeu. C'est dans cette perspective qu'en Afrique de l'Ouest, des guides religieux comme Cheikh Ahmadou Bamba, dit Khadimou Rassoul, furent les porte-étendards d'une nouvelle Afrique.

La particularité de ces guides religieux est qu'ils ont vécu en période de colonisation. Et par leurs actes et leur intégrité, ils ont « redoré le blason » d'une Afrique soumise et dominée.

A. L'héritage spirituel des confréries religieuses d'Afrique noire face à la colonisation

Avant, pendant et après la colonisation, plusieurs confréries religieuses ont vu le jour en Afrique noire. Nous nous appuyons sur le tableau de Ferdinand DUMONT[379] comme illustration pour citer celle de la Tidjaniyya, de la Sanusiyya etc. Avec le temps, d'autres confréries virent le jour. Il s'agit des Layennes, des Niassènes…

En ce qui nous concerne, nous nous centrerons sur la figure historique et emblématique du fondateur du mouridisme. Le mouridisme fut fondé en l'an 1301 de l'hégire[380] par **Ahmed Ben Mohamed Ben Abib Allah** dit Cheikh Ahmadou Bamba (1852-1927)[381].

Le mot mouride vient de l'arabe « Al mouride » qui signifie en wolof « le talibé » et en français « le disciple ». Au Sénégal l'expression « mouridoulahi » qui veut dire « disciple de Dieu » est très utilisée par les adeptes de la confrérie de Touba.

Cheikh Ahmadou BAMBA dit aussi Khadimou Rassoul, est l'une des figures historiques et religieuses les plus emblématiques de l'Afrique noire. Il a été pendant la colonisation « la voie » des sans voix et le dernier rempart d'une Afrique noire en « libre perte » des valeurs et de la dignité humaine.

Comprendre la démarche de Cheikh Ahmadou BAMBA nécessite un séjour à la ville sainte de Touba. Cette ville du Sénégal libre est un legs de Cheikh Ahmadou Bamba à l'Afrique et au monde entier. En effet, Cheikh Ahmadou

---

379 Ferdinand DUMONT, « Cheikh Ahmadou Bamba et le mouridisme », *revue socialiste de culture négro-africaine*, Ethiopiques, numéro 12, octobre 1977

380 C'est-à-dire en 1883.

381 Lire Omar BÂ, « *Cheikh Ahmadou Bamba face aux autorités coloniales : 1889-1927* », Éditions Broché, 1982, 250 pages.

Bamba a laissé à la civilisation le mouridisme. Qu'est-ce que le mouridisme[382] ?

Pour comprendre ce courant du soufisme né en Afrique noire, nous nous sommes rendus à *Gouye Mbind*. Le petit-fils du fondateur du mouridisme et « fils » du défunt khalife général Serigne Cheikh Sidi Mokhtar MBACKÉ, Serigne Bara DIOP, nous a servi de guide.

Le mouridisme, d'après M. Dumont[383](1977), « est une vertu charismatique, un recours (*ghawth*) qui propose une morale sociale de rechange en un temps où les structures anciennes achevaient de s'effondrer sous l'impact de l'islamisation elle-même ou de la colonisation ». Une perception de M. Dumont sur le mouridisme à laquelle nous n'adhérons qu'à moitié. M. Dumont n'est pas allé très loin dans son élan de définition du mouridisme et se limite à la cantonner au Sénégal alors que le mouridisme est aujourd'hui africain et mondial.

Le mouridisme est une réponse à la dérive de l'homme qu'il soit musulman, catholique ou colonialiste. Le mouridisme est un retour au fondement de la foi, au respect de la dignité humaine, plus précisément au droit naturel (*jus naturalis*) et à la liberté de croyance.

L'usage de la force ou des armes pour imposer ses croyances ou son mode de société est ici à bannir. La vie de l'homme se fait avec son Dieu, seul LUI est le Maître de la vie. C'est dans ce sens que Cheikh Ahmadou Bamba se sentait investi d'une mission par une inspiration qui ne pouvait être que divine puisqu'elle était mystique. Cette mission était de faire de ses contemporains par la douceur, la persuasion et l'exemplarité, les meilleurs musulmans possibles.

Ici, il ne s'agit pas ou plus de l'Islam esclavagiste des tribus arabo-musulmanes où le djihad[384] était prôné, recommandé et « exigé »[385]. Pour Cheikh Ahmadou Bamba, c'était le contraire. Il s'identifiait à Allah qui est pour lui un Dieu de paix, d'entente et de dialogue. Un Dieu juste qui aime ses créatures et les protège[386].

---

382 Lire Vincent MONTEIL, « Une confrérie musulmane : les Mourides du Sénégal », in : *Archives de sociologie des religions*, n°14, 1962. pp. 77-102.

383 Ferdinand DUMONT, « *Cheikh Ahmadou Bamba et le mouridisme sénégalais* », *revue socialiste de culture négro-africaine*, Ethiopiques numéro 12, octobre 1977.

384 Atmane AGGOUN, « Le Martyr en Islam. Considérations générales », *Études sur la mort*, vol. 130, no. 2, 2006, pp. 55-60.

385 « *Le Coran* », traduit de l'arabe par Kasimirski, Paris, Éditions Garnier-Flammarion, 1970, p.393.

386 Cheikh Chouhaybou Mbacké (Cheikh al Akbar), « *Xurratul Ayni* », Traité Soufi et de Jurisprudence. Consulter le lien http:// www.daarayweb.org

Pour Cheikh Ahmadou Bamba, la vie du musulman est une guerre sainte de l'âme qu'il considérait comme le « suprême combat ». En quoi consiste l'idée d'une guerre sainte de l'âme[387] ?

Pour lui, la guerre sainte est une forme de voir la vie qui se résume au fait que chaque geste, chaque acte de l'homme doit être pour plaire à Dieu. Dans sa conception du monde, l'homme incarne le bien depuis sa naissance et le mal est sa tentation quotidienne. La pensée juste et saine d'un homme l'aide à apprécier les bienfaits de Dieu pour lui et en lui.

Pour Cheikh Ahmadou Bamba, le mal qui nous entoure empêche l'homme de bénéficier des faveurs divines. La bataille, l'unique bataille légitime, n'est pas contre les hommes mais contre le mal qui peut s'emparer d'eux.

Le guide du mouridisme conçoit les affrontements armés comme la victoire de l'endurcissement des cœurs, donc du mal. Il considère sa mission sur terre comme « une faveur divine ». Elle consiste à ramener les hommes perdus par une mauvaise lecture du Coran d'une part, et gagnés par l'envie maléfique de dominer ses semblables d'autre part. Cette attitude du Cheikh semble être l'essence même de la foi en Dieu. On ne croit pas en Dieu pour les autres mais pour soi-même. C'est ainsi que l'homme croit en Dieu pour le bien de son âme. La foi ne s'impose pas du moment où Dieu lui-même ne s'impose pas à l'homme. IL l'aime libre et conscient de ce qu'il dit et fait.

Il semble que c'est cette essence que le capitalisme colonial n'a pas pris le temps de comprendre dans le message du Christ. Le capitalisme colonial n'a pas eu ni fait le discernement entre le message du Christ et les attentes du Christ pour tout être vivant. Il s'est empressé de lancer une fausse vision du monde en se drapant du Christianisme. Tel un fils de Dieu récitant le « notre père », ils ont malheureusement oublié la beauté de cette belle prière, surtout la partie « ne nous laisse pas entrer en tentation ».

Le mal est perçu comme étant la main armée du colonialisme. L'orgueil des colonisateurs leur a sans doute fait croire qu'ils sauvaient les hommes, mais en réalité ils condamnaient l'humanité à la dérive : celle du pouvoir terrestre.

Cette dérive qui a voulu faire croire, en faisant une interprétation « erronée » de la Bible, que l'homme noir, Cham en l'occurrence, était condamné par Dieu à la domination de ses frères Sem et Japhet. *La malédiction de Cham* par son père Noé est ici détournée de tout son sens et de son contexte.

Les esclavagistes l'interprétèrent selon leur manière pour justifier leurs envies de dominer, de semer la mort et la terreur dans tout un continent. Comprendre *la malédiction de Cham* a réveillé en nous une envie de faire une recherche postdoctorale là-dessus pour inviter à aller au-delà de ce

387 Cheikh Anta BABOU, « *Le Jihad de l'âme* », Éditions Karthala, Septembre 2011, 348 pages.

monopole du paysage intellectuel et scientifique africain entre deux pôles : africaniste vs afro pessimiste. La peur de voir naître une revendication de l'africanité nous anime car l'Afrique est un continent ouvert à l'humanité et à toutes les races.

Le message de Cheikh Ahmadou Bamba à l'humanité est de rappeler à l'homme qu'il est une créature et non pas le Créateur. Sa vie et son œuvre sur terre montrent que Dieu n'entend pas de race ni de culture. C'est l'homme qui veut vivre de critères de discrimination et de division. Plus encore, Cheikh Ahmadou Bamba montre qu'il n'y a que Dieu pour sauver l'homme du mal. Nous imaginons le visage et la peur des geôliers de Cheikh Ahmadou Bamba qui, sur la route de la déportation vers le Gabon, était descendu prier sur l'eau au milieu de l'océan pour ne pas « offenser le capitaine de navire et ses troupes »[388]. Nous imaginons aussi le visage de ses geôliers qui, après l'avoir mis dans une cage avec un lion affamé, l'ont revu vivant, apaisé et toujours souriant. Le « Cheikh Al Islam » n'avait pas peur du mal. Il l'a combattu ainsi que le pouvoir politique et ses représentants imposés par le capitalisme colonial[389].

Cette position ferme et pacifique face à l'autorité coloniale réveilla à un moment chez certains adeptes « des mirages » le comparant avec le prophète Mohamed (PSL) et le Créateur. Le cheikh ne manqua pas de leur rappeler sa condition de créature de Dieu et d'admirateur du prophète Mohamed (PSL). C'est ainsi qu'il assuma cette condition d'homme ayant reçu la grâce d'Allah et sa miséricorde divine. À celles et ceux qui le comparaient à Dieu, il leur disait qu'il n'était « qu'un humble serviteur de Dieu et du prophète Mohamed (PSL) ».

Cette grandeur du Cheikh dans sa fermeté contre l'oppression, la domination de l'homme par l'homme, dans sa soumission uniquement à Dieu, dans son rapport avec les fidèles, dans sa vision du monde, du travail et de la société, est l'héritage spirituel qu'il a légué à l'humanité. Il incombe à tout croyant, humaniste et partisan de la paix de savoir l'exploiter et le divulguer au monde entier.

B. L'héritage politique du peuple *Zulu* d'Afrique australe face à la colonisation

L'histoire du peuple *Zulu* d'Afrique du Sud est un héritage politique pour toute l'Afrique noire. Localisé au début, dans la partie australe du continent

388 Lire Omar BÂ, « *Cheikh Ahmadou Bamba face aux autorités coloniales : 1889-1927* », Éditions Broché, 1982, 250 pages.

389 Lire Amadou NDIAYE, « *La confrérie des Mourides et ses rapports avec le pouvoir politique au Sénégal de 1960 à 2000. Contribution à l'histoire de l'Islam au Sénégal* », Thèse pour le Doctorat de l'Université de Perpignan (Droit public) 2011.

noir, plus précisément au nord du Tukela, le peuple *Zulu* est un peuple issu de la grande culture et tradition des peuples *Bantou*[390]. Les *Bantou* sont connus comme étant des peuples de la terre. Autrement dit, ils s'identifient par leur attachement à la nature et à ses ressources. Leur foi porte et donne une grande importance à la nature et à l'au-delà[391].

Le peuple *Zulu* n'a pas toujours été ce qu'il est aujourd'hui. Il s'est fait et affirmé avec le temps. Il a pendant longtemps été une ramification de la grande ethnie *Nguni* d'Afrique australe. Cette dernière regroupait en plus du *Zulu*, le *Xhosa*, le *Ndébélé* et le *Swati*.

Si on sait qu'en Afrique noire, chaque mot ou nom a un sens et un lien avec la divinité ou la nature, nous sommes tentés de nous poser deux questions : que signifie le mot *zulu* ? Quelle influence la philosophie et la spiritualité *zulu* ont-elles eue sur la vie des populations africaines ?

Le mot vient de la langue *Zulu* et a comme signification « l'homme du ciel ». Pour Mme Carré de Malberg (1985, pp.43-66), le mot *zulu* signifierait en langue et tradition *bantou* « les êtres humains »[392].

L'histoire des peuples *Zulu* est jalonnée par des affrontements armés tant au niveau interne, entre les frères de sang royal, qu'au niveau externe, avec les troupes militaires du royaume britannique et les *Boer*, connus aussi sous le nom de *Voortrekker*.

Au niveau interne, les rois et empereurs *Zulu* gouvernèrent toujours en tendant l'oreille à toutes tentatives de soulèvement et de révolte de la part de leurs administrés ou vassaux. Cependant, ce furent les trahisons fraternelles qui minèrent le plus le rayonnement de l'empire tant au niveau national qu'international. Mais elles étaient toutefois « nécessaires » car elles permirent à certains empereurs de conduire l'empire, d'insister, de résister pour écrire et décrire leur propre histoire.

Parmi ces révoltes, ces soulèvements, ces affrontements armés ou ces trahisons, nous pouvons citer entre autres :

- La trahison de Chaka (1787-1828) par ses demi-frères Dingane (1795-1840) et Mhlangana (mort en 1828),
- La trahison de Dingane (1795-1840) par Mpande (1798-1872),
- Les affrontements entre Mbuyizi et son frère Cetshwayo (1826-1884),

---

390Lire Vincent MULAGO, « *La religion traditionnelle des Bantu et leur vision du monde* », Kinshasa, 1980.

391Lire Grégoire MALOBA, « *Inculturation et eschatologie, enjeux et débats dans les traditions bantu* », Éditions L'Harmattan, Novembre 2014, 392 pages.

392Nathalie CARRÉ DE MALBERG, « Les Bantous, de la philologie allemande à l'authenticité africaine [Un mythe racial contemporain] ». In : *Vingtième siècle, revue d'histoire*, n°8, octobre-décembre 1985. pp. 43-66.

- La trahison de Cetshwayo par ses vassaux.

Les jeux d'alliances contre les rois ou empereurs faisaient l'affaire des prétendants au pouvoir. Les rapports de force eurent toutefois permis d'instaurer des périodes d'accalmie. Le pouvoir *Zulu* a toujours vécu en fonction de cela.

Au niveau externe, la cohabitation avec les *Boer* d'une part, et d'autre part, avec les troupes militaires britanniques, ne dérogea pas à cela. C'est grâce à cela que des explorateurs, des historiens et des théologiens ont eu à découvrir et à apprécier la religion *Zulu.* Aussi, leurs activités politiques et militaires ont donné naissance à la culture *Zulu*[393] telle qu'on la connait aujourd'hui : une richesse africaine.

Pour faire face à ces menaces internes et externes, les rois et empereurs *Zulu* eurent développé des politiques de cohabitation et de gestion du royaume, marquées par l'amour et l'appartenance à la nation. Et c'est ce point précurseur de la politique africaine d'aujourd'hui qui nous intéresse. Cette dimension politique de la bravoure, de la détermination du peuple *Zulu* a nul doute inspiré la figure emblématique de Nelson MANDELA (1918-2013).

Avant d'aller plus loin dans l'analyse de cette démarche politique, nous allons soulever les techniques d'affrontement armé, de gestion politique que les rois et empereurs *Zulu* eurent à utiliser pour faire face aux menaces internes et externes.

Avec le temps et les migrations, les *Zulu* prirent en main leur propre destinée culturelle et politique. Cette prise en main commença par Dingiswayo (1780-1817) que Mme Coquery-Vidrovitch et M. Miniot[394] (1974, p.136) qualifiaient de « génie » et de « grand innovateur ». Mais dans l'histoire de ce grand peuple d'Afrique australe, un homme retient notre attention. Il s'agit de Chaka (1787-1828)[395] « le roi des *Zulu*[396] ».

D'après Mme Coquery-Vidrovitch et Miniot (1974, p.136), c'est « *sous la protection de Dingiswayo que le jeune Chaka prit la tête de la petite chefferie Zulu*[397] ». Le royaume *Zulu* porte l'empreinte indélébile de ce guerrier africain. Chaka, critiqué par ses méthodes guerrières, fut tout de

---

393 *Idem.*

394 Catherine COQUERY-VIDROVITCH et Henri MINIOT, « *L'Afrique noire de 1800 à nos jours* », Paris, Éditions Presses Universitaires de France, 1974, p.136.

395 Lire Thomas MOFOLO, « *Chaka : une épopée bantoue* », trad. directement de la langue souto par V. Ellenberger ; préface de J.M.G. Le Clézio. Paris, Éditions Gallimard, 1981, 269 pages.

396 Tidiane N'DIAYE, « *Empire de Chaka Zoulou* », Éditions L'Harmattan, Collections études africaines, 2001, 217 pages.

397 Catherine COQUERY-VIDROVITCH et Henri MINIOT, « *L'Afrique noire de 1800 à nos jours* », Paris, Éditions Presses Universitaires de France, 1974, p.136.

même l'homme de la réunification du peuple *Zulu*. Sa « main de fer » et ses stratégies militaires lui valurent des victoires aux batailles de *Gqokli Hill* d'avril 1818 et de *la rivière Mhlatuze* de 1819.

Mme Coquery-Vidrovitch et M. Miniot (1974, p.137) nous décrivent la stratégie de guerre de Chaka comme étant « *une tactique souple et mobile grâce à deux innovations techniques majeures :*

- *L'attaque en forme de cornes (**horn**), mouvement tournant en pointe de part et d'autre de la « poitrine » (**chest**) des troupes choc,*
- ***Le corps à corps imposé par l'usage du bouclier** et de **la sagaie courte substituée à l'ancienne arme de jet.***[398]»

L'héritage politique de Chaka, d'après M. Fauvelle-Aymar (2018), est d'avoir su inaugurer « *dans un contexte de croissance démographique, un processus d'unification politique au sein d'un ensemble morcelé de chefferies. L'organisation des régiments (**impi**) et de l'ensemble de la société en classes d'âge intégrant les populations conquises favorise la dissolution des liens ethniques et l'émergence d'un sentiment national.*[399] » Cette organisation de la société *Zulu*, perpétuée par les successeurs de Chaka, permit de faire face aux difficultés internes et externes. Elle permit surtout d'infliger, le 22 janvier 1879 à *Hisandhlawana*, une cuisante défaite aux troupes britanniques.

La véritable prouesse politique de Chaka fut d'avoir fait de l'empire *Zulu* une nation. Et c'est ce legs politique que des groupes comme le Congrès National Africain (ANC) ont su porter dignement à la prospérité. La figure de Madiba[400], de par son rôle dans la lutte contre l'apartheid, a réussi à unifier politiquement la nation sud-africaine et à apaiser les tensions raciales.

Avec l'avènement de Nelson Mandela à la magistrature suprême, la notion d'« État-Nation » prit la relève de celle de « nation ». Il [son avènement] constitue une consécration du pardon contre l'envie et le désir de vengeance, d'un projet politique commun contre les démons de la division, de la ségrégation raciale, ethnique. Tel doit être la tâche de l'africanisme aujourd'hui.

****

En outre, il convient de dire que face aux agressions manifestes de la part des tribus arabes et des troupes et armées européennes contre leurs biens et

---

398 Op. Cité. p.137.

399 François-Xavier FAUVELLE-AYMAR, « *Règne de Chaka, fondateur du royaume Zoulou* », Encyclopædia Universalis [en ligne], consulté le 1 mars 2018. Consultable en ligne sur URL : http://www.universalis.fr/encyclopedie/regne-de-chaka-fondateur-du-royaume-zoulou/.

400 Nelson MANDELA.

leurs personnes, les rois et les guides religieux africains eurent à adopter des positions diverses.
Pour les rois, le système de défense passait par une réponse militaire aux agressions militaires de la part des étrangers. Cette attitude leur porta peu de fruit, car les moyens militaires n'étaient pas les mêmes.

Quant aux guerriers africains, l'usage et les techniques de combat étaient beaucoup plus habitués et adaptés à des batailles, l'artillerie militaire des Européens, par exemple, était faite pour des guerres. Ce caractère disproportionné entre les deux forces en question fit pencher la balance le plus souvent du côté des Européens. Toutefois, nous l'avons vu, des rois africains eurent à tenir tête de manière brillante à l'armada européenne.

Quant aux guides religieux, le choix qu'ils avaient fait était de livrer une bataille spirituelle contre ces « envahisseurs ». Leur bataille portait sur les valeurs et la désobéissance civile.

Toutefois, la frontière entre les guides religieux et les rois était très étroite. Ce qui fait que l'on avait souvent des guides religieux qui étaient aussi des rois. Dans ce cadre relatif au respect du temporel et du spirituel, nous ne pouvons citer que Cheikh Ahmadou Bamba. Ce dernier, tout au long de sa vie, a maintenu la distance avec le pouvoir temporel. Sa posture face à la colonisation donne une lecture nouvelle à la conjoncture internationale actuelle. Elle a permis aux générations d'aujourd'hui de revendiquer leur appartenance à cette terre d'Afrique tout en s'ouvrant au monde.

Un *homo africanus* qui est enraciné sur ses valeurs propres et ouvert au dialogue et à la découverte de l'autre. Un Islam imbu du soufisme venait de naître en Afrique noire.

Conclusion titre II

Face aux attaques au nom de la foi perpétrées par les tribus arabo-musulmanes et les troupes et armées européennes, il convenait pour les rois et empereurs africains de défendre leurs biens, leurs familles et leurs terres. Des agressions au nom de la foi qui ne cessèrent que vers les années 1960, date de l'« indépendance » de la majeure partie des pays africains sous colonisation française.
Se défendre était la seule option que leur laissaient les « envahisseurs ».

Les affronter était, non loin d'une quelconque cause, pour défendre leur honneur. Car l'esclavage et la colonisation les ramenaient à des conditions de vie de sous-homme, d'êtres dépourvus de liberté.

Les affronter était pour défendre donc leur liberté, leur droit de choisir leurs croyances, leurs rituels, leurs coutumes qui les menaient tous vers *Nashibatji* : **l'Être Suprême**.

Ces attaques expliquent le caractère non cultuel de l'esclavage[401] et de la colonisation. Les assimiler à des actes cultuels serait accepter de faire le parallélisme historique entre leurs actes et ceux des zélotes. Car ces derniers, dans leur attente de la venue du Messie sur terre, crurent et voulurent que cela soit par les armes. Ils essayèrent de vivre à leur manière cet idéal de règne par les armes alors qu'en réalité, le message de Paix du Christ ne peut ni ne doit se faire par des armes car n'ayant pas d'armée[402].

---

[401] Maurice BAZEMO, « Captivité et esclavage dans les anciens pays du Burkina Faso », In : *Dialogues d'histoire ancienne*, vol. 32, n°1, 2006. pp. 175-180.

[402] « *La Bible de Jérusalem* », *Évangile selon Saint-Jean, Jésus devant Pilates*, Jean 18 :36, traduite en français sous la direction de l'École biblique de Jérusalem, Éditions du CERF, Avril 1998, p.1830.

Conclusion partie I

Les batailles, des pratiques anciennes des peuples d'Afrique noire, ont dû laisser la place aux guerres avec l'arrivée des tribus arabo-musulmanes et des armées occidentales. Pendant plus de treize (XIII) siècles, la cadence des brimades, du pillage, de l'exploitation et de l'« expropriation » de l'Afrique noire n'a pas baissé. La guerre était devenue industrielle, avec des moyens humains et financiers colossaux qui lui furent destinés et des armes faites pour tuer et dissuader.

La position de l'Église catholique nous intéresse car de la bulle ***Terra Nullius*** qui encourageait les explorateurs européens à se lancer à la « découverte » du monde à la bulle ***Romanus Pontifex*** qui autorisait les troupes occidentales, plus particulièrement portugaises à coloniser le peuple noir, des événements douloureux se sont déroulés. Des événements douloureux qui ont mis le continent noir dans la souffrance et l'ont conduit à sa perte.

Ce n'est que vers les années 1960 que l'Église catholique se prononça officiellement sur les questions relatives à la défense des droits de l'Homme et à la lutte contre la colonisation. Il s'agissait :

- En octobre 1962, du pape Jean XXIII qui procédait à l'ouverture *du concile*[403] ***Vatican II.*** Concile œcuménique qui dura trois (3) ans (1962-1965)
- En 1963, de l'encyclique[404] ***Pacem in terris*** (du pape Jean XXIII),
- En 1965, de la *déclaration sur la liberté religieuse.*

Il convient de souligner qu'avant ces événements de 1960, l'Église catholique *« plaidait pour les droits de Dieu face auquel l'homme n'a que des devoirs »*[405]. La colonisation aurait-elle pris fin avec ces différents signaux que lançait l'Église catholique ?

---

403 Selon la définition donnée sur le site internet de la Conférence des évêques de France « dans l'Église romaine, il désigne la réunion de l'ensemble des évêques unis à Rome et régulièrement convoqués. Un concile peut être "œcuménique", c'est-à-dire universel quand il réunit la totalité des évêques (c'était le cas des Conciles d'avant le schisme d'Orient, "général", quand il réunit l'ensemble des évêques catholiques du monde [c'est le cas du Concile Vatican II qu'on ait pris l'habitude de l'appeler "œcuménique"], national ou provincial ».

404 Selon la définition donnée sur le site internet de la Conférence des évêques de France est une « une lettre solennelle du pape adressée à l'ensemble de l'Église catholique ou plus spécifiquement à une partie d'entre elles évêques, clergé, fidèles. Les encycliques sont des textes qui ont le plus souvent valeur d'enseignement et peuvent rappeler la doctrine de l'Église à propos d'un problème d'actualité ».

405 Consulter le lien suivant : https ://eglise.catholique.fr/sengager-dans-la-societe/droits-de-lhomme/.

Nous ne saurons le dire. Ce qui est sûr c'est que l'Église catholique, par son silence ou par ses bulles, fut complice de la colonisation du continent noir. Cependant, elle a, de 1960 à 1970, commencé à poser des actes qui peuvent penser au rejet de cela.

Ces actes de reconnaissance des valeurs de l'Afrique noire par le catholicisme portèrent la signature du pape Paul VI dans ***Africae Terrarum***[406] (1967). Il ouvrit une nouvelle voie de réparation et de réconciliation entre l'Église catholique et les peuples d'Afrique noire. Une nouvelle orientation sur laquelle ses successeurs à la tête de l'Église catholique ne dévièrent pas. En effet, Jean Paul II[407] et Benoit XVI[408] lui emboîtèrent le pas en instaurant un climat de « dialogue », d'« écoute » et de « fraternité » avec les peuples d'Afrique noire.

Ces actes posés peuvent-ils être assimilables à de la repentance, voire même au rejet catégorique de ces anciennes pratiques inhumaines ?

Loin de s'en tenir à ce que M. Nathan (2015, pp.9-30) appelle dans son livre *Quand les dieux sont en guerre*, l'exercice de « briser les idoles »[409], l'Église catholique, par la voix du pape Jean XXIII lors du Concile Vatican II, annonçait la couleur en disant :

> « *Notre devoir n'est pas seulement de garder ce précieux trésor* ***comme si nous n'avions souci du passé****, mais nous devons nous consacrer, résolument et sans crainte, à l'œuvre que réclame notre époque, poursuivant ainsi le chemin que l'Église parcourt depuis vingt siècles.*[410] »

Le passé a voulu faire table rase de l'Afrique noire en la peignant de continent sans foi, sans espérance ni charité. Ce qui est une contradiction avec ce qu'elle a pu apporter au monde : de très grandes civilisations et le respect des droits de chaque peuple.

Ces tribus arabo-musulmanes et ces troupes occidentales ont voulu refuser à toute une génération d'africains de se poser la question « légitime » que le pape Jean Paul II[411] (1998, p.6) nous invite à faire dans l'encyclique ***Fides et***

---

406 Lire la lettre apostolique *Africae Terrarum*, destinée aux peuples et à la hiérarchie de l'Église catholique en Afrique.

407 Lire l'exhortation apostolique post synodale Ecclesia *in Africa*, destinée à l'action évangélisatrice de l'Église catholique en Afrique.

408 Lire l'exhortation apostolique post synodale *Africae Munus*, destinée à la démarche réconciliatrice de recherche de la justice et de la paix de l'Église catholique en Afrique.

409 Tobie NATHAN, « *Quand les dieux sont en guerre* », Éditions La Découverte, Février 2015, pp.9-30.

410 Consulter le lien suivant : https://eglise.catholique.fr/glossaire/vatican-ii/.

411 Pape Jean Paul II, « *Lettre encyclique Fides et ratio* », Éditions Pierre TEQUI, Septembre 1998, p.6.

ratio : « qui suis- je ? D'où est-ce que je viens et où je vais ? Pourquoi la présence du mal ? Qu'y aura-t-il après cette vie ? »

Notre seconde partie tente de répondre de manière précise et illustrée à ces différentes interpellations.

PARTIE II
LES CIVILISATIONS AFRICAINES, INITIATRICES, ACTRICES ET TÉMOINS DU DROIT DES PEUPLES À DISPOSER D'EUX-MÊMES

Replacer les civilisations africaines comme mères de toutes les civilisations du monde est, d'après Cheikh Anta DIOP, un devoir moral, historique et scientifique car l'Afrique a été avant les autres[412]. Pour lui, les civilisations africaines ont été à l'aube de notre ère. Elles ont, de par la richesse de leurs valeurs culturelles, humaines et de leur vision du vivre ensemble, permis de construire des sociétés organisées et soucieuses de la cohésion sociale et du bien-être de l'humain en parfaite harmonie avec la nature[413].

Prenant à témoin M. Maquet (1967) dans son livre *Afrique : les civilisations noires*, Mme Lebeer[414] (1964, pp.378-379) informe que ce dernier y décrit la richesse des principales civilisations africaines, parmi lesquelles figure en bonne position celle des Pygmées. Le révérend père Henri-Louis-Marie-Paul TRILLES (1945) dans *L'âme du Pygmée d'Afrique,* donne une image « non contestable » de la croyance des Pygmées[415] en Dieu.

Les civilisations africaines ont aussi au cours de l'histoire de l'humanité, fait face à « la barbarie » du monde arabe et de l'Occident. Elles ont su se revendiquer et afficher leurs désaccords face à la mise à nu de la dignité humaine par la culture de l'asservissement : l'esclavage[416].

---

412 Cheikh Anta DIOP, « *Nations, Nègres et Culture* », Éditions Présence Africaine, quatrième édition, Juillet 2015, 564 pages.

413 Jacques MAQUET, « *Afrique : les civilisations noires* », Éditions Horizons de France, 1962, 2e éd. 1967.

414 Irmelin LEBEER sur Jacques J. MAQUET, « Afrique, les civilisations noires ». In : *Annales. Économies, Sociétés, Civilisations*. 19e année, N. 2, 1964. pp. 378-379.

415 R.P. Trilles, « *L'âme des Pygmées d'Afrique* », Paris, Éditions du Cerf, 1945, 262 pages.

416 Françoise VERGES « Traite des noirs, esclavage colonial et abolitions : comment rassembler les mémoires », *Hermès, La Revue*, vol. 52, no. 3, 2008, pp. 51-58.

Tel un muezzin appelant à la prière, les civilisations africaines[417] ont dû « crier fort » leurs mécontentements face à l'avilissement des peuples africains[418] soumis au joug de l'homme occidental : la colonisation. C'est dans ce sens que ces événements pris chronologiquement ont permis d'affirmer haut et fort que les civilisations africaines sont les initiatrices, les actrices et les témoins d'un des piliers des droits et libertés fondamentaux : le droit des peuples à disposer d'eux-mêmes[419]. En effet, elles ont beaucoup apporté au monde (**titre I**) et leur conception de la paix et du vivre ensemble, donnent un sens à la notion d'Être Humain créé à l'image de Dieu (**titre II**). Plus encore, elles organisent et accompagnent les rapports qu'entretient l'Homme avec son environnement : la Nature.

Irions-nous jusqu'à défendre la possibilité que saint François d'Assise de son vrai nom Giovanni DI PIETRO BERNARDONE (1181-1226) ait eu tout comme l'initiateur de la Charte de Kouroukan Fouga dite aussi *Charte du Mandé*, Soundjata KEÏTA (1190-1250), la même source d'inspiration ?

Nous sommes tentés de répondre par l'affirmative car c'est leur foi et leur amour de l'humanité qui a, nul doute, guidé leurs pas et leurs rapports avec les différentes créatures de Dieu. L'homme retrouve ici, et avec eux, son vrai sens : celui de garant de la vie sur terre.

---

417 Denise PAULME, « *Les civilisations africaines* » (qui sais-je ?), Éditions PUF, 7e édition mise à jour, 30 août 1993.

418 Le mouvement de la Négritude.

419 Moreau DEFARGES, « L'Organisation des Nations unies et le droit des peuples à disposer d'eux-mêmes », In : *Politique étrangère*, n°3 - 1993 - 58e année. pp. 659-671.

Titre I
L'apport de l'Afrique dans la civilisation mondiale

La pensée de Cheikh Anta DIOP[420] est que l'Afrique n'a plus rien à démontrer sur son rôle de sève nourricière du monde et mère de toutes les civilisations. Pour lui, l'Afrique est le « laboratoire » de Dieu pour une civilisation et une vie sur terre. Cette « confiance » du Très-Haut pour un peuple donne un sens à la destinée de tout un continent. Dans la culture *Wolof* du Sénégal, par exemple, les sages aiment dire : « *su Yalla sunu Borom tanné, diam bi dou def loudoul nangou. Diam ak pexem, Yalla ak dogalam !*[421] »
Avant d'aller plus loin dans notre réflexion, il convient de replacer l'expression « civilisation africaine »[422] dans son contexte. Elle ne doit aucunement être mise dans le slogan favori de certains auteurs panafricanistes plus connus sous la notion « d'africanité ». En effet, cette notion semble être un piège qui pousse au repli sur soi-même. Elle est, comme la notion « d'ivoirité »[423], une prise en compte d'une identité laissant de côté son entourage, son environnement, son tout.

Vue de cet angle, la défense des valeurs africaines ne saurait ni ne pourrait avoir comme cadre l'africanisme ni l'africanité. Qu'est-ce que l'africanisme ? Qu'est-ce que l'africanité dans un monde « du donner et du recevoir » ?

Il nous semble que les auteurs et guides politiques africains ont perdu beaucoup de temps dans des invectives contre le pouvoir colonialiste. Comme si depuis les années 1960, l'Afrique n'est pas indépendante. Le tort de l'Afrique semble être de n'avoir pas su se départir des « goulots de la dépendance ».

Le titre du livre de notre ainée Mme Kabou *Et si l'Afrique refusait le développement ?*[424](2000), peut être perçu ici comme une tentative de

---

420 Cheikh Anta DIOP, « *Nations, Nègres et Culture* », 4e édition, Éditions Présence africaine, Juillet 2015,564 pages.

421 Quand Dieu le Créateur choisit, le pêcheur ne peut qu'accepter. L'Homme propose, Dieu dispose !

422 Léo FROBENIUS, « *La civilisation africaine* », Éditions du Rocher, Collection Civilisation et Tradition Décembre 1987, 362 pages.

423 « "L'ivoirité, ou l'esprit du nouveau contrat social du Président H. K. Bédié". (Extraits) », *Politique africaine*, vol. 78, no. 2, 2000, pp. 65-69.

424 Axelle KABOU, « *Et si l'Afrique refusait le développement ?* », Éditions L'Harmattan, Mai 2000.

réveiller les africains de leur torpeur. En vérité, le sous-développement de l'Afrique semble être psychologique avant d'être matériel. Les Africains sont dépendants des idées et des politiques des autres continents. Et cela, pas parce que cela leur a été imposé, mais parce qu'ils ont pris goût à la facilité d'ingurgiter et d'acquiescer.

Quoi de plus naturel de la part « des fils de l'Afrique » (les autres continents) de la « trimbaler » à la guise de leurs idéologies et de leurs intérêts ?

L'Afrique est « la mère du monde », nous diront certains panafricanistes[425] et non panafricanistes[426]. Elle ne saurait se départir de ses « fils » (les autres continents). Elle doit dans son développement, continuer dans sa marche sans ne jamais oublier de toujours prendre comme repère son originalité, ses valeurs qui sont l'« Alpha » des civilisations du monde.

Il ressort de cette analyse que l'Afrique ne pourra aller de l'avant qu'en s'enracinant sur ses propres réalités qui sont une richesse pour le monde entier. Se départir de ses réalités serait se perdre et orienter le monde vers un autre objectif que celui du destin que Dieu lui a tracé. Se replier sur soi-même en forme de slogans tels que, « l'africanité », « l'africanisme », serait aussi s'isoler du monde et accuser les « fils » de causer la perte de la « mère ». C'est dans cette perspective que la recherche de la paix par le dialogue et non par les armes (**chapitre I**) afin de défendre le droit à la vie comme principe fondamental des relations humaines (**chapitre II**) sera abordée.

---

[425]Claver Kahuidi MABANA « Léopold Sédar Senghor et la civilisation de l'universel », *Diogène*, vol. 235-236, no. 3, 2011, pp. 3-13.
[426]Jean RUSILLON, « L'Afrique noire devant notre civilisation », in : *Le Globe. Revue genevoise de géographie*, tome 91, 1952. pp. 1-21.

Chapitre I
La recherche de la paix par le dialogue

La recherche de la paix est le crédo et le vécu quotidien de tous les peuples d'Afrique noire. Le mécanisme est d'autant plus original que dans les traditions d'Afrique noire, c'est par « le dialogue entre frères et cousins »[427] que la recherche de la paix se faisait. Le « *penccum magu goox yi* »[428] dans les royaumes, les sociétés et les familles *Wolofs*[429] est une preuve d'une organisation sociale qui prend en compte les questions de paix et de fraternité avec les peuples voisins : *Peul, Sérère, Lébou…*
La recherche de la paix, de la cohésion sociale, du vivre ensemble et du culte du bon voisinage a été intégrée très tôt dans les pratiques quotidiennes des peuples d'Afrique noire. Cela a été possible par l'itinéraire[430] et l'historique des ethnies en Afrique[431]. Nous ne reviendrons pas sur l'importance de l'appartenance à un clan, une ethnie dans ce continent, car déjà exposé dans le paragraphe I, de la section I, du chapitre I, de la première partie.

Nous ne nous attarderons non plus sur le tort causé par les tribus arabo-musulmanes et les troupes occidentales car ce serait s'agripper au passé par un verbiage permanent. Il faut marcher avec l'histoire, nous diront certains auteurs comme Senghor[432]. Il faut surtout se projeter vers le futur lointain et proche de ce continent mère. Plus encore, il parait opportun de se départir de ce poids de l'histoire qui paraît avoir causé beaucoup de mal. Comme le dit l'adage, le passé douloureux doit servir aux peuples africains à forger leurs caractères et solidifier leurs déterminations à aller de l'avant.

Toutefois, il est important de signaler au passage que les tribus arabo-musulmanes et les troupes occidentales ont, avec l'esclavage, réussi à saper cette organisation des sociétés africaines.

La colonisation est venue compléter cette « agression manifeste »[433] à la stabilité sociale des peuples d'Afrique noire. M. N'diaye repris par

---

427 Étienne SMITH, « Les cousinages de plaisanterie en Afrique de l'Ouest, entre particularismes et universalismes », *Raisons politiques*, vol. No 13, no. 1, 2004, pp. 157-169.
428 Le point de rencontre des sages du lieu.
429 Lire Abdoulaye Bara DIOP, « *La famille wolof. Tradition et changement* », Paris, Éditions Karthala, 1985, 274 pages.
430 Lire Melville Jean HERSKOVITS, « *L'Afrique et les africains* », Paris, Éditions Payot, 1965.
431 Lire aussi Makhtar DIOUF, « *Sénégal, les ethnies et la nation* », Dakar, Les Nouvelles Éditions Africaines du Sénégal, 1998, 288 pages.
432 Claver Kahuidi MABANA, « Léopold Sédar Senghor et la civilisation de l'universel », *Diogène*, vol. 235-236, no. 3, 2011, pp. 3-13.
433 Aimé CÉSAIRE, « "*Discours sur le Colonialisme*", Paris, Éditions Présence Africaine, 1955,

Mme Defresne (2017), dira « *la colonisation a mis fin à l'esclavage des noirs par les arabo-musulmans, mais cet esclavage a repris dans l'indifférence* »[434]. En effet, ces « ingéniosités » ou « inventions », arabes et occidentales du nom d'« esclavage » et de « colonisation » ont réduit le champ de vision d'une Afrique noire riche en valeurs et ouverte au monde. Elles se sont drapées de l'Islam et du Christianisme, deux religions de liberté, pour réduire des humains comme eux, l'homme noir en particulier, en « esclaves » et « colonisés ».

La conséquence de ces actes contraires à l'Islam et au Christianisme est que l'homme noir est devenu une marchandise et un sous–homme. De ce fait, il n'y a plus de liberté pour « les peuples de la liberté, de la nature et des savanes ». Cette « mise sous tutelle forcée » des peuples d'Afrique noire continue de hanter le sommeil de sa progéniture.

Même si les années 1960 ont été les témoins de ce que certains peuples africains[435] ont chanté, dansé et appelé « les indépendances », deux caractéristiques restent jusqu'à nos jours au « point mort ». Nous les soulevons pour mieux décrypter ce que nous appelons « la colonisation douce, voire déguisée » de l'Afrique noire. Il s'agit :

- De la liberté de choisir sa propre destinée (**paragraphe I**),
- De la liberté d'aller et de venir dans son propre continent (**paragraphe II**)

Paragraphe I : Dans le choix de vivre sa propre destinée

L'histoire de l'esclavage et de la colonisation, tel un arrêt cardiaque, a stoppé les mouvements et la progression des peuples d'Afrique. Elle les a soumis à « un coma de dix-sept (XVII) siècles ». En effet, pendant dix-sept (XVII) siècles, l'Afrique a vécu sous la domination pour ne pas dire le « contrôle médical » des forces et peuples étrangers.
Quatre points symboles du droit de chaque peuple de choisir et de vivre sa propre destinée nous serviront de guide. Il s'agit de l'éducation, la vie en société, les croyances et les relations entre les différentes communautés. Dans un souci d'organisation, nous avons regroupé ces quatre points en deux fondamentaux :

---

[434] Emilie DEFRESNE, « *Tidiane N'DIAYE, La colonisation a mis fin à l'esclavage des noirs par les arabo-musulmans, mais cet esclavage a repris dans l'indifférence* », article publié dans le site Média Presse Info le 12 mai 2017, analysant une interview accordée par Jean-Pierre ELKABBACH à l'écrivain Tidiane N'DIAYE.

[435] Claude MOUCHARD, « "L'Afrique là-bas" et l'Afrique ici, aujourd'hui », *Poésie*, vol. 143, no. 1, 2013, pp. 7-15.

- L'entière soumission à la volonté du souverain, « représentant de l'Être Suprême sur terre » (**A**),
- La prédisposition totale à vivre pour le bien de la communauté (**B**)

A. L'entière soumission à la volonté du souverain « représentant de l'Être Suprême sur terre »

La soumission à Dieu est ici le signe d'un destin des peuples d'Afrique noire. Elle est une croyance très forte à l'Être Suprême et à ce qu'IL a prévu pour ce continent. C'est dans ce sens que ces maux de l'Afrique noire [esclavage et colonisation] seront interprétés comme une volonté de Dieu. Les *Wolof* du Sénégal diront que « *ndogalou Yalla la* »[436]. Cela marque une soumission totale et une prédisposition totale des peuples d'Afrique noire à vivre leur « pèlerinage sur terre »[437].

Ce ne serait pas « plagier » des théologiens chrétiens ni de « l'hérésie » si on disait que l'Afrique est une terre de Foi, d'Espérance et de Charité. En effet, **Croire** à un au-delà a été et continue d'être la seule thérapie d'un continent africain longtemps malmené et qui espère un jour aller de l'avant.

Son Espérance est qu'un jour, son quotidien sera mieux et que ses enfants pourront vivre et bénéficier de ses richesses naturelles qui ne sont rien d'autre qu'un don de l'Éternel.

Sa Charité n'est plus à décrire. Le partage est le quotidien des peuples d'Afrique noire. Leur conception de la famille montre cette prédisposition à s'ouvrir à l'autre. C'est précisément dans cette ouverture à l'autre qu'une démarche nous semble être la plus appropriée. C'est celle de l'ouverture au monde mais, dans l'enracinement aux valeurs et aux cultures africaines. Le phénomène de l'inculturation aide à s'ouvrir à l'autre en adaptant les philosophies, les idéologies du monde à leurs réalités[438].

Dans cette démarche, les rois, les empereurs et les chefs religieux africains furent les gouvernails et les points de repère du peuple dans sa relation avec l'Être Suprême. Cette croyance totale à l'au-delà se matérialise par une « vénération » des ancêtres et une « sacralisation » des chefs religieux, des rois et des empereurs.

Ces derniers ont, il n'est pas facile de le dire, joué un rôle très important dans le commerce transsaharien et transatlantique. En effet, ils ont au rythme de leurs conversions soit à l'Islam ou au Christianisme, imprimé leur

---

[436] C'est la volonté de Dieu.

[437] Lire la vie, les œuvres et la spiritualité du pape Jean Paul II.

[438] Aimé CÉSAIRE, « *La tragédie du roi Christophe* », Paris, Éditions Présence africaine, 1970, 162 pages.

cadence à ces spoliations humaines et territoriales des peuples de l'intérieur de l'Afrique.

Loin des formules des auteurs panafricanistes et des politiques de la nouvelle ère, il serait intéressant de revoir de fond en comble les démarches « collaboratrices » de certains chefs religieux pendant l'esclavage et la colonisation. Ces actes de « collaboration » et de « trahison interne »[439] posés par ces derniers ont permis :

- De vendre leurs frères africains aux tribus arabes et aux puissances étrangères pendant des années (période de l'esclavage),
- D'instaurer et de pérenniser un système discriminatif au sein même des populations africaines.

C'est dans ce sens que les victimes de l'esclavage et de la colonisation étaient quasiment les mêmes[440]. Ce sont les captifs des batailles internes, devenues « serviteurs » et qui répondaient aux noms divers et variés selon les peuples et les cultures. Il s'agissait entre autres des :

- *Jaam* dans l'organisation de la communauté *Wolof* du Sénégal,
- *Ntinda* dans l'organisation de la communauté *Bamiléké* du Cameroun,
- *Rimaïbé* dans l'organisation de la communauté sahélienne *Peul*[441] du Burkina Faso[442],
- *Kanga*[443] dans l'organisation de la communauté *Baoulé* de Côte d'Ivoire,
- *Djon* dans l'organisation de la communauté *Bambara* du Mali.

C'est aussi et surtout le cas des deux millions (2.000.000) de *Bella*[444] et des *Mallébé*, descendants d'esclaves et maltraités par les Berbères (Touaregs d'aujourd'hui). Des esclaves et maltraités qui ne doivent leur salut qu'à l'exil vers des pays frontaliers comme le Mali, le Niger, la Mauritanie et la

439 Tidiane N'DIAYE, « *Le génocide voilé, enquête historique* », Éditions Gallimard, Collection Folio, Février 2017, pp.141-162.

440 Lire Jean-Pierre Olivier DE SARDAN, « Esclavage d'échange et captivité familiale chez les Songhay-Zerma ». In : *Journal de la Société des Africanistes*, 1973, tome 43, fascicule 1. pp. 151-167.

441 Tierno MONÉNEMBO, « *Peuls* », Paris, Éditions Seuil, août 2009, 512 pages.

442 Lire aussi Maurice BAZEMO, « L'affranchissement chez les Peul de la région sahélienne du Burkina Faso : la réalité ». In : *La fin du statut servile ? Affranchissement, libération, abolition.* Volume I. Besançon 15-17 décembre 2005. Besançon : Presses Universitaires de Franche-Comté, 2008. pp. 153-158. (*Actes des colloques du Groupe de recherche sur l'esclavage dans l'antiquité*, 30-1).

443 Lire Fabio VITI, « L'esclavage au Baoulé précolonial ». In : *L'Homme*, 1999, tome 39 n°152. Esclaves et « sauvages ». pp. 53-88.

444 Qui signifie en langue Songhaï, les captifs de peau noire.

Libye. Pour ces derniers, l'accès à la terre, à la chefferie et à la royauté était limité. Ils étaient des captifs, des esclaves à vie[445].

Toutefois, il est important de signaler que les rois, les empereurs et les chefs religieux d'hier et d'aujourd'hui ont su orienter, dessiner le futur des peuples d'Afrique noire. Cela malgré le fait que la plupart d'entre eux ne surent pas résister aux sirènes de l'esclavagisme transsaharien et transatlantique. Et surtout aux tentations de règne absolu que leur offrait ou faisait miroiter le pouvoir colonial.

Le nom de « collaborateur » de l'esclavagisme et de la colonisation donné par M. N'diaye[446] (2017, pp.141-162) nous semble être approprié pour ces derniers ! Il se jauge dans le parallélisme entre la situation de l'Afrique avant l'esclavage et la colonisation. C'est dans cette perspective qu'il paraisse opportun de se poser la question de savoir si l'Afrique noire d'aujourd'hui peine à s'affirmer, qu'en était-il des royaumes africains avant l'esclavagisme et le colonialisme ?

Notre seconde partie nous décrit une prédisposition totale à vivre ensemble pour le bien de la communauté.

B. La prédisposition totale à vivre pour le bien de la communauté

L'organisation interne des royaumes africains était, d'après les premiers explorateurs et la tradition orale transmise à travers les générations, faite pour une cohésion sociale entre les différents groupes sociaux. Un vivre ensemble prôné par les anciens et qui était sous la tutelle du roi et de l'empereur. En effet, l'organisation interne était de telle sorte que chaque caste ou classe sociale avait un rôle bien défini à jouer. Un rôle qui était héréditaire et se transmettait de père en fils ou fille, même si cette dernière possibilité était exceptionnelle.

Dans cette organisation interne, nous pouvons citer les deux extrêmes : **les nobles** d'une part et **les captifs** d'autre part.

- **Les nobles** étaient la classe dirigeante. C'est de cette classe sociale qu'étaient issus dans la plupart du temps le roi et sa cour. Ils dirigeaient le royaume et faisaient souvent office d'élites regroupant l'ensemble des cadres, des notables et des décideurs du royaume.
- **Les captifs** étaient les prisonniers des différentes confrontations voire affrontements armés entre les royaumes. Rappelons que

[445] Lire Maurice BAZEMO, « Captivité et esclavage dans les anciens pays du Burkina Faso ». In : *Dialogues d'histoire ancienne*, vol. 32, n°1, 2006. pp. 175-180.

[446] Tidiane N'DIAYE, « *Le génocide voilé, enquête historique* », Éditions Gallimard, Collection Folio, Février 2017, pp.141-162.

chaque classe ou groupe social avait une importance dans la vie du royaume. C'est dans ce sens que les captifs avaient la leur. Ils étaient la force ouvrière du royaume. Leurs tâches étaient transversales et fondamentales dans la vie du royaume. Elles pouvaient s'identifier sur :

- Les services domestiques au palais royal et chez les grands dignitaires du royaume,
- L'organisation de la production agricole,
- La responsabilité du cheptel,
- **La défense du royaume en ralliant le rang des guerriers**.

Avant l'arrivée des tribus arabo-musulmanes et des troupes colonialistes, les rapports entre ces classes sociales étaient d'une fluidité, d'une cordialité et d'une compréhension totale car basés sur la fraternité et le dialogue pour le bien du royaume.

Des rapports qui ont permis aux captifs d'accéder aux classes intermédiaires, aux familles et aux groupes sociaux du royaume. Ils leur permettaient aussi de s'élargir, de s'affranchir, d'aller créer d'autres villages, d'autres communautés, d'autres royaumes. C'est dans ce sens qu'il est important de soulever les écrits[447] du père Abbé du *Monastère de Keur Moussa* qui, en plus de la traduction des quatre (4) Saints Évangiles de *la Sainte Bible*, s'est intéressé à une composante de la grande ethnie des *Brame* d'Afrique de l'Ouest : *les Mancagne*. En effet, dans une production « littéraire » basée sur les recherches du professeur Alberto KALY et de l'abbé Justin BOISSY[448], le père Abbé Ange-Marie NIOUKY et un de ses frères moine Bénédictin de Keur Moussa, Michel ROBERT, ont tenté dans *Les Brames ou Mancagnes du Sénégal et de la Guinée-Bissau, Essai sur les us et coutumes* (2011), de donner une lecture théologique de l'histoire de la communauté *Mancagne*.

Dans le cadre de nos recherches, pour mieux comprendre cette ethnie, nous nous sommes rendus à Niaguis (au sud du Sénégal[449]), à Bula (en Guinée-Bissau) et en Gambie. Cela nous a permis entre autres d'échanger avec les anciens de la communauté *Mancagne*.

En retraçant l'histoire du peuple *Mancagne*, les informations[450] concordent sur le fait que ces derniers seraient originaires d'Égypte. Il est dit que les *Ba*

---

[447] Frère Ange-Marie NIOUKY et Frère Michel ROBERT — avec la préface de Monsieur l'Abbé Pierre TINE, « *Les Brames ou Mancagnes du Sénégal et de la Guinée-Bissau, Essai sur les us et coutumes* », Sénégal, Éditions L'Harmattan, septembre 2011, 285 pages.

[448] Premier prêtre issu de l'ethnie *Mancagne*.

[449] Lire Makhtar DIOUF, « *Sénégal, les ethnies et la nation* », Dakar, Les Nouvelles éditions Africaines du Sénégal, 1998, 288 pages.

[450] Lire le mémoire de maîtrise de Gabriel BAMPOKY, « *Les Mankagnes, Brame de Bula et Co : origines, migrations et mutations sociales, économiques, politiques et culturelles (1879-1959)* », Dakar, UCAD, 1996, 71 pages.

Hula connus sous le nom des *Mancagne* sont le fruit de peuples originaires de l'Égypte antique. Il s'agit plus précisément de ce que les *Mancagne* appellent :

- Des *Ba Fula* (*les Peul*),
- Des *Ba Ndiga* (*les Mandingue*).

Dans la société *Brame*, composée des *Mancagne*, des *Manjaque* et des *Pepel*, il n'y avait pas de système de caste. Nous pouvons dire qu'elle fait partie des très rares communautés d'Afrique noire où tous les hommes étaient et naissaient égaux. L'histoire[451] montre que l'ethnie *Brame* croyait énormément à l'Être Suprême d'où le nom de *Nashibatji*.

Avec l'arrivée des tribus arabo-musulmanes et des troupes colonialistes, les captifs d'avant furent relégués aux tâches les plus misérables du royaume. Plus encore, ils devinrent ce que les tribus arabo-musulmanes et les colonisateurs occidentaux eurent voulu faire d'eux : des esclaves. En effet, les captifs furent désormais plus connus sous le nom « péjoratif » d'esclaves.

L'évolution des rapports internes entre les différentes classes sociales a fait de ces derniers, serviteurs du roi et du royaume, des exploités. Cette évolution ou révolution se notait dans les éléments de langage et les traitements réservés à ces derniers. Une révolution qui montre un glissement des rapports et des relations humaines à l'intérieur des royaumes. Cela affecta beaucoup la liberté d'aller et de venir des populations vers d'autres « communautés sœurs » de l'intérieur de l'Afrique.

****

En outre, il convient de souligner que l'Afrique est un continent plein de spiritualité. Chaque ethnie a su au cours de son évolution développer une croyance, une relation particulière avec l'Être Suprême.

Cette grâce se matérialise chez *l'homo africanus* par une soumission totale à la divinité et une prédisposition à vivre en communauté. Elle constitue la grâce de **Croire** et **de Vivre sa foi en communauté.** Cela lui permet de vivre en parfaite harmonie avec son environnement naturel.

Cette grâce s'accompagne avec un devoir : celui de fructifier ce don de l'Être Suprême, qu'est la terre africaine. Un devoir qui constitue la seule « contrainte à sa liberté d'aller et de venir ».

---

[451] Lire Domingos DA FONSECA, « *L'humanité de Christ : essai d'étude christologique pour une évangélisation du peuple mancagne* », Pontificia Universitas Urbaniana, 1993, 171 pages.

Paragraphe II : Dans la liberté d'aller et de venir

Le signe particulier de l'Afrique « préesclavagisée » et « précolonisée » était la parfaite relation qui existait entre les communautés voisines. La preuve est que jusqu'à nos jours, la notion d'« ethnie sœur »[452] a tout son sens et sa signification dans ce continent.

Elle se matérialise par l'esprit d'ouverture et d'hospitalité des peuples (**A**) qui invite à la liberté de circulation des personnes (**B**).

A. L'ouverture et l'hospitalité « tête de gondole » de la civilisation africaine

L'esprit d'ouverture des peuples d'Afrique noire est une des caractéristiques de leur mode de vie. C'est une manière de voir le monde dans laquelle l'autre n'est jamais un ennemi. Il est un frère dans le besoin, une sœur qui cherche refuge.

Ce sont des cultures et croyances[453] qui donnent beaucoup de sens et accordent beaucoup d'importance au bien-être de l'« étranger ». L'étranger est accueilli comme « un roi » et bénéficie des mêmes privilèges que les autochtones, voire même plus. C'est dans ce contexte que l'hospitalité africaine était offerte d'une part, aux futurs esclavagistes arabes et européens, et d'autre part, aux colonisateurs occidentaux.

Retracer cette caractéristique de la culture africaine, va nous amener à faire fi de cette sombre partie de l'histoire et de nous centrer sur les appréciations, les témoignages que des explorateurs arabes et occidentaux ont eus à faire lors de leur passage en terre africaine.

Il ressort de leurs travaux[454] que l'Afrique était une terre d'accueil. Les « retours »[455] des explorateurs européens dans leurs pays ou leurs continents respectifs montrent qu'ils ont été bien reçus et bien traités par les populations autochtones. Leurs écrits en témoignent. C'est le cas, par exemple :

- Du médecin écossais **Mongo PARK** (1771-1806).

Ce dernier a pu, dans son exploration des côtes de l'intérieur de l'Afrique, donner un témoignage très précis sur l'Afrique d'antan. C'est dans un livre,

---

452 Étienne SMITH, « Les cousinages de plaisanterie en Afrique de l'Ouest, entre particularismes et universalismes », *Raisons politiques*, vol. No 13, no. 1, 2004, pp. 157-169.

453 Claude RIVIERE, « La Terre africaine et ses religions ». Traditions et changements. In : *Archives de sciences sociales des religions*, n°40, 1975. pp. 282-283.

454 Jeanne FAVRET-SAADA sur Ibn Battuta, « Voyages d'Ibn Battuta ». In : *L'Homme*, 1969, tome 9 n°4. pp. 120-121.

455 Henri FROIDEVAUX, « Les explorateurs européens dans l'Afrique orientale », in : *Annales de Géographie*, t. 2, n°5, 1892. pp. 126-127.

Voyage dans l'intérieur de l'Afrique[456](2009), qu'il a choisi de faire ce beau témoignage sur l'Afrique.
Son éditeur, *La Découverte*, décrit le sentiment de l'auteur en ces termes :

> « À mesure qu'il avance à l'intérieur des terres, Park découvre une Afrique industrieuse commerçante et souveraine, formée d'innombrables États indépendants et jaloux.
>
> Un espace historique dense et prospère que la présence coloniale dénaturera de tragique façon, interrompant les échanges entre royaumes, démantelant le commerce, délaissant ou déviant l'agriculture, rabattant cruellement les populations autochtones sur les zones côtières de mise en valeur. C'est cette Afrique jadis active et souveraine, cette Afrique insoupçonnée des petits monarques devenus par la force des choses d'âpres esclavagistes, que le Voyage de Park restitue sans complaisance.[457] »

- Du missionnaire écossais **David LIVINGSTONE** (1813-1873).

Ce dernier, médecin de profession, fut l'explorateur qui permit à l'Europe de découvrir la partie sud de l'Afrique. Son nom est associé au Zambèze et à ses célèbres chutes.
Il est connu pour ses positions « anti-esclavagistes » transcrites dans une œuvre littéraire célèbre décriant sa deuxième expédition : *Missionnary Travels and Researches in South Africa*[458] (2005). Il prônait le Christianisme comme moyen de civilisation et préconisait des échanges commerciaux entre l'Afrique et l'Europe.

Tombé malade lors d'une de ses excursions, il fut accueilli et très bien traité par les populations autochtones de l'**Oudjiji** (actuelle Tanzanie) jusqu'à sa mort en 1873 en territoire zambien.

- Du journaliste britannique **Henri Morton STANLEY** (1841-1904).

John ROWLANDS, plus connu sous le nom d'Henri Morton STANLEY, est un explorateur « multifonctionnel ». En effet, Stanley est en plus de ses activités d'explorateur, aussi un journaliste et un écrivain. Il relate les faits vécus, les ethnies rencontrées et les cultures.
De Stanley, nous connaissons des œuvres comme :

456 Mongo PARK, « *Voyage à l'intérieur de l'Afrique* », Traduit de l'anglais par Adrian ADAMS et Jean-Henri CASTERA, Collection La Découverte/Littérature et Voyage n°14, Mai 2009, 364 pages.
457 Voir sur le site de l'éditeur, la page relative au livre :
http://www.editionsladecouverte.fr/catalogue/index-Voyage_dans_l_int__rieur_de_l_Afrique-9782707157836.html.
458 David LIVINGSTONE, "*Missionary Travels and Researches in South Africa*", The Narrative Press, November 2005, 484 pages.

- *Dans les ténèbres de l'Afrique : recherche, découverte et retraite d'Emin Pacha, gouverneur de l'Equatoria*[459](2004)
- *À travers le continent mystérieux, l'Afrique*[460](1991).

De par ses écrits, Stanley décrivait les richesses et la paisibilité de ce « continent mystérieux »[461]. Toutefois, ce que l'on retiendra de lui c'est son aventure sur les terres d'Afrique à la recherche d'un autre fils d'Europe : l'écossais David LIVINGSTONE. Leurs noms sont liés depuis leur rencontre en terre tanzanienne de l'**Oudjiji**.

Cette aventure, recueillie dans *Voyage à la recherche de LIVINGSTONE*[462](2015), décrit, au-delà de la désormais célèbre « *Doctor LINVINGSTONE I presume* », la preuve de l'ouverture et de l'hospitalité de la civilisation africaine. Elle est une preuve historique que la liberté de circulation des populations et des biens en Afrique noire était une réalité.

B. La liberté de circulation des personnes et de leurs biens

La liberté de circulation a été pendant longtemps et jusqu'à l'arrivée de la deuxième vague d'explorateurs européens [les esclavagistes et les colonisateurs], une réalité.
Avant eux, les peuples et les royaumes d'Afrique noire échangeaient entre eux, partageaient leurs connaissances et leurs biens. Il en fut de même, et nous l'avons signalé plus tôt, avec la vague des premiers explorateurs européens en Afrique.

Comment était réellement la vie avant l'arrivée de l'esclavage et de la colonisation ?

Pour répondre à cette question, nous nous orientons vers une zone qui a connu des changements drastiques avec l'arrivée des Arabes et des Occidentaux.

Prenons l'exemple des zones que ces explorateurs cités plus haut ont eu à visiter. Il s'agit **des royaumes *bantou***. Quand on parle des royaumes *Bantou*, deux d'entre eux retiennent le plus notre attention. Il s'agit **du**

459 Henri Morton STANLEY, « *Dans les ténèbres de l'Afrique : recherche, découverte et retraite d'Emin Pacha, gouverneur de l'Equatoria* », Éditions Cosmopole, Collection Récits Historiques, Octobre 2004, 254 pages.
460 Henri Morton STANLEY, « *À travers le continent mystérieux, l'Afrique* », Éditions Stock, Collection Stock Plus, Janvier 1991, 243 pages.
461 Henri NICOD « *La vie mystérieuse de l'Afrique noire* », Lausanne, Éditions Payot, 1948.
462 Henri Morton STANLEY, « *Voyage à la recherche de* LIVINGSTONE », Éditions Points aventure, Collection Points aventure, Octobre 2015, 256 pages.

Kongo[463] et **du Zimbabwe.** Ces deux royaumes de spiritualité *bantou*[464], d'Afrique centrale et australe, ont été à un moment de l'histoire des vitrines de la civilisation africaine.

- **Les royaumes centraux du Kongo** (XIVe siècle) :

Le Kongo compte en son sein une multitude de petits royaumes. Ce sont des royaumes qui se sont constitués en fonction des spécificités des différentes ethnies et dialectes. Ces derniers ont fait la richesse de la langue *bantou* qui est devenue de ce fait la racine sur laquelle ces petits royaumes puisent pour s'identifier[465].
Dans ce sens, nous pouvons citer, entre autres, comme royaumes de culture et de traditions identiques à celles des *bantou* : *le Ba Kuba, le Luba, le Lunda, le Mbangala, le Loango, le Ngoyo, le Ndongo, le Kakongo, le Bamiléké*[466].

La richesse de ces royaumes était l'entente et la fraternité « ethnique » qui existaient entre eux depuis le début du XIIe siècle. Ils ont été avant la période de l'esclavage et ont connu leurs pertes pour la plupart, avec l'invasion armée des Européens dans cette partie de l'Afrique noire. Car les attaques des tribus arabo-musulmanes n'eurent pas trop d'incidents sur cette partie de l'Afrique noire.

L'élément « conciliateur » de ces tribus était la parenté. La parenté était leur point de repère. Elle permettait de s'ouvrir aux autres et de s'entraider entre eux. Elle a permis aussi de faciliter le vivre ensemble pour le bien et le rayonnement de la culture *bantou.* L'ouverture aux Européens « mal intentionnés » causa la perte de l'empire et de son originalité.

- **Le royaume austral du Zimbabwe** (XVe siècle) :

Dans cette partie de l'Afrique, un royaume se distinguait des autres. Il s'agit de celui du Zimbabwe connu sous le nom de **royaume du Monomotapa**[467]. M. Graham Lister Grander[468] (1974, pp.211-236), en retraçant l'historique de ce « Grand Zimbabwe » d'Afrique noire, ne cachait pas son admiration pour son organisation, sa gestion et son ouverture au monde.

---

463 Alfredo MARGARIDO, « L'ancien royaume du Congo (note critique) », In : *Annales. Économies, Sociétés, Civilisations.* 25e année, N. 6, 1970. pp. 1718-1726.

464 Théodore THEUWS, « *Philosophie bantoue et philosophie occidentale* », Civilisations, I, 1951.

465 Lire Grégoire MALOBA « *Inculturation et eschatologie, enjeux et débats dans les traditions bantu* », Éditions L'Harmattan, Novembre 2014, 392 pages.

466 Consulter le site internet des royaumes bantous sur http://www.lesbantous.fr/royaumes.php.

467 Alexander WILMOT, « *Monomotapa (Rhodésia)* », Éditions elibron classics, 2005.

468 William Graham Lister GRANDER, « La fondation de l'empire du Monomotapa ». In : *Cahiers d'études africaines*, vol. 14, n°54, 1974. pp. 211-236.

Situé entre le Zambèze et le Limpopo, le royaume était une mine d'or pour ses populations et sa royauté. Les cours d'eau qui l'entourent prédestinaient le royaume à des activités d'échanges et d'ouvertures avec les autres parties du monde. L'exploitation des richesses de son sol et de son sous-sol lui permettait de se livrer, en plus des activités liées au commerce de l'or, à des activités agricoles, de chasse et de cueillette. Ici aussi, l'ouverture aux Européens « mal intentionnés » causa la perte de l'empire et de son originalité.

L'exemple d'ouverture de ces deux grands empires africains contraste avec la politique d'accaparement des terres et d'avilissement des peuples noirs d'Afrique de la part de souverains occidentaux comme Léopold II, roi de Belgique.

Revenant sur la politique d'accaparement des terres, l'une des trouvailles de ces partisans était d'aller conquérir à tout va le monde. Conquérir oui, mais découvrir non. Car on ne peut découvrir ce qui existait déjà. C'est dans ce sens que la réaction de l'épiscopat canadien sur la question mérite toute notre attention. Sous la plume de ses principaux signataires et guides religieux catholiques, le Canada fit entendre sa voix (annexe 3). En effet, dans une tribune publiée le 19 mars 2016, les principaux signataires et dignitaires de l'épiscopat canadien démontent et dénoncent[469] le non-fondement, les contresens juridiques et le sens unique de **la bulle *Terra Nullius***[470] du pape Urbain II publiée en 1095.

Des actes juridiques, comme cette bulle de la part des dirigeants de l'Église catholique de l'époque, ont causé beaucoup de torts aux peuples d'Afrique noire. Elle leur a fait se sentir comme des étrangers dans leurs propres terres.

Cela expliquerait l'aisance de certains explorateurs, comme David LIVINGSTONE, à vouloir donner le nom de Victoria à des chutes qui existaient déjà et qui portaient le nom de Zambèze.

****

En outre, il convient de dire que la liberté de circulation et les prédispositions naturelles des populations africaines à accueillir l'autre et surtout l'étranger sont des particularités des populations de l'intérieur de l'Afrique.

L'attitude des populations autochtones, en la comparant à celle des « étrangers », répondait beaucoup mieux aux préceptes du Christianisme et

---

469 Consulter le lien suivant : http://www.cccb.ca/site/images/stories/pdf/reaction%20catholique%20%20doctrine%20de%20la%20decouverte%20et%20tn.pdf.

470 La bulle *Terra Nullius* qui veut dire en français « *La Terre n'appartenant à personne* ».

de l'Islam qu'à celle des Européens et des Arabes « censés leur faire connaître Jésus le Christ et Mohamed (PSL) ».

En ce qui concerne les chrétiens, la Belgique semble être l'un des « pires cauchemars » des populations d'Afrique centrale que nous avons pu étudier dans ce paragraphe. Leur couronne, s'adjugeant le message du Christ « sauveur du monde », a condamné des populations entières prédisposées à recevoir, à vivre et à partager le message du Christ, à la position de sous-homme. En témoigne *l'extrait de la causerie de Jules Renquin, ministre belge des Colonies, en 1920 avec les premiers missionnaires catholiques du Congo-Belge* (annexe 4). Cela même si des penseurs africains comme M. Ngalamulume[471] (2006, pp.128-133) dénoncent que ce texte est une manifestation erronée de la vérité historique, d'autres[472] s'en servent car convaincus de son authenticité.

Avec ces actes posés, les gouvernants des pays européens ont voulu faire du message du Christ celui de la domination de l'homme blanc sur l'homme noir, faisant fi du droit et de la liberté de vivre comme un don de l'amour de Dieu[473].

Ces actes posés par l'administration belge sont assimilables à ce que le *Canon 1386* qualifie de corruption active. En effet, il dispose : « *qui donne ou promet quoi que ce soit pour quelqu'un exerçant une charge dans l'Église fasse ou omette de faire quelque chose illégitimement, sera puni d'une juste peine ; de même, celui qui accepte ces dons ou ces promesses.*[474] »

---

[471] Kalala NGALAMULUME, « Léopold II et les missionnaires. Les circulations contemporaines d'un faux », *Politique africaine*, vol. 102, no. 2, 2006, pp. 128-133.

[472] Fréddy MULONGA, « *Cinquantenaire anticolonial du Congo : La Bible de Léopold II* », Pierre Yambuya Lotika Kibesi, publié sur le site de Réveil Matin, le 6 Octobre 2009.

[473] Jean-Baptiste LECUIT, « Grâce et liberté : énigme résolue ou mystère insondable ? », *Recherches de Science Religieuse*, vol. Tome 102, no. 1, 2014, pp. 107-127.

[474] Ernest CAPPAROS et Hélène AUBÉ (Dir.), « *Code de Droit canonique* », Éditions Wilson et Lafleur, 3e édition révisée, corrigée et mise à jour avec les réformes législatives de 2015, 2016, p.1216.

Chapitre II
Le droit à la vie, fondement des relations humaines

Contrairement à la culture que faisaient véhiculer les tribus arabo-musulmanes et les troupes européennes partisanes de la colonisation, l'Afrique était enracinée sur des valeurs propres à elle. Sur ces valeurs, la vie, les personnes âgées, les femmes, chaque membre de la société avait un rôle à jouer. Dans les cultures et traditions d'Afrique noire[475], la vie de chaque être humain avait un sens. C'est dans cette perspective que :

- La procréation, l'arrivée d'un nouveau-né était perçue comme un don de l'Être Suprême,
- Recueillir un étranger, un nécessiteux, était signe d'un partage, d'une ouverture à l'autre qui est une image de la bonté et de l'attachement de l'Être Suprême à cette terre.

Des valeurs que ceux qui s'étaient octroyé comme mission de les « évangéliser » et de les « islamiser » n'avaient pas. Excepté les missionnaires « pères blancs », qui ont su se démarquer totalement de la politique d'invasion et d'avilissement des populations que les plus grosses sirènes faisaient ou voulaient faire entendre au monde.

Prenant l'exemple des missionnaires « pères blancs », ils ont été ce que le Christ est pour ses frères africains : un réconfort, un ami[476]. Nulle n'était la détermination de ces derniers, l'Afrique n'aurait pu se reconnaître après le désastre de l'esclavage, de la colonisation et de leurs conséquences. Ils ont pu « aider » à la sauvegarde des valeurs essentielles et propres à ce continent. Des valeurs[477] qui sont en même temps celles de l'Église catholique. Il s'agit du droit à la vie.

Le droit à la vie défendu par tous les humanistes de ce monde et qui, avec le jeu des tribus arabo-musulmanes et des troupes européennes, ne veut s'orienter que dans leur sens, au détriment des populations noires d'Afrique.

---

475 Prince de Boudieguy des Echiras BIRINDA, « *La Bible secrète des noirs* », Éditions des Champs-Élysées, 1952.

476 Etienne KAOBO-SUMAIDI, « Les discours christologiques africains (1956-2000). Histoire et enjeux », In : *École pratique des hautes études, Section des sciences religieuses.* Annuaire. Tome 114, 2005-2006. 2005. pp. 435-444.

477 Mircea ELIADE sur Gérard VAN Der LEEUW, « La Religion dans son essence et ses manifestations ». In : *Revue de l'histoire des religions*, tome 138, n°1, 1950. pp. 108-111.

Ce droit a survécu aux nombreux « coups de cornes » de l'esclavage[478], de la colonisation[479] et a pu s'édifier en promesse pour l'avenir de l'Afrique. Il a permis :

- D'avoir une descendance (**paragraphe I**),
- De pérenniser les traditions ancestrales (**paragraphe II**)

L'Afrique d'aujourd'hui, malgré la ponction forcée et non concertée de sa population, occupe derrière l'Asie, la deuxième place mondiale sur le plan démographique[480].

Paragraphe I : Pour garantir une descendance

Les peuples d'Afrique noire ont toujours agi et fonctionné pour la postérité. Ils ont su prendre soin de la nature que l'Être Suprême leur a confiée. Comme dans *Matthieu 25,14-30*[481], les talents donnés aux peuples d'Afrique noire ont été fructifié. Plus encore, ils ont été mis au service de la communauté en tenant en compte de la préservation de la nature et du bien commun. Une perception de la vie qui contraste avec les actes posés par leurs « bourreaux » arabo-musulmans et européens. Ces derniers, aux vues de l'histoire, semblent n'avoir agi que pour la prospérité.
En Afrique noire, l'histoire des anciens est racontée en vue de la postérité. Plus encore, les relations et les liens entre les individus étaient noués, basés et tournés autour de cela. La postérité n'est pas pour ces peuples d'Afrique, un temps (futur) lointain. Elle est un présent constant que les ancêtres racontaient à leurs enfants et que ces derniers transmirent à leur tour, à leurs enfants. La postérité n'est pas non plus un objectif à atteindre. Elle entre dans le cadre du naturel de ce que l'Être Suprême a prévu pour son peuple. La notion de « destinée » est ici un élément central qui unit l'Être Suprême à son peuple.

En Afrique, le temps donne l'impression d'être suspendu aux rythmes de la sagesse des ancêtres. De ce fait, la postérité devient pour ces peuples d'Afrique noire, une garantie de vie et non de disparition face aux poids de l'âge et aux atrocités qui leur étaient soumises. Elle contient les trois vertus théologales que sont la Foi, l'Espérance et la Charité dans la mesure où elle

---

[478] Roger BOTTE, « L'esclavage africain après l'abolition de 1848. Servitude et droit du sol ». In : *Annales. Histoire, Sciences sociales*. 55e année, N. 5, 2000. pp. 1009-1037.

[479] Charles-Robert AGERON (Dir.), « *Les chemins de la décolonisation de l'empire colonial français, 1936-1956* » : colloque organisé par l'ITHP, les 4 et 5 Octobre 1984, Nouvelle Édition (en ligne), Paris : CNRS Éditions, (généré le 11 Mars 2014).

[480] Pierre JACQUEMOT, « Chapitre 4 — Population et transition démographique », *Economie politique de l'Afrique contemporaine. Concepts, analyses, politiques*, sous la direction de Pierre JACQUEMONT. Armand Colin, 2013, pp. 79-94.

[481] « *La Bible de Jérusalem* » *Parabole des talents*, Matthieu 25, 14-30, traduite en français sous la direction de l'École biblique de Jérusalem, Éditions du CERF, Avril 1998, p.1690.

aide les peuples d'Afrique noire à persévérer dans la recherche de l'image de l'Être Suprême.

La Foi est la lampe de la postérité. L'Espérance est l'attente du regard et d'un geste paternel de la part de l'Être Suprême. La Charité est le chemin et l'effort quotidien pour l'atteindre. Sans peur de nous répéter, nous pouvons dire que l'Afrique est le continent de la Foi, de l'Espérance et de la Charité.

La postérité donne aux peuples d'Afrique noire le choix de prédire leur futur et d'influer, par l'aide de leurs œuvres et des générations postérieures, sur l'avenir de ce continent. Ce futur peint plus haut, s'accompagne de valeurs humanistes et universelles telles que :

- La sacralisation des liens du mariage (**A**),
- La place « incontournable » de la femme dans la culture africaine (**B**)

A. La sacralisation des liens du mariage

En Afrique noire, le mariage est une union sacrée entre deux personnes (un homme et une femme) et deux familles. Elle vise à fonder une famille (des enfants) et à les éduquer selon les coutumes. Cette définition rejoint en quelque sorte celle du *Code du droit canonique*. Dans le *Canon 1055*, le mariage est défini comme « *l'alliance matrimoniale, par laquelle un homme et une femme constituent entre eux une communauté de toute la vie, ordonnée par son caractère naturel au bien des conjoints ainsi qu'à la génération et à l'éducation des enfants.*[482] »

La seule différence entre la conception des peuples d'Afrique noire et la définition donnée par le *Code du droit canonique* est dans ce que le *Canon 1055* précise que cette union « a été élevée entre baptisés par le Christ Seigneur à la dignité de sacrement »[483].

Prenant le cas du Gabon, Mme Bounang Mfounguë[484] (2012) souligne qu'aujourd'hui, avec l'avènement de l'État, sur le plan juridique, seul le mariage civil a une valeur légale. Mais, le mariage traditionnel encore appelé mariage coutumier reste une étape importante durant laquelle se déroule la cérémonie de la dot[485].

---

[482] Ernest CAPPAROS et Hélène AUBÉ (Dir.), « *Code de Droit canonique* », Éditions Wilson et Lafleur, 3e édition révisée, corrigée et mise à jour avec les réformes législatives de 2015, 2016, p.915.

[483] *Idem.*

[484] Cornelia BOUNANG MFOUNGUË « *Le mariage africain, entre Tradition et modernité. Étude socio-anthropologique du couple et du mariage dans la culture gabonaise* », Thèse de doctorat en Sociologie de l'Université Paul VALERY— Montpellier III, Mai 2012.

[485] Lire Buchi EMERCHETA, « *La dot* », trad. de l'anglais par Maurice PAGNOUX, Chiroulet, Éditions Gaïa, 1998. 244 pages.

La dot, le mariage traditionnel ou coutumier, des notions qui constituent le fondement de notre réflexion. Si comme l'a dit et bien soutenu Mme Bounang Mfounguë dans sa thèse, le mariage traditionnel tend aujourd'hui à disparaître, en tant que chercheur, il est important de voir d'abord, ce que c'est ; pour ensuite, faire un parallélisme avec les pratiques contemporaines.

Dès le début de notre réflexion, il convient de nous éloigner de cette thèse car le retour à la tradition et à la sacralité du mariage est de plus en plus présent dans les pays d'Afrique noire que nous avons pu visiter. Le Gabon, composant essentiel de ce retour aux sources, ne peut être une exception.

Dans nos enquêtes, pas ou presque aucun texte ne prend en compte le mariage coutumier. C'est le cas du *Dictionnaire du droit des religions*[486] qui ne prend en compte que le mariage civil, canonique, religieux (Islam, Judaïsme, Christianisme). Ce qui limite en quelque sorte notre réflexion à notre vécu en terre d'Afrique noire.

Dans les peuples, les ethnies et les clans d'Afrique noire, l'union sacrée entre un homme et une femme se fait selon des préceptes bien définis et qui leur sont propres. Pour le canoniste rwandais M. Bushayija (1968, pp.390-392)[487], le mariage coutumier ou traditionnel est une union sacrée entre un homme et une femme selon les us et coutumes du dit lieu. Elle [l'union sacrée] fait référence aux rites traditionnels et à l'appel à la protection des anciens et de l'Être Suprême. MM. Tata Cissé et Sagot-Duvaurroux (2003), soutiennent dans leur traduction de *la Charte du Mandé*, que « *le mariage n'est pas de l'esclavage ; il n'est pas non plus un vil marchandage, et encore moins un affrontement des sexes. Il se fonde sur l'amour émanant de l'âme.*[488] »

En Afrique, cette union s'accompagne souvent par une dot que le marié et sa famille donnent au père et à la famille de la mariée. Elle est souvent un bien important ou une importante somme d'argent. La dot diffère entre les ethnies. Par exemple, chez les *Mancagne* et les *Manjaque* du sud du Sénégal et de la Guinée-Bissau, la dot est constituée d'animaux (porc et vache), d'une importante quantité de boissons alcoolisées et de pagnes tissés (traditionnels). La légende *Mancagne* dit que le garçon et sa famille doivent mettre autant de « caisses de boissons » à raison de la taille de la jeune mariée.

---

486 Francis MESSNER (Dir.), « *Dictionnaire du droit des religions* », Paris, CNRS Éditions, Janvier 2011, 789 pages.

487 Stanislas BUSHAYIJA, « Le mariage coutumier au Rwanda », In : *Revue internationale de droit comparé*. Vol. 20 N°2, Avril-juin 1968. pp. 390-392.

488 Yousouf Tata CISSE et Jean-Louis SAGOT-DUVAUROUX, « *La Charte du Mandé et autres traditions du Mali* », Paris, Éditions Albin Michel, Mars 2003, 64 pages.

Chez les *Wolof*[489], la mariée est confiée à la famille du marié. La mère du marié devient de ce fait la « mère de la mariée ». Cette dernière ne l'appelle plus par son nom mais comme tous les membres de la famille par « yaye boy »[490]. Chez les *Wolof*, la dot dépend du niveau de vie du marié. Elle peut consister ou pas en beaucoup d'argent, des biens mobiliers et immobiliers… Chez les *Wolof*, le paraître est très important.

Rappelons que ces descriptifs dépendent des classes et des niveaux de vie. Les exemples donnés sont relatifs aux citoyens « normaux, voire ordinaires ».

Le mariage coutumier implique les deux familles à tel point qu'un « lien fraternel » se noue entre les différents membres[491]. En Afrique, les populations ont l'habitude de dire que le mariage est une union entre deux familles. Elle devient sacrée par la dimension temporelle et spirituelle qu'elle contient.

L'un des rites les plus répandus de mariage traditionnel en Afrique noire est le sacrifice d'un animal (mouton, chèvre, veau, porc…) faisant appel à l'intermédiation des ancêtres et à la protection de l'Être Suprême. Ce sacrifice prend comme témoin les hommes et les ancêtres. Les hommes témoignent de la vie et des liens qui unissent désormais ces deux familles. Les ancêtres « inscrivent » les noms des mariés dans l'histoire de leur peuple et de leurs descendants.

Les deux mariés sont ainsi reçus dans la communauté[492]. Avec elle, les mariés ne forment plus qu'un, sous l'égide du chef de la communauté. Ces liens très forts permettaient de lutter contre toutes les tentations liées à l'effondrement des liens du mariage. Plus encore, la femme était au cœur de l'épanouissement de la famille. Elle était épouse, mère, sœur, amie et référente pour l'éducation des enfants.

La femme était, est et continuera d'être le moteur du développement de l'Afrique noire. Cette idée s'oppose à celle qu'expose Mme Dacher (1977, p. 197) dans son article *La civilisation de la femme dans la société africaine*[493]. En effet, dans son écrit, elle prend l'exemple de la vie d'une femme de la

---

489 Lire Abdoulaye Bara DIOP, « *La famille wolof. Tradition et changement* », Paris, Éditions Karthala, 1985, 274 pages.

490 Mot *wolof* qui signifie mère ou maman en français.

491 Omar SYLLA, et Geneviève PLATTEAU, « Le couple contemporain en Europe et en Afrique. Regards croisés », *Cahiers critiques de thérapie familiale et de pratiques de réseaux*, vol. 42, no. 1, 2009, pp. 255-266.

492 Denise PAULME, « Structures sociales traditionnelles en Afrique Noire ». In : *Cahiers d'études africaines*, vol. 1, n°1, 1960. pp. 15-27.

493 Michèle DACHER, « La civilisation de la Femme dans la tradition africaine », Rencontre organisée par la Société africaine de Culture. In : *Cahiers d'études africaines*, vol. 17, n°65, 1977. Des femmes sur l'Afrique des femmes. p. 197.

culture *Hima* pour en faire une généralité. Il nous semble que cela ne donne pas une image exacte et conforme de la femme en Afrique noire. La preuve est que dans d'autres peuples d'Afrique noire, et nous l'avons soulevé tout au long de notre étude, la femme a toujours occupé une place « incontournable ».

Toutefois, nous la rejoignons dans l'idée qu'elle évoque et qui consiste au fait que « dans la société traditionnelle, la femme n'était pas inférieure à l'homme, elle était son égale complémentaire »[494].

B. La place « incontournable » de la femme dans la culture africaine

La femme est la sève nourricière du monde. L'Afrique noire est devenue ce qu'elle est aujourd'hui, pleine de valeurs et de promesses pour le futur, grâce au rôle incontournable que des femmes ont eu à jouer et continuent à jouer dans ce continent.

Par peur de nous répéter, nous ne reviendrons pas sur les femmes du village de Nder, sur des héroïnes comme **Alioune Sitoé DIATTA**, **Yacine BOUBOU** du Sénégal, cité dans le paragraphe I du chapitre II de notre première partie. C'est dans ce sillage que nous puiserons dans le vivier de femmes héroïnes que comporte le continent. Nous nous appuierons sur des auteurs comme Mme Serbin[495] (2004), qui dans son livre *Reines d'Afrique et héroïnes de la diaspora noire*, nous décrit la femme africaine dans toute sa grandeur.

L'auteure y cite des personnages historiques comme, par exemple, les « amazones du Dahomey », la reine Pokou de Côte d'Ivoire, Madame Tinubu du Nigeria, la Vénus Hottentote d'Afrique du Sud. De ces personnages cités par Mme Serbin dans son livre, nous nous intéresserons à l'histoire de deux d'entre elles. Il s'agit de **la reine Pokou** et **des « amazones » du Dahomey**.

- La reine Pokou de Côte d'Ivoire

La reine Pokou, Abla Pokou de son vrai nom, est une figure historique du peuple *Baoulé*[496] de la Côte d'Ivoire. On l'appelle aussi la reine Ashanti en référence à ses origines. En effet, la reine Pokou est d'origine *Akan Ashanti*, une ethnie « sœur et voisine » du Ghana[497]. Cette « dame de fer » a su mener

---

494 *Idem.*

495 Sylvia SERBIN, « *Reines d'Afrique et héroïnes de la diaspora noir »*, Éditions Sépia, Novembre 2004, 312 pages.

496 Jean-Noël LOUCOU, « *La reine Pokou : Fondatrice du royaume baoulé* », Éditions Henri Goursau, Collection Grandes figures africaines, 1977, 134 pages.

497 Andrzej ZAJACSKOWSKI, « La structure du pouvoir chez les *Ashanti* de la période de transition », In : *Cahiers d'études africaines*, vol. 3, n°12, 1963. pp. 458-473.

son peuple vers ce qu'elle est aujourd'hui : une ethnie bien intégrée en Côte d'Ivoire et l'une des plus importantes (sur le plan quantitatif) dans le continent africain.
La légende raconte qu'elle aurait guidé son peuple du Ghana où il était jusqu' à la nouvelle terre qu'est la Côte d'Ivoire. Elle n'hésita pas à sacrifier son unique enfant pour la survie de son peuple. Le nom de cette ethnie, *Baoulé*[498], viendrait de cet acte héroïque.

- <u>Les amazones du Dahomey</u>

Les « amazones du Dahomey » sont des « *mino* »[499] de toute l'Afrique d'aujourd'hui. Des femmes qui se sont données pour défendre l'honneur et les valeurs du peuple d'Afrique noire.
Mme Deschamps[500] (2017), dans son article publié dans l'hebdomadaire panafricaniste *Jeune Afrique*, donne à ces femmes toute la gloire qui leur revient dans une Afrique noire où les sociétés étaient le plus souvent patriarcales. En effet, rien que le titre de son article est évocateur : *Les « amazones du Dahomey », des femmes –soldates dans l'Afrique précoloniale.* Elle décrit ces femmes sur tous leurs aspects :

- Au niveau mental, elles étaient *« plus fortes et plus vaillantes que les hommes, elles ne reculent devant rien. Ni l'ennemi ni la mort ».*
- Au niveau physique, elles avaient *« le crâne rasé [...] la démarche virile et le regard noir »* et étaient *« coiffées d'un bonnet blanc orné de caïmans bleus ».*

Ces « braves » femmes « jusqu'au-boutistes » de la défense des valeurs africaines, avaient comme cri de guerre : *« vaincre ou mourir ».* Elles constituaient à la fin du XIXe siècle et au début du XXe siècle, un des meilleurs corps d'élite africains.

Ces femmes ont pu et su défendre au prix de leur sang[501], les souverains du Dahomey des attaques de l'ennemi. Ces héroïnes citées sont une fierté pour tout un continent. Leurs épopées font figure de légende dans l'histoire et les traditions des peuples d'Afrique noire[502].

Ces légendes ont su faire face à l'adversité de l'ennemi, à la dignité de mère, à la disponibilité d'épouse et à la bravoure des meilleurs combattants

---

498 *Baoulé* signifie en français « *l'enfant est mort* ».
499 Signifie maman en langue « Fon » du Bénin.
500 Elodie DESCHAMPS, « Les "amazones du Dahomey" des femmes — soldates dans l'Afrique précoloniale », publié le 11 juillet 2017, dans l'hebdomadaire *Jeune Afrique.*
501 Paul HAZOUMÉ, « *Le pacte du sang au Dahomey* », Éditions Institut d'ethnologie, 1937,170 pages.
502 Lilyan KESTELOOT et Bassirou DIENG, « *Les épopées d'Afrique noire* », Paris, Éditions Karthala, (Collection UNESCO d'œuvres représentatives), 1997,626 pages.

autochtones comme étrangers. Ces femmes ont donné au continent africain une voix pour crier ses douleurs et une voie pour suivre sa propre destinée.

****

En outre, il convient de dire que les femmes africaines ont joué pleinement leur partition dans le développement de l'Afrique. Elles ont été, sont et seront toujours, à l'image du Christ parlant à saint Pierre, cette « pierre sur laquelle l'avenir de l'Afrique se bâtira ».

Des femmes héroïnes, nous en avons cité. Il existe aussi des femmes saintes. C'est le cas de **Mame Diarra Bousso**, mère de l'érudit et fondateur du mouridisme, Cheikh Ahmadou Bamba, dit Serigne Touba.

Cette dernière, en la citant, nous sert de prétexte pour « sanctifier » toutes ces braves femmes d'Afrique qui, malgré les faibles et dures conditions de vie, ne cessent de subvenir aux besoins de leurs progénitures.

L'image des femmes rencontrées dans des villages éloignés du Sénégal, du Mali et du Tchad dans le cadre de cette étude, nous fortifie dans l'idée que **l'Afrique ne serait rien sans elles[503].**

Paragraphe II : Pour pérenniser des traditions

L'Afrique noire, son passé, son quotidien sont rythmés de faits historiques que les anciens et les griots se sont chargés de pérenniser. La pérennisation des traditions, est de l'ordre du « naturel » dans un continent où la culture[504] et les pratiques cultuelles[505] constituent une vitrine dans le « concert des nations », le « rendez-vous du donner et du recevoir ».

Certains auteurs panafricanistes, comme le poète et ancien président sénégalais, Léopold Sédar SENGHOR, avaient l'habitude de dire que la richesse du continent africain, au-delà de ses terres et de son sous-sol, était sa population et ses traditions.

L'Afrique, de par sa démographie, constitue le deuxième continent le plus peuplé, derrière le continent asiatique. Une population africaine qui ne cesse de croître et d'apporter une richesse culturelle immense au monde, de par sa diversité ! Une diversité qui influe sur les différentes traditions. Des spécificités de ce continent, nous pouvons souligner l'existence de :

---

503 Lire Jean-Jacques PURUSI SADIKI, « *La femme dans la gestion des conflits en Afrique précoloniale* », Éditions L'Harmattan, Collection Compte rendus, Mars 2008, 212 pages.

504 Denis MARTIN sur Basil DAVIDSON, « Les Africains, Introduction à l'histoire d'une culture ». (The Africans, an entry to cultural history) Traduit de l'anglais par Michel Janin. In : *Revue française de science politique*, 22e année, n°3, 1972. pp. 628-630.

505 Albert Vianney MUKENA KATA YI, « *Dialogue avec la religion traditionnelle africaine* », Avril 2007, 266 pages.

- **Plusieurs races** : des populations de peau blanche dans la partie du Maghreb, des populations de couleur noire dans l'intérieur du continent (objet de notre recherche), des populations de teint un peu clair, dans la Corne de l'Afrique et les Îles (Madagascar).
- **Plusieurs ethnies** : la diversité est encore palpable avec l'existence et la coexistence entre un nombre incalculable d'ethnies réparties un peu partout dans le continent.
- **Plusieurs cultures** : chaque ethnie a son mode de vie et ses rapports avec la société.
- **Plusieurs croyances** : chaque ethnie, chaque culture a ses propres croyances et son rapport avec la divinité. Des anthropologues[506] assimilent, en ce qui concerne le cas de l'Afrique noire, certaines pratiques religieuses à de la « sorcellerie ». Les spécialistes des questions religieuses appellent ces croyances, « les religions du terroir ».

Une appellation qui ne cadre pas avec notre entendement. Car elle soulève une question qui reste jusqu'à présent sans réponse : *sur quoi se base-t-on pour appeler ces croyances comme relevant de religions du terroir ?*

Sur la foi et l'importance de la communauté des fidèles. Ces deux caractéristiques d'une religion comme la conçoivent les occidentaux, celles « taguées » de religions du terroir l'ont aussi. Et pourquoi pas le Christianisme, l'Islam, le Judaïsme comme religions du terroir ?

Ces trois religions sont toutes nées dans un territoire bien défini et s'identifiaient au début à une foi et une communauté bien définie. La particularité de ces religions citées par rapport aux dites « religions du terroir » est que ces dernières sont monothéistes. Donc, suivant notre analyse, les terminologies comme religions « mono » théistes et religions « poly » théistes étaient peut-être beaucoup plus appropriées pour marquer la différenciation !

Enfin, pourquoi pas juste, religion car entrant dans la définition et la conception que nous pouvons faire d'une religion ?

De l'analyse de la classification faite par MM. Dortier et Testot[507] (2017, p. 10) des religions, il convient de remarquer que les religions africaines n'ont pas été prises en compte car elles constituent les religions des vaincus, des dominés.

Ce qui nous amène à dire que la colonisation occidentale ne fut pas juste militaire, politique et économique. Elle a été aussi, et c'est le domaine le

---

[506] Christine HENRY et Kadya TALL, « Territoires sorciers », *Revue Cahier d'études africaines* n° 189-190, 2008, 384 pages.

[507] Jean-François DORTIER et Laurent TESTOT « *Les religions, des origines au IIIe millénaire* », Éditions Sciences Humaines, Avril 2017, p.10.

plus important, culturel, social et religieuse. D'où l'importance de la question de savoir comment les traditions africaines ont pu se maintenir et résister aux deux « longues traversées du désert » que sont l'esclavage et la colonisation.

Nos deux points suivants répondront à cette interpellation.

A. Les « anciens », témoins du passé et des traditions

En Afrique, les « cheveux blancs » ont plusieurs significations et ceux qui les ont, jouent un rôle dans la vie de la société. Un vieillard a sa place dans la société africaine. M. Thomas[508] (1983, pp. 69-87) assimile le « statut » de « vieux » à un grade qu'une personne atteint après des années de vie, d'expérience…

Ce grade, si on peut se permettre de paraphraser, M. Thomas, est signe de sagesse et donne à son détenteur toute l'attention, l'écoute, le respect et l'admiration de la société africaine. Elle reprend d'une autre manière la célèbre phrase de l'écrivain, historien et poète malien Amadou Hampâté BÂ, qui disait qu'« en Afrique, un vieillard qui meurt est une bibliothèque qui brûle »[509].

M. Sinaba[510] (2016, pp.90-91), en voulant décortiquer cette célèbre phrase devenue citation pour la nouvelle vague d'auteurs panafricanistes, retrace le contexte et donne le sens de cette citation aujourd'hui. Notre auteur entrevoit dans cette célèbre citation, un lien ; oui un lien entre les anciens et la nouvelle génération. Un lien que permettent l'apprentissage, le recueillement et le ressourcement donc synonyme de bibliothèque.

En Afrique, cette transmission[511] se fait le plus souvent par le biais de l'oralité. Les contes deviennent de ce fait des rudiments accessibles aux jeunes qu'utilisent les anciens pour leur transmettre un savoir ou l'histoire de leur peuple. M. Hampâté BÂ en fait l'apologie dans *Contes des sages d'Afrique*[512] (2004). Ce défenseur de la tradition orale africaine montre la profondeur des messages et des enseignements contenus dans ce moyen de

[508] Louis-Vincent THOMAS, « La vieillesse en Afrique noire ». In : *Communications*, 37, 1983. Le continent gris. Vieillesse et vieillissement, sous la direction de Nicole Benoit-Lapierre. pp. 69-87.

[509] Extrait sur les traditionnalistes dans le discours d'amadou Hampâté BÂ à l'UNESCO, le décembre 1960.

[510] Lanfia SINABA, « *Révélations sur Amadou Hampâté BÂ* », Paris, Éditions Édilivre, Collection Classique, juin 2016, pp.90-91.

[511] Eugene EBODÉ, « *La transmission* ». Paris, Éditions Gallimard, 2002, 187 pages.

[512] Amadou Hampâté BÂ, « *Contes des sages d'Afrique* », Éditions Beaux-Livres, Novembre 2004, 184 pages.

communication qu'est **le conte**. Plus encore, il l'assimile à l'histoire de l'Afrique noire.

Dans *la Sainte Bible*, les évangélistes donnent la parole au Christ sous diverses formes. Celle qui retiendra le plus notre attention est **la parabole**. Le dictionnaire *Le Larousse* définit la parabole comme un *« genre littéraire en usage dans le judaïsme proche -oriental, consistant en une comparaison développée dans un récit conventionnel dont les éléments sont empruntés de la vie quotidienne et permettant de concrétiser un aspect de la doctrine. »* L'origine de ce genre littéraire serait-elle africaine ?

En Afrique noire, ce genre littéraire voire de style de communication est très fréquent. Il a toujours été d'usage dans les enseignements des anciens. Il est en réalité un style d'enseignement avec des exemples tirés de la vie quotidienne. Aurait-elle fait l'objet d'une adaptation et d'une appropriation suite au séjour du peuple juif en terre égyptienne ?

En nous appuyant sur la théorie de Cheikh Anta DIOP sur l'origine noire de l'humanité, il est aisé d'entrevoir cette possibilité. Chez les *Wolof,* la parabole existe mais c'est l'appellation *thiakh* qui est utilisée. Comme la parabole, *le thiakh* fait appel d'une part, à l'imaginaire de la personne et d'autre part, à un exercice de réflexion et de prise de conscience des faits relatés et de sa vie. Par l'exercice des paraboles et des contes, les anciens constituent le fondement de l'oralité et de la culture africaine. Ils sont les témoins du passé et des traditions. Ils ont vécu de près ou de loin ce qu'ils racontent.

Faisant un parallélisme avec le peuple juif, il est aussi évident que c'est la tradition orale qui permettait de transmettre et d'enseigner entre les individus. L'écrit n'étant possible qu'à la suite de la « rencontre » de Moïse avec l'Être Suprême (les dix commandements). Il est vrai que l'écrit laisse des traces et permet de se rappeler des faits de manière précise. Mais, en suivant cette logique, une question mérite d'être posée : les envoyés (Moïse, Jésus et Mohamed) des trois religions monothéistes ont-ils écrit quelque chose ?

Nous répondons par la négative. Ils ont utilisé l'oralité pour parler au peuple de Dieu. Et c'est par l'oralité que leurs contemporains ont raconté leurs faits et gestes à leurs descendances. En ce qui concerne les évangiles, l'écrit n'est que le récit sous la lumière du Saint-Esprit, de la vie et de l'œuvre du Christ sur terre par quatre évangélistes (saint Matthieu, saint Marc, saint Luc, saint Jean). Nous savons aussi que des fois le récit souffre d'une certaine inexactitude à cause de la différence de perception et d'interprétation que chacun peut en faire. Peut-on en dire autant sur les récits décrivant l'histoire des envoyés de Dieu ?

En ce qui concerne *la Sainte Bible*, cette question reste toujours ouverte à des débats entre les historiens et les biblistes. Un débat que nous éviterons car n'étant ni historiens ni biblistes ! Toutefois, nous pouvons dire que ces récits (dans les Évangiles synoptiques comme apocryphes) peuvent souffrir de quelques faits. Mais ils ne peuvent pas être considérés comme des erreurs. Sinon comme une invitation théologique des évangélistes qui, sous l'action du Saint-Esprit, nous aide à découvrir et à comprendre des faits liés à l'ancien et au Nouveau Testament. **La Révélation** reprend ici tout son sens. Elle est un exercice continu de curiosité, de soif et de découverte de la « Face de Dieu ». Elle est une invitation divine à s'associer à la sainteté.

Comprendre les notions de récit de faits profanes (conte, poème…) et de récit de faits sacrés de la Révélation (évangiles…) nous aiderait à aller dans la quintessence même du verbe et du Verbe. Ce diptyque s'impose pour éviter toute erreur dans notre analyse.

Le récit de faits profanes fait appel à une relation de confiance entre **celui qui raconte l'histoire** (le conteur) et **celui qui écoute l'histoire** (son auditoire). Elle diffère de la personne qui la raconte et de l'effet escompté. **Le récit de faits sacrés de la Révélation,** quant à lui, fait appel à une grâce de la part du Révélateur (le Christ) et de la prédisposition à découvrir ce qui était caché. Le « choisi » ou l'« élu » passe de ce fait de la sensation de découverte à celle de plénitude par **la rencontre avec celui qui EST**.

Ainsi donc, le récit de faits profanes est un exercice des hommes pour les hommes. Il s'apparente donc aux contes, *lëub* en langue *Wolof*, aux histoires profanes que les anciens racontent aux plus jeunes pour leur transmettre la culture de leur peuple. Il utilise le verbe pour atteindre son auditoire. **La Révélation est la manifestation de la Divinité et de sa Grâce** pour les hommes dans des textes sacrés relatant la vie et l'œuvre des envoyés de Dieu sur terre et de la « Face de Dieu » à travers son Fils-Unique. Elle utilise le Verbe pour atteindre son auditoire.

Un autre aspect du récit des faits profanes est aussi la capacité de l'individu à comprendre le message que le conteur veut véhiculer. Elle ne s'intéresse qu'à l'intellect de la personne. C'est cet intellect qui, ensuite, motivera des actes et une prise de conscience. Contrairement au récit des faits profanes qui est du verbe, le message des textes évangéliques est dirigé de manière individuelle à chaque âme. **Son objectif principal est de la sauver**.

À la lumière de ces analyses, il convient de ne pas mélanger le verbe et le Verbe. Les récits de faits profanes[513], les histoires de nos ancêtres peuvent manquer de certaines exactitudes. Alors que les textes sacrés que nous

513 Ursula BAUMGARDT sur Alain RICARD, « Littératures d'Afrique noire. Des langues aux livres ». In : *Cahiers d'études africaines*, vol. 35, n°140, 1995. Encrages. pp. 956-957.

assimilons à la Révélation ne peuvent l'être car s'adressant au cœur et à l'âme de l'individu. **Dieu parle au cœur de l'Homme**.

La distinction entre les récits de faits sacrés et les récits de faits profanes nous intéresse encore plus pour soulever un autre point à éclaircir. Il s'agit :

- Des récits de faits sacrés liés à la célébration du culte, à la diffusion de la Révélation par le biais de publications, d'enseignements et de l'évangélisation dans la religion catholique
- Des récits de faits mystiques et sacrés liés à la célébration et aux cérémonies traditionnelles d'incantation, de sollicitation des ancêtres par le biais des « *tours* »[514].

Cette autre distinction montre qu'il y a des personnes choisies pour la proclamation de la parole sacrée. **Dans le catholicisme, cette tâche est confiée aux oints (les prêtres).** Dans les religions traditionnelles d'Afrique noire[515], cette fonction est assurée par les « anciens ». **Ces derniers donnent à des paroles et à des gestes simples d'incantation un sens sacré.**

Dans le cadre de nos recherches, nous nous sommes rendus en Casamance (sud du Sénégal) et à Bula dans le Cacheu (en Guinée- Bissau) pour assister à une cérémonie *diola* d'initiation aux bois sacrés et à une cérémonie de funérailles *mancagne.*

Lors de notre passage (avril 2017) à Bignona, au sud de la Casamance, nous avons eu la chance d'assister aux préparatifs du *bukut* dit aussi *futampaf*[516], de quelques jeunes. Les préparatifs étaient composés d'un important volet mystique. Une étape qui est confiée aux anciens de l'ethnie *Diola,* dont des femmes, si on se réfère à l'argumentaire de M. Ndiaye[517] (2015).

Un argumentaire que nous nous permettrons de mettre en doute. Car lors de notre passage il n'y avait aucune femme, que des hommes. L'organisation sociale de la société *Diola*[518] laisse de grands doutes sur cette possibilité. Peut-être du fait que cela concernait une initiation des jeunes garçons à la vie adulte !

En Guinée-Bissau, nous avons assisté à une cérémonie funèbre *mancagne*. L'essentiel des rituels de la cérémonie était fait par les anciens. Contrairement aux paroles d'incantation en *Diola* lors du *bukut* que nous ne

---

514 Lieux sacrés d'échanges et de sollicitations des ancêtres.

515 Geoffrey PARRINDER, « *La religion en Afrique occidentale* », Paris, Éditions Payot, 1950.

516 Cérémonie d'initiation dans l'ethnie *Diola* (Sud du Sénégal) qui se déroule dans la forêt sacrée.

517 Amadou NDIAYE, « Casamance : le pouvoir des femmes du bois sacrés (3/3) », article publié dans le journal *Le Monde Afrique*, le 16 Décembre 2015.

518 Françoise KI-ZERBO, « *Les sources du droit chez les diola du Ouolof (Casamance, Sénégal)* », Paris, Éditions Karthala, 1997, 218 pages.

comprenions pas, certaines paroles étaient en *Créole* bissau-guinéen dans cette cérémonie funèbre. La majorité des populations du sud de la Casamance et de la Guinée-Bissau parlent cette langue. Les plus anciens, deux hommes disaient successivement *« Matiou Garanti ali bu fidjuki na beng kudibu. L'Être Suprême, voilà ton fils qui vient te répondre ».*

Ces croyances traditionnelles n'ont jamais manqué de repère sur l'existence d'un seul et grand Maître du monde : *Nashibatji*, CELUI qui est aux cieux. C'est LUI qui donne aux anciens la grâce et la sagesse de parler aux peuples en son Nom. Les anciens deviennent de ce fait les témoins de sa bonté et des traditions. Une tradition que la caste des griots[519] se charge de relayer.

B. La caste des griots, relais du présent et des traditions

Le rôle et la place du griot en Afrique noire ne peuvent se comprendre que dans les traditions et dans l'organisation interne des sociétés traditionnelles africaines. M. Dabiré, dans son livre *Le griot, Place, rôle et fonctions dans la société africaine*[520](2016), nous donne une idée assez large de la place « incontournable » du griot dans le vécu des peuples d'Afrique noire et la conservation de leurs traditions. En effet, dans l'organisation interne de la société africaine, il y avait des castes. Chaque caste avait un rôle bien déterminé. On peut citer, par exemple, celle des forgerons, des cordonniers…

Dans cette sous-partie, la caste qui nous intéresse la plus est celle des griots. Ces derniers sont omniprésents dans la société africaine. Ils interviennent sur plusieurs aspects de la vie sociale. Parmi ces aspects nous pouvons citer :

- Celui de **fidèle du roi et du royaume**. Les griots sont les bras droits du roi. Chaque souverain et grande famille a son griot. Ce dernier lui rappelle sa lignée.
- Celui de **chanteur**. Les griots sont, par exemple, la caste des chanteurs dans l'ethnie *Wolof.* Le griot est dans l'assemblée royale, celui qui chante le roi, sa bravoure, la bonté des siens et l'histoire des aïeux du roi et de sa Cour.
- Celui d'**historien, de conteur**. Les griots sont les détenteurs de l'histoire des peuples d'Afrique noire. Ils connaissent les faits historiques dans leurs moindres détails.

[519] Laura Inès MACHIN ALVAREZ, « *Être griotte en Casamance aujourd'hui : Analyse des conditions du métier et du contenu des chants des griottes mandingues* », Mémoire de Master à l'Université d'Oslo, Automne 2008, 136 pages.
[520] Pierre Kpiéllé DABIRÉ, « *Le griot, Place, rôle et fonctions dans la société africaine* », Éditions du net, Septembre 2016, 132 pages.

- Celui d'**orateur.** Les griots ont l'art de la parole. Ils savent transcrire et transmettre les faits, les rendant intelligibles et intéressantes pour ses destinataires.
- Celui de **galvaniseur**. Les griots ont les mots justes pour redonner de la force sur les champs de bataille, devant des obstacles à franchir et face à des difficultés.
- Celui de **généalogiste.** Ils connaissent les parcours des différentes familles du royaume.
- Celui de **stabilisateur social.** Mme Ogier-Guindo, dans son article *Le griot Manding, artisan de la construction sociale : étude d'un chant jula*[521] (2010), décrit l'importance du griot dans les relations sociales entre le roi, sa Cour et ses sujets.

Ces nombreux aspects de la fonction du griot suscitent une grande admiration de la part de M. Sauvé[522] (2007). Dans son mémoire, il souligne la « polyvalence » de cette caste qui a su s'adapter aux temps et aux réalités. Ils sont omniprésents dans la société africaine. Ils savent aussi se rendre indispensables en prêtant leurs « voix » et leurs « silences » aux différentes classes sociales.

Dans l'histoire des royaumes et empires africains, les griots furent les accompagnateurs du roi dans les grands événements. Les griots étaient, en ce qui nous concerne, c'est-à-dire le droit de la guerre en Afrique noire, sur les champs de bataille comme « les psychologues » des « guerriers africains ». Ils étaient « les guerriers du verbe », « les mémoires ambulants » et héréditaires de l'histoire des peuples d'Afrique noire. Les griots étaient les présents dans le passé et les témoins dans le présent à vivre par les nouvelles générations.

Dans son étude, M. Sauvé (2007) fait référence de manière particulière aux *Guewël* du Sénégal. Une appellation que l'ethnie *Wolof* donne à la caste des griots. Il y place cette classe sociale dans son évolution. Les griots existent toujours. La presque totalité des grands chanteurs d'Afrique noire est issue de cette caste.

Il convient de signaler au passage que cette appellation donnée aux griots chez les *Wolof* change en fonction des ethnies. Nous notons par exemple que :

- Chez les *Mandingue*, ils sont connus sous l'appellation de *djeli.*

---

521 Julia OGIER-GUINDO, « *Le griot Manding, artisan de la construction sociale : étude d'un chant jula* », *Signes, Discours et Sociétés*, Discours et institutions, 23 décembre 2010.
522 Jean-Philippe SAUVÉ, « *La culture des griots face à la modernisation : représentations de l'évolution de leur musique et de leur rôle social à Saint-Louis du Sénégal* », Mémoire d'études à l'Université du Québec à Montréal, avril 2007,106 pages.

- Chez les *Mancagne* que nous avons étudiés plus haut, ils sont connus sous l'appellation de *lambat*[523].

Même si ces appellations changent en fonction des ethnies, leurs rôles et leurs places sont plus ou moins les mêmes dans toutes les autres sociétés d'Afrique noire. Nous utilisons l'expression « plus ou moins » car en comparant leurs apports dans les ethnies d'Afrique noire, il convient de mentionner que leurs rôles et places dans les sociétés *Wolof* et *Mandingue* sont beaucoup plus vus, comparés à d'autres sociétés d'Afrique noire. C'est dans ce sens que M. Camara[524] (1992) souligne le rôle de « médiateur » du griot dans la société *Malinké*. En effet, les griots constituent le relais entre le présent et les traditions. Ils influent sur l'avenir des peuples d'Afrique noire avec la manière dont ils manient la parole[525] (le présent) pour parler des traditions (le passé).

****

En outre, il convient de dire que l'organisation interne des sociétés traditionnelles africaines était de telle sorte que chacun avait un rôle précis à jouer.

Dans notre étude, nous avons pris comme exemple deux éléments essentiels des sociétés traditionnelles africaines. Il s'agit d'une part, du respect entre les classes d'âge et d'autre part, de la grande séparation entre les classes sociales.

Pour ce qui est relatif au respect entre les classes d'âge, nous nous sommes focalisés sur la situation des anciens, les plus âgés. Ces derniers, de par leur expérience dans la vie, constituent les régulateurs sociaux de la vie interne.

En ce qui concerne la grande séparation entre les castes, nous nous sommes intéressés à la caste des griots. Ces derniers, de par leurs rôles de relais et de communicateurs, sont les facilitateurs, les intermédiaires entre la noblesse et les autres classes sociales.

Cette organisation sociale interne des sociétés traditionnelles africaines est une preuve de la civilisation des peuples d'Afrique noire. Une société africaine qui reconnaissait des droits et des devoirs à chacun de ses membres que ce soit en fonction de son âge ou en fonction de son statut social.

---

[523] Consulter le lien suivant : https://www.etudier.com/dissertations/Role-Du-Griot-Dans-La-Tradition/67443697.html.

[524] Sory CAMARA, « *Gens de parole : essaie sur la condition et le rôle des griots dans la société Malinké* », Éditions Karthala, Collection Hommes et sociétés, 1992, 376 pages.

[525] Alexis DEMBELE, « Parler comme un conte, ou l'art de transmettre la connaissance en Afrique », *Hermès, La Revue*, vol. 72, no. 2, 2015, pp. 243-249.

Conclusion titre I

L'Afrique a donné au monde la première civilisation à travers l'Égypte antique. Les hiéroglyphes, les momies et les pyramides sont la partie visible d'une Afrique qui a su très tôt se poser la question de l'existence d'un au-delà et les pratiques pour avoir les faveurs de l'Être Suprême. Le nier rimerait à ne pas accepter l'histoire de l'homme sur terre et vouloir s'inventer une autre identité. Ce que les Grecs auxquelles certains[526] s'identifient n'ont pas fait. Car reconnaissant pleinement l'ingéniosité de la première civilisation que constitue l'Égypte antique ?
Nous nous ferons l'économie de revenir sur les démonstrations faites et vérifiées par l'égyptologue Cheikh Anta DIOP[527] (1954) sur l'origine noire du peuple égyptien.

Cela même si une étude récente[528] des chercheurs de l'Institut Max Plank[529] aurait affirmé le contraire. En effet, ces derniers soutiennent que les Égyptiens avaient des origines plutôt eurasiennes.

En ce qui nous concerne, nous attendons la démonstration scientifique de cette affirmation qui, il faut le souligner, a été faite sans une démonstration « sérieuse ». Par rigueur et cohérence scientifique, nous avons choisi de rester sur la théorie de Cheikh Anta DIOP selon laquelle, les Égyptiens sont d'origine africaine.

Cette assertion met du sable (saharien) sur un argumentaire erroné qui a permis aux penseurs et capitalistes occidentaux de faire croire aux populations européennes que l'envahissement et la domination de l'Afrique noire étaient légitimes. Cela semble constituer une erreur historique très grave dans son appréciation et sa perception. Car, contrairement à ce qui était dit, l'Afrique noire vivait de sa propre et riche civilisation. Une civilisation qui a permis d'imaginer et de mettre sur pied la première charte encadrant les droits de l'homme dans le monde : *la charte du Mandé*.

---

[526] Serge LATOUCHE, « La supériorité occidentale en question », *Revue du MAUSS*, vol. 32, no. 2, 2008, pp. 461-468.
[527] Lire Cheikh Anta DIOP, « *Nations, Nègres et Culture* », Éditions Présence africaine, 1954, 568 pages.
[528] Publiée le 31 mars 2017 lors de la conférence annuelle de la Society for American Archaeology, tenue à Vancouver (Canada).
[529] Il s'agit plus précisément de Johannes KRAUSE, Verena SHUENEMANN, Alexander PELTZER, Wolfgang HAAK et Stephan SCHIFFELS.

Titre II
La charte du Mandé, un legs juridique de l'Afrique à l'humanité

L'Afrique a avant tout autre continent dans le monde, pensé à régler les différends entre les hommes. Rien de plus normal, si on s'accorde que l'Afrique est le berceau de l'humanité. Régler les différends entre les hommes rimerait à les prévenir d'une part. Et d'autre part, si les moyens de prévention ne suffisent pas, de veiller à protéger les populations les plus fragiles. C'est ce que l'empereur du Mali, Soundjata KEÏTA a compris dès le début du XIIIe siècle. Lui qui, depuis sa plus jeune et tendre enfance, a vu les fragilités de sa société et s'était donné comme objectif d'être un empereur qui les protège, a instauré à Kouroukan Fouga, ce qu'on appelle la Charte de l'humanisme africain. Cette charte était en vigueur dans le Manden.

Afin de connaître l'origine, le contenu, le sens et la portée de cette charte, nous nous sommes approchés et intéressés aux travaux du professeur Hamidou DIA (4 octobre 1953-4 février 2018). Ce dernier, avec qui nous avons eu la chance d'échanger via les réseaux sociaux sur *la Charte du Mandé*, avait senti l'urgence de mettre en place un groupe de réflexion pouvant réunir des universitaires travaillant sur cette question. C'est dans ce sillage que, après plusieurs échanges et questionnements, il communiquait sur sa page Facebook le 20 mars 2017, la création d'un groupe de réflexion sur *la Charte du Mandé*. Un groupe de réflexion placé sous l'égide des chefs d'État du Sénégal, du Mali, de la Côte d'Ivoire, de la Guinée Conakry, de la Mauritanie et de la Guinée-Bissau et qui porte le nom de « *Club du Mandé* »[530].

Le professeur Hamidou DIA déclinait les principaux objectifs de ce « *Club du Mandé* » en disant :

> *« Le « Club Mandé » est un précieux outil de réarmement civique dont l'objectif est d'œuvrer pour une réappropriation de la charte du Mandé par les peuples en vue d'en exploiter le riche gisement culturel. Face à la crise morale et éthique mais aussi à une perte des valeurs et des repères sans précédent, le « Club Mandé » est un outil précieux de réarmement. »*

[530] Consulter le site internet dédié au club du Mandé : https://clubdumande.org/le-club/.

Cette reprise textuelle de sa communication est un alibi pour rendre hommage à un grand intellectuel qui a beaucoup œuvré pour la diffusion de *la Charte du Mandé* dans le monde.

Un autre intellectuel africain retiendra notre attention dans l'analyse de ce chapitre. Il s'agit de l'écrivain malien Yambo OUOLOGUEM (22 août 1940- 14 octobre 2017). Ce dernier dans un célèbre roman, *Le devoir de violence*[531] (2018), fait un diagnostic sans complaisance de la situation de « l'Afrique du XIIIe au XXe siècle ».

Deux auteurs et acteurs du panafricanisme que nous utiliserons pour nous positionner à équidistance entre deux camps. Les partisans du « nombrilisme panafricaniste » qui croient en une Afrique parfaite et sans tache « noire » d'une part. Et d'autre part, ceux de « l'effectivité de la pensée africaine » qui n'hésitent pas à dénoncer les dérives des leaders africains sur leurs propres populations. Car cette charte, institutionnalisée par l'empereur Soundjata KEÏTA et « proclamée en 1236 [450 ans avant l'indépendance américaine, contemporaine de la révolution *Torodo* et 553 ans avant la Révolution française de 1789] »[532], constitue une réponse humaniste à un monde en dérive.

Le professeur Hamidou DIA souligne qu'elle « compte 44 articles portant des dispositions comme : « l'abolition de l'esclavage, la protection de la nature, la protection de l'étranger, le respect de la femme, l'éducation des enfants, la parenté à plaisanterie ». Des dispositions qui montrent que l'Afrique a pensé aux droits et libertés fondamentaux avant que certains continents, qui se « targuent » aujourd'hui d'être des défenseurs des droits humains, n'y accordent de l'importance. Et c'est ce qui a valu à *la Charte du Mandé* la reconnaissance « comme patrimoine immatériel » de la part de l'UNESCO.

Il ne s'agirait aucunement de faire de « la langue de bois » si nous affirmons que *la Charte du Mandé* est le précurseur au niveau mondial de la prise en compte des droits des personnes dans la société. Pris dans ce contexte, le droit constituait un outil de protection des faibles contre les dérives des plus puissants. Il était le bouclier des plus faibles contre les abus des plus forts.

Avant d'aller plus loin dans notre réflexion, il reste juste à signaler le diptyque qui existe entre la conception des droits et libertés dans le continent africain et par exemple, dans le continent européen.

---

531 Yambo OUOLOGUEM, « *Le devoir de violence* », Paris, Éditions du Seuil, Mai 2018, 294 pages.

532 Publication sur le réseau social Facebook du professeur Hamidou DIA, du 20 mars 2017 sur la création du « *Club Mandé* ».

En Afrique, les populations s'identifient par leurs tribus, leurs clans et leurs communautés. Le droit est ici relatif à la liberté d'un ensemble, d'une communauté. Il n'est pas pris individuellement. C'est dans ce sens que les droits humains en Afrique sont en quelque sorte inhérents à un ensemble : le peuple. C'est cette conception qui a été reconnue par les rédacteurs et promoteurs de **la Charte Africaine des Droits de l'Homme et des Peuples**[533] pour poser le débat de l'originalité africaine sur les questions relatives aux droits et libertés fondamentaux.

En Afrique, comme le note aussi M. Bastide[534] (1993), l'individualisation y est un phénomène presque inexistant. À l'opposé, la société européenne prône et s'est organisée dans « un élan individualiste ». Ce que M. Braudel (1978) déchiffre comme étant une culture matérialiste[535]. De ce fait, les droits de l'Homme se voient et se vivent de manière individuelle (**Charte Européenne des Droits Fondamentaux).**

Ces deux « antagonismes » dans la perception des droits humains, leur étendu, leur champ de vision et d'application chez les penseurs panafricanistes et leurs compères occidentaux font aujourd'hui de *la Charte du Mandé*, un héritage mal compris (**chapitre I**), voire même dilapidé (**chapitre II**).

533 Alioune Badara FALL, « La Charte africaine des droits de l'homme et des peuples : entre universalisme et régionalisme », *Pouvoirs*, vol. 129, no. 2, 2009, pp. 77-100.

534 Roger BASTIDE, « *Le principe d'individuation (contribution à une philosophie africaine)* », dans *La notion de personne en Afrique noire*, Paris, Éditions L'Harmattan, 1993 (1973), 596 pages.

535 Fernand BRAUDEL, « *Civilisation matérielle et capitalisme* », volume III, Paris, Éditions Armand Collin, 1979.

Chapitre I
Un héritage mal compris

La Charte du Mandé paraît être l'affirmation d'une Afrique consciente de la vie en commun et de la protection des droits des plus faibles. Elle prend le contrepied d'une thèse selon laquelle les peuples d'Afrique noire ne connaissaient pas l'écrit[536]. *La Charte du Mandé* serait la preuve que l'Afrique a pensé à éradiquer le problème de l'esclavage avant même la déclaration de 1848[537].
La Charte du Mandé symbolise de fait un esprit de dépassement de l'homme noir sur des querelles et des abus qui s'opéraient et pourraient exister en période de conflit. Elle coïncide avec une période de conflit religieux dans les sociétés européennes. Une période de conflit qui s'identifiait comme étant celle de « *la Trêve de Dieu et de la Paix de Dieu* »[538]. En effet, le continent européen a pendant longtemps été le théâtre de plusieurs conflits confessionnels. Des conflits qui avec l'islamisation et la christianisation furent transposés sur le sol africain vers les XIIIe, XIXe et XXe siècles.

Il nous paraît ici opportun de préciser que la traite transsaharienne ne s'est pas faite de manière concomitante avec l'islamisation du continent noir. Quant à la traite transatlantique, M. Montagnon (2010, p.558) soutient qu'elle s'est faite avant l'évangélisation. Ce qui corrobore nos dires. En effet, les informations reçues tendent, et nous l'avons souligné dans notre introduction, vers la confirmation du fait que « *l'évangélisation en Afrique n'a pas précédé la colonisation. Elle a été conjointe* »[539].

En nous référant aussi aux anciennes colonies françaises, c'est au XIXe siècle que les premiers missionnaires français eurent foulé le sol des royaumes et empires de l'intérieur de l'Afrique. Il s'agit, pour être plus précis et d'après les indications de M. Montagnon (2010, p.558) :

- « *Des pères blancs qui ont été en Algérie, au Sahara et au Soudan,*
- *De la Congrégation du Saint-Esprit (au Sénégal, en Gambie, en Guinée française (Conakry), en Oubangui Chari et au Gabon),*

536 Ursula BAUMGARDT et Jean DERIVE, « *Introduction* », *Littérature africaine et oralité »,* Éditions Karthala, 2013, pp. 5-8.
537 Abolition de l'esclavage dans les colonies françaises.
538 Charles De BEAUREPAIRE, « La paix et la trêve de Dieu, histoire des premiers développements du tiers état par l'Église et les associations », par Ernest Semichon. In : *Bibliothèque de l'école des chartes*. 1858, tome 19. pp. 294-302.
539 Pierre MONTAGNON, « *Dictionnaire de la colonisation française* », Paris, Éditions Pygmalion, 2010, p.558.

- *Des Missions africaines de Lyon qui ont été au Dahomey (actuel Bénin) et en Côte d'Ivoire.*[540] »

Avec la transposition des conflits confessionnels liés à l'islamisation et à la christianisation, quelle fut la posture des empereurs et rois d'Afrique d'une part et des élites africaines d'autre part ?

Il semble que ce sont eux les premiers à ne pas respecter l'esprit et les principes de *la Charte du Mandé*. Pire encore, ils ont été des artisans de la perte de leurs peuples. La posture et la démarche d'une partie des élites et dirigeants africains dans la période pré, pendant et postcolonial, montrent que loin de faire la promotion de *la Charte du Mandé*, ils se sont départis de cet outil africain dans le règlement des conflits nationaux, sous régionaux et régionaux. Un « déni de considération » qui contraste avec leur prédisposition pour embrasser des méthodes venues d'ailleurs et non adaptées aux réalités africaines.

Pour ce qui est de la période précoloniale, nous l'avons vu et soulevé, les empereurs et rois africains ont dans leur majorité été des alliés de la ponction de leur population. Le mot « *collaborateur* » fut utilisé par l'auteur de *Génocide voilé, enquête historique*[541] pour distinguer ces derniers des autres empereurs et rois « loyaux » d'Afrique noire.

Pour ce qui est de la période postcoloniale, Mme Mappa (1998) donne une lecture plutôt amère de l'apport des élites africaines dans le devenir de leur continent. Son œuvre, *Pouvoirs traditionnels et pouvoir d'État en Afrique. L'illusion universaliste*[542] donne une parfaite description de la main néfaste des élites africaines dans le « Golgotha perpétuel » dans lequel l'Afrique fut plongée.

Malgré les nombreuses introspections[543], la marche de l'Afrique noire vers le développement reste un mirage dans un désert de bonne volonté. Nous donnons certes raison à Felwine SARR et à Axelle KABOU quand le premier compare cette situation à de l'*Afrotopia*[544] (2016) et la seconde s'interroge pour savoir *(Et) si l'Afrique avait refusé le développement ?*[545] (2000). Mais loin de ces réalités soulevées dans leurs livres, une question

---

540 *Idem.*

541 Tidiane N'DIAYE, « *Le génocide voilé, enquête historique* », Éditions Gallimard, Collection Folio, Février 2017, 320 pages.

542 Sophia MAPPA « *Pouvoirs traditionnels et pouvoir d'État en Afrique. L'illusion universaliste* », Paris, Éditions Karthala, 1998, 210 pages.

543 Fabien EBOUSSI BOULAGA, « *Les conférences nationales en Afrique noire* », Éditions Karthala, Les Afriques, 1993.

544 Felwine SARR, « *Afrotopia* », 'Paris, Éditions Philippe Rey, 2016, 157 pages.

545 Axelle KABOU, « *Et si l'Afrique refusait le développement ?* », Éditions L'Harmattan, Mai 2000.

mérite d'être posée : les élites africaines doivent-elles se limiter à des constats ?

Nous répondons par la négative. Ces deux livres invitent, nous semble-t-il, à une réaction. Les intellectuels africains doivent aller au-delà d'un constat ; ils doivent agir. N'est-ce pas la suite logique après des années de dénonciations à travers des mouvements comme celui de la Négritude[546] ?

Le réveil des peuples d'Afrique noire est aujourd'hui une réalité. Puisque les outils pour se développer furent mis à disposition des empereurs et des élites africaines depuis le XIIIe siècle : qu'est-ce qui n'a pas fonctionné ?

Des leaders comme Patrice LUMUMBA[547] et Thomas SANKARA ont été des faisceaux d'espérance d'une prise en compte des valeurs africaines dans la gestion de la cité (la politique). Ils ont été écartés de suite, pour ne pas dire assassinés.

Il convient de situer les responsabilités et de tirer les leçons des erreurs du passé. *La Charte du Mandé* était, est et devrait servir de fil conducteur pour prévenir et résoudre de manière non radicale comme on le voit de nos jours, les différents guerres et conflits armés. Des affrontements armés qui n'ont cessé d'être le quotidien des populations du continent noir depuis l'arrivée des tribus arabo-musulmanes et des Occidentaux. La *Charte du mandé* s'affiche à nos yeux comme un héritage mal compris par les institutions africaines (**paragraphe I**) et internationales (**paragraphe II**).

Paragraphe I : Par les institutions politiques africaines

L'héritage politique africain se lit « en alphabet braille »[548]. Il est fait par et pour une catégorie de personnes : un bon nombre d'empereurs, de rois et d'élites africaines qui rendirent difficilement lisible l'histoire de ce continent. Une histoire qui semble être écrite par des personnes dont la vision du monde se limite au présent (leur propre enrichissement et avantage). Et pourtant, elle aurait pu être un mélange entre le respect des valeurs traditionnelles et l'influence occidentale[549]. Mais en réalité, elle est comme le dit Abdoulaye DIARRA, juge à la Cour Suprême du Mali, un

546 Jean KHALFA, « Naissance de la négritude », *Les Temps modernes*, vol. 656, no. 5, 2009, pp. 38-63.

547 Patrice LOUMOUMBA, « "*Africains levons-nous*", discours du 22 Mars 1959 », Éditions Points, Septembre 2010, 64 pages.

548 Du nom de son créateur Louis Braille et destiné à des personnes à handicap visuel.

549 Jacques MAQUET, « *Africanité traditionnelle et moderne* », Paris, Éditions Présence Africaine, 1967.

« mimétisme des États africains »[550] sur les pays colonisateurs. M. Boris DIOP en fait étale dans *Le temps de Tamango*[551] (2002). En effet, il retrace dans son œuvre ce complexe d'infériorité des élites africaines post-indépendances qui n'avaient d'yeux et d'oreilles que pour l'Occident.
Le constat amer de notre auteur sur la situation du continent noir au lendemain des indépendances rejoint la perception d'autres penseurs panafricanistes africains comme David DIOP[552] (1987) et Cheikh Hamidou KANE[553](1961). Ces deux auteurs panafricanistes africains reprochent aux élites africaines de se plier à l'idéologie occidentale jusqu'à perdre leurs repères.

La lecture que nous faisons de ces deux œuvres est que des « *Samba Diallo* »[554], une partie des élites africaines en ont créé. Elles l'étaient d'ailleurs ! Car entre-déchirées dans leurs fors intérieurs entre la culture de leurs ancêtres et celle de leurs nouveaux « amis » : les Occidentaux. D'ailleurs, pour la plupart d'entre eux, ils ont préféré laisser de côté le raisonnement lointain des « *coups de pilon* » des femmes du village au bruit citadin des voitures. « Le complexe du blanc » avait pour certains pris le dessus sur leur ancienne identité. C'est dans ce sens que M. Diakité (1986) affiche sa désolation en affirmant que l'Afrique *est malade d'elle-même*[555]. Une désolation qui fait suite à une absence de prise en compte des politiques entreprises depuis le lendemain des indépendances pour hisser le continent africain au rang des zones émergentes.

Même s'il est dur de l'admettre pour les peuples d'Afrique noire, M. Verschave[556] (2005) est convaincu qu'une partie de leurs élites a contribué grandement à leur perte. Rien de plus normal alors d'en déduire et d'admettre l'idée selon laquelle *l'Afrique noire est mal partie*[557](2012) ?

Nul besoin d'une boule de cristal pour parvenir aux conclusions de M. Dumont. Ce dernier, auteur du livre que nous venons de citer, prenait à témoin la situation de l'agriculture au lendemain des indépendances pour

---

550 Abdoulaye DIARRA, « *La protection des droits et libertés en Afrique noire francophone depuis 1990, le cas du Mali et du Bénin* », p.9.
551 Boubacar Boris DIOP, « *Le temps de Tamango* ». Paris, Éditions Serpent à plumes, 2002, 250 pages,
552 David DIOP, « *Coups de pilon* », Paris, Éditions Présence africaine, 1987, 91 pages.
553 Cheikh Hamidou KANE, « *L'aventure ambiguë* », Paris, Éditions R. Juillard, 1961, 207 pages.
554 Personnage principal de « *L'Aventure ambiguë* ».
555 Tidiane DIAKITÉ, « *L'Afrique malade d'elle-même* », Paris, Éditions Karthala, 1986, 170 pages.
556 François-Xavier VERSCHAVE, « *De la Françafrique à la Mafiafrique* », Éditions Tribord, Collection Flibuste, Janvier 2005, 70 pages.
557 René DUMONT, « *L'Afrique noire est mal partie* », Éditions Seuil, Collection H.C Essais, Octobre 2012, 320 pages.

dépeindre le tableau fantaisiste que certaines élites africaines se faisaient d'un développement du continent par la richesse de ses terres. Ce que M. Bhêly-Quenum[558] (1962) ne vit pas d'un même œil. Et effectivement, dans un article publié dans le journal *Le Monde Diplomatique*, ce dernier reprocha à M. Dumont « *d'avoir tenu compte, dans un ouvrage aussi grave [...], de petits faits insignifiants ou insuffisamment contrôlés* ». C'est dans cette perspective qu'il lui rétorqua : *L'Afrique noire est-elle si mal partie ?*

Afin de départager ces deux auteurs qui, il est important de le signaler, ont des positions légitimes et fondées sur des exemples précis de la vie africaine, nous pouvons dire que beaucoup de choses restent à faire en Afrique noire. Que faire alors ?

Des propositions n'ont pas manqué. Plusieurs auteurs ont réfléchi sur la question. Si pour certains, comme M. Waberi[559] (2005), la solution passe par une union des États afin d'être beaucoup plus efficace, pour d'autres, cette union doit être précédée d'une prise en compte des réalités africaines, des aspirations du peuple et de la question des plus démunis. C'est dans cette perspective que MMM. Bayart, Toulabor et Mbembe (2006) proposent *Le politique par le bas en Afrique noire*[560]. Ce dernier, M. Mbembe, dans deux de ses œuvres, tente de préciser ses propos en appelant avant tout à « *Sortir de la grande nuit* »[561] (2010). Cette « sortie », à notre avis, ne serait possible sans une prise de conscience des différences ; une thérapie interne ! Une autocritique comme le ferait, dans son tribunal conjugal « Rami », personnage principal du livre de Mme Chiziane[562] (2006). Pourquoi cette comparaison ?

Nous faisons un parallélisme entre ce personnage (première épouse de Tony) et la situation de l'Afrique noire (première « épouse de la Création »). *Qu'est-ce que la différence ? Une exclusion selon la race, la culture ou le niveau de développement ?*

Selon M. Mbembe (2013, p.262), « *la différence se constitue dans le désir (voire l'envie), ce désir n'est pas nécessairement désir de puissance. Ce peut être également le désir d'être protégé, d'être épargné, d'être préservé du*

---

[558] Olympe BHELY-QUENUM, « *L'Afrique noire est-elle si mal partie ?* » Article publié dans le journal Le Monde Diplomatique, Décembre 1962, 10 pages.
[559]Abdourahman Ali WABERI, « *Aux États-Unis d'Afrique* », Paris, Éditions Lattès, 2005. 232 pages.
[560] Jean François BAYART, Achille MBEMBE et Comi TOULABOR, « *Le politique par le bas en Afrique noire* », Paris, Éditions Karthala, Juillet 2007, 320 pages.
[561] Achille MBEMBE, « *Sortir de la grande nuit. Essai sur l'Afrique décolonisée* », Paris, Éditions la Découverte, 2010, 254 pages.
[562] Paulina CHIZIANE, « *Le parlement conjugal* », traduit du portugais par Sébastien Roy, Éditions Arles, Actes sud, 2006, 382 pages.

danger.[563] » Chaque continent, chaque peuple a ses particularités. Les développer serait en quelque sorte une manière de proposer ses richesses à la construction du monde. C'est dans ce champ d'idées qu'il convient, conformément aux perspectives données par notre auteur, de « *proclamer la différence* ». La proclamation de la différence est pour lui, « *un moment d'un projet plus large-le projet d'un monde qui vient, d'un monde en avant de nous, dont la destination est universelle, un monde débarrassé du fardeau de la race, et du ressentiment et du désir de vengeance qu'appelle toute situation de racisme.*[564] »

« Proclamer la différence » implique aussi une acceptation de sa différence, donc de ses ambitions. *La Charte du Mandé* retrouve en cette démarche tout son sens. Et c'est précisément dans cette lancée que l'Union africaine (**A**) et les politiques africaines[565] (**B**) devraient s'orienter.

A. Le manque de repère de l'Union africaine

Le *Dictionnaire le Larousse* entend par repère « *une marque ou un objet permettant de s'orienter dans l'espace, de localiser quelqu'un ou quelque chose* »[566]. Des indépendances à nos jours, l'Afrique a connu deux étapes de regroupement des États pour la création d'une entité régionale. Chaque étape eut ses générations de politiques, d'historiens, d'anthropologues et de philosophes pour l'accompagner, la faire connaître et critiquer ses imperfections. Nous appellerons cela les différentes générations de panafricanistes.

La première génération de panafricanistes a été celle des résistants coloniaux (cités auparavant). Dans ce cadre précis de notre étude, nous nous intéressons uniquement aux dernières heures de la colonisation (1920-1960) et à la période postcoloniale (1960-1980).

La particularité de cette génération de panafricanistes africains est qu'elle comptait en son sein l'essentiel des théoriciens et acteurs du mouvement de la Négritude[567]. Ce sont ces derniers, philosophes, anthropologues...qui prirent les rênes politiques du continent noir des mains des colonisateurs. Ils tentèrent dès les premières heures d'œuvrer pour la réunification du continent. C'est dans ce sens que, après des années « d'indépendance », les

[563]Achille MBEMBE, « *Critique de la raison nègre* », Paris, Éditions La Découverte, 2013, p.262.

[564] Op. Cité, p.263.

[565] Mongo BETI, « *Main basse sur le Cameroun : autopsie d'une décolonisation* ». Paris, Éditions La Découverte, 2003. 269 pages.

[566] « *Dictionnaire Larousse Maxipoche 2018* », Paris, Éditions Larousse dictionnaires, 2017, p. 1205.

[567] Ari GOUNONGBE et Lilyan KESTELOOT, « *Les grandes figures de la négritude* », Éditions L'Harmattan, Décembre 2007, 164 pages.

États africains sentirent à un certain moment le besoin d'unir leurs forces pour mieux affronter les problèmes liés au développement économique, à la stabilité politique etc. Cette première étape de rassemblement donna naissance à l'Organisation de l'Unité Africaine[568] le 25 mai 1963.

L'OUA est le fruit de plusieurs rencontres et échanges sur des questions qui intéressaient le continent africain et dont deux visions s'affichaient.

Les partisans de ces deux visions que nous « caricaturons » en forme d'aile d'un oiseau (OUA) se sont toujours respectés. Et c'est ainsi qu'ils ont pu œuvrer ensemble pour le bien du continent noir en faisant des compromis. Il s'agit de ce que nous pouvons appeler « l'aile de Casablanca » et « l'aile de Monrovia ».

« L'aile de Casablanca » comme son nom l'indique portait l'empreinte et les idéaux du roi Mohamed V, souverain du Maroc. Quant à « l'aile de Monrovia », elle portait l'empreinte du Nigeria.

Ces deux ailes ont su aller au-delà de leurs différences de perception sur la marche à suivre de l'Afrique et joindre leurs forces autour de l'essentiel : la création d'une structure régionale chargée de prendre en compte leurs aspirations pour le développement de l'Afrique. C'est leur reconnaître cette paternité de citer nommément leurs noms. Il s'agit :

- De l'éthiopien Hailé Sélassié 1er,
- Du ghanéen Kwame NKRUMAH,
- Du kenyan Jomo KENYATA,
- Du sénégalais Léopold Sédar SENGHOR,
- Du mauritanien Mocktar Oul DADA,
- Du malien Modibo KEÏTA,
- Du guinéen Ahmed Sékou TOURE,
- De l'ivoirien Félix HOUPHOUET-BOIGNY,
- De l'abbé Filbert YOULOU du Congo -Brazzaville,
- De Joseph KASA-VUBU de la République Démocratique du Congo,
- Du tanzanien Julius NYERERE,
- Du soudanais El Nymeiri,
- Du libyen Mohamed Idriss El-Mahdi El-Senussi,
- De l'egyptien Gamal Abdel Nasser,
- De l'algérien Ouary BOUMEDIENNE,
- Du tunisien Habib BOURGUIBA,
- Du marocain Mohamed V,
- Du togolais Sylvanus OLIMPIO.

[568] Lire Mirlande MANIGAT, « L'Organisation de l'Unité Africaine », in : *Revue française de science politique*, 21e année, n°2, 1971. pp. 382-401.

Ces « pères » de l'unité africaine ont marqué le rythme de l'Afrique postcoloniale. Ils ont mené la lutte pour l'indépendance et ont imprimé la cadence de la nouvelle Afrique. Ils furent accompagnés dans leurs démarches par des anthropologues, des théologiens (Vincent MULAGO...), des historiens (Hamidou DIA...) qui menèrent la bataille intellectuelle de la « restauration » de l'histoire de l'Afrique. C'est dans ce sens que des historiens comme M. Ki-Zerbo[569] (1972) ont proposé une réécriture de l'histoire, mais aussi précisé qu'il fallait une projection vers le futur.

L'erreur de cette première vague de panafricanistes est d'avoir orienté l'essentiel de leurs actes autour de la dénonciation des politiques occidentales en Afrique (esclavage, colonisation). Et surtout de chercher à faire le contraire de ce qu'ils avaient promis une fois leur accession à la magistrature suprême. Les dénonciateurs d'hier devinrent alors les alliés d'aujourd'hui.

La conséquence de cette politique étrangère est que l'Afrique est passée du statut de continent indépendant au statut de continent dépendant de l'aide et de la coopération de l'Occident. Ils se départirent de *la Charte du Mandé* pour aller embrasser les règles de gouvernance des pays occidentaux. Telle une greffe de tête qui n'a pas tenu, les politiques africaines à la sauce occidentale n'ont pas fonctionné.

Ils ont voulu mettre la charrue avant les bœufs. En effet, la première étape de cette génération de panafricanistes devait être, à notre avis, la consolidation de la notion de « ***Nation africaine*** » car l'État se base sur un fondement : **la Nation**. Mais ils ont voulu, tel un défi aux colonisateurs, faire un État semblable à le leur et ensuite y fédérer le sentiment de Nation.

La réalité est qu'après des années de séparation, les ethnies avaient besoin de se retrouver d'abord avant de penser à se fédérer pour l'édification d'un État. Des États qui dès leurs premières heures d'existence acceptèrent, en ce qui concerne les anciennes colonies françaises, la main tendue pour une coopération. Le résultat de cette coopération n'est plus un secret de polichinelle. L'Afrique est devenue beaucoup plus pauvre qu'avant. Les conflits armés n'ont jamais été aussi nombreux. Dans leur majeure partie, ils sont devenus relatifs aux problèmes des terres (frontières entre les nouveaux États). Des terres qui historiquement appartenaient à une ethnie et qui sont devenues la propriété de l'État avec l'avènement de la République.

La faute nous semble imputable à une mauvaise prise en compte de la période de transition entre l'effondrement des empires, des royaumes, la domination coloniale et l'avènement des États indépendants. Au lieu de mener à la reconstruction de l'Afrique, ces manquements dans la période

569 Joseph KI-ZERBO, « *Histoire de l'Afrique noire, d'hier à demain* », Paris, Éditions Hatier, 1972, 738 pages.

transitionnelle ont été fatals aux différents panafricanistes africains devenus chefs d'État dans leur pays d'origine.

Des erreurs que la nouvelle génération (1980-2020) de panafricanistes tentera d'éviter. Une nouvelle génération qui connaîtra en 2002, le passage de l'Organisation de l'Unité Africaine (OUA) à l'Union africaine (UA).

Le changement de l'Organisation de l'Unité Africaine est qualifié par M. Rostane (2015, pp. 459-483) de mimétisme du voisin européen qui entre dans la ligne de la création de l'Union européenne (1993)[570]. Nous ne pouvons confirmer ni réfuter cette perception. Cependant la ressemblance dans le nom et le mode de fonctionnement pousse à le croire.

Revenant à la nouvelle génération de panafricanistes, composée d'auteurs comme Achille MBEMBE, Alain MABANCKOU, Tidiane N'DIAYE..., elle ne se limite plus à la constatation de la situation des populations d'Afrique noire. Elle donne des perspectives et propose des solutions pour accéder au rang de l'émergence. Cette nouvelle génération s'appuie sur les œuvres, les faits, les grandes orientations et les actes posés par l'ancienne génération pour fustiger le comportement des nouveaux instruments de la domination occidentale. Des institutions et mécanismes qui s'affichent comme des « goulots d'étranglement » du continent africain[571].

L'occasion, faisant le larron, nous nous intéresserons à ces politiques censées faire avancer le continent noir. Elles se reconnaîtront sous l'appellation de politiques de développement et de coopération pour le développement. Mais qu'est-ce que le développement ?

Le développement, ce phénomène qualifié de « mot-valise »[572] par l'économiste M. Sarr (2016, p.17), est assimilable à « *une tentative d'universaliser une entreprise qui a trouvé en Occident son origine et son degré de réalisation le plus abouti. Il est d'abord l'expression d'une pensée qui a rationalisé le monde avant de posséder les moyens de le transformer.*[573] » Une idée sur laquelle se reposent d'ailleurs des penseurs et scientifiques européens comme MMM. Magrin, Dubresson, Ninot et Mme Boissière[574] (2016) qui s'interrogent pour savoir si l'Afrique est vraiment *un continent émergent.*

---

570 Mehdi ROSTANE, « L'imitation du modèle de l'Union européenne dans d'autres contextes régionaux ». Michele Vellano. *L'avenir des organisations internationales. Perspectives juridiques*, Editoriale Scientifica, pp.459-483, 2015, 978-88-6342-757-8.

571 Lire René DUMONT et Marie-France MOTTIN, « *L'Afrique étranglée* », Paris, Éditions Seuil, 1980, 274 pages.

572 Felwine SARR, « *Afrotopia* », Paris, Éditions Philipe Rey, Mars 2016, p.17.

573 Op, cité, p.21.

574 Géraud MAGRIN, Alain DUBRESSON, Olivier NINOT et Aurélie BOISSIÈRE, « *Atlas de l'Afrique, un continent émergent ?* », Paris, Éditions Autrement, Collection Atlas/Monde, Octobre 2016.

Le tort de l'Afrique a été de s'aligner sur ces critères occidentaux de la notion de « développement ». C'est ce qui amènera M. Sarr (2016, p.21) à dire que « *le tour de force a été de poser les sociétés occidentales comme des référents et de disqualifier toutes les trajectoires et formes d'organisation sociale autres.*[575] »

En se basant sur ces explications données par l'économiste M. Sarr (2016, p.21) précisant que cette conception faisait que « *toute société différente des sociétés euraméricaines devenait sous-développée* »[576], il n'est pas étonnant de constater que la majeure partie voire la totalité des pays d'Afrique noire soit différente des pays de l'Occident. Est-ce un tort d'être différent ?

Nous répondons par la négative. Car les peuples d'Afrique sont nés différents de ceux de l'Occident. Ils ont vécu des années sans avoir connaissance de la guerre et de ses méfaits. M. Césaire[577](1955) dira au contraire que ceux qui se « targuent » du développement, ce sont ceux-là qui ont eu à construire des monstres comme Hitler et à attiser la foudre des guerres mondiales en Afrique. Au nom du colonialisme, ils ont impliqué les peuples d'Afrique [tirailleurs sénégalais, par exemple, même si nous avions préféré l'appellation de « tirailleurs africains »] dans « leurs guerres ».

Comme si l'Afrique n'avait pas assez donné de ses fils, la colonisation vient rappeler ces abus de domination de l'homme occidental sur l'homme noir. C'est dans ce sillage qu'il est intéressant de se poser la question de savoir si ce serait un fléau, une malédiction de naître en Afrique noire.

Le dire serait maudire tout un continent et accuser l'Être Suprême de leur avoir tourné le dos. Ce serait surtout justifier l'esclavage, la colonisation et la « coopération ». La coopération, revenons-en pour voir ce qu'elle a apporté au continent Africain dans la prévention et le règlement des conflits armés. L'état de santé de l'Union africaine est la preuve de l'écart entre les élites[578] et leurs peuples. Prenons le rôle de l'Union africaine dans la prévention et la résolution des conflits armés. Il n'y a jamais eu autant de bases militaires de pays occidentaux, de guerres interethniques et tribales en Afrique que depuis les années 1960. La coopération aurait permis d'accentuer la mainmise des pays occidentaux sur la vie et le futur des pays d'Afrique noire.

---

[575] Felwine SARR, « *Afrotopia* », Paris, Éditions Philipe Rey, Mars 2016, p.21.

[576] *Idem.*

[577] Aimé CÉSAIRE, « *Discours sur le Colonialisme* », Paris, Éditions Présence Africaine, 1955.

[578] Sylvain C. ANIGNIKIN, « Les élites africaines et l'indépendance : le cas des "évolués" du (Bénin) », In : *Outre-mers*, tome 97, n°368-369, 2e semestre 2010. Cinquante ans d'indépendances africaines, sous la direction de Catherine Coquery-Vidrovitch et Hélène d'Almeida-Topor. pp. 21-35.

Cette situation est perçue comme un éternel recommencement de l'histoire des rapports entre les peuples d'Afrique et l'Occident. En effet, à la suite « des faiblesses » des empereurs et rois d'Afrique noire qui ont été des « collaborateurs » de la puissance coloniale en vendant leurs propres sujets, aujourd'hui, sous la bannière de la coopération, les élites politiques n'hésitent pas à sacrifier leurs propres populations dans des traités et accords (APE)[579] qui aident à dépouiller l'Afrique de ses biens.

Face à cela, que peut le peuple contre ses nouveaux « collaborateurs » de la puissance capitaliste occidentale ?

Il nous semble que le peuple se doit de réagir en prenant en main sa propre destinée. La démocratie n'est-elle pas un gouvernement du peuple par le peuple ? Elle est un début de solution aux maux de l'Afrique noire. C'est dans ce contexte que M. Mbembe invite les Africains à aller au-delà des slogans. Il les somme de *Sortir de la grande nuit*[580] (2010).

Cette invitation doit s'accompagner d'une prise de conscience de *l'homo africanus* que tente de réveiller notre auteur dans *Critique de la raison Nègre*. En effet, M. Mbembe (1988) cherche à ce que le continent noir soit *indocile*[581] face à ces différentes formes de domination du capitalisme occidental. Une réaction attendue de la part des élites africaines que M. Mabanckou comprend et oriente vers le réveil des consciences. Il préconise la réaction dans le sens de « *penser et écrire l'Afrique aujourd'hui* »[582].

Sa proposition, ne serait-elle pas se contenter de « la phase de dénonciation » comme le faisaient les auteurs de la Négritude ?

Il est intéressant de voir que ce que M. Mabanckou propose c'est d'aller au-delà de la dénonciation. En effet, notre auteur est entré dans une logique de réécriture de l'histoire : la vraie histoire du peuple d'Afrique noire. Une histoire qui accepte son passé et tend la main au futur avec des conventions de partenariat et non de coopération pour le bien de l'Afrique. Il rejoint de ce fait la solution de Senghor : « s'enraciner dans sa culture et son histoire pour pouvoir s'ouvrir à l'autre ».

Une invitation qui nécessite pour sa réalisation des visionnaires qui seront appelés et seront prêts aussi à se sacrifier eux-mêmes pour le bien de leur peuple. Ce qu'aujourd'hui l'Afrique n'a pas et que peine à représenter l'Union africaine.

---

[579] Accord de Partenariat Économique.

[580] Achille MBEMBE, « *Sortir de la grande nuit. Essai sur l'Afrique décolonisée* », Paris, Éditions la Découverte, 2010, 254 pages.

[581] Achille MBEMBE, « *Afriques indociles* » Paris, Éditions Karthala, 1988,224 pages.

[582] Alain MABANCKOU, « *Penser et écrire l'Afrique aujourd'hui* », Éditions Seuil, Février 2017, 224 pages.

B. L'absence de « visionnaires » dans un continent de « rêveurs »

Se plaindre du capitalisme rime à une aberration. Un nombrilisme dans lequel aime baigner la grande majorité des panafricanistes « spécialisés » dans la dénonciation. Ces panafricanistes voient en l'Occident le mal alors qu'ils sont eux-mêmes des « occidentés »[583].

Le capitalisme ? Oui il y en a aussi en Afrique. Il faut en parler ! Car ne pas le faire serait « jeter la pierre » sur un pécheur comme nous. Comment comprendre les rois et empereurs d'hier qui ont d'après M. N'diaye[584] (2017, pp.141-162), « collaboré » avec les forces esclavagistes et coloniales en vendant leurs propres sujets ? Comment comprendre cette élite africaine qui a « coopéré » avec les puissances occidentales en hypothéquant l'avenir de leurs concitoyens ?

Il convient d'accepter le fait que ces derniers y trouvaient ou y trouvent leurs comptes. Ils étaient rémunérés soit par des biens matériels, soit par des titres[585]. L'argent, ce dieu du capitalisme occidental devint par magie celui des rois, des empereurs et des élites « capitalisées »[586] d'Afrique noire. La richesse était devenue leur principal objectif. Elle se faisait en « s'enrichissant sur le dos » de leurs « frères » d'Afrique noire. **L'esclavage** (sévices corporels) que combattaient les initiateurs de *la Charte du Mandé*, s'est converti avec le temps en **esclavage économique**. Certes il existait déjà, mais la décolonisation et la coopération l'ont rendu plus inhumain. La recherche effrénée du profit s'étendit et gangrena tous les peuples d'Afrique noire. Le dieu de l'argent prit le dessus sur le Dieu des valeurs africaines[587].

Dans ce jeu de rôle avec comme seul repère la recherche effrénée du profit, les « occidentés » et « capitalisés » ne reçurent des mains de leurs nouveaux modèles (occidentaux) que « des miettes » pour le lourd tribut de leurs « trahisons ». Tel un Juda Iscariote offrant Jésus Le Christ aux pharisiens, ces derniers livrèrent l'Afrique aux mains et aux idées des capitalistes occidentaux.

---

583 Nous appelons « occidentés » les Africains qui, suite à leurs études en Occident, se plaisent dans le dénigrement de leurs frères d'Afrique en usant de la notion de civilisé ou non civilisé.

584 Tidiane N'DIAYE, « *Le génocide voilé, enquête historique* », Éditions Gallimard, Collection Folio, Février 2017, pp.141-162.

585 Lire Ferdinand OYONO, « *Le vieux nègre et la médaille* », Éditions 10 x18, Collection Domaine de France, Mars 2005, 192 pages.

586 Nous appelons « capitalisés », les africains qui, ont eu à collaborer avec les puissances occidentales non par principe, mais par ce qu'ils étaient même plus véreux que les capitalistes européens.

587 Emmanuel MBOUA, « *Fondement des valeurs éthiques africaines* », Éditions L'Harmattan, Avril 2012, 270 pages.

Dans ce troc de l'Afrique, les principaux bénéficiaires furent les capitalistes occidentaux. Ils réussirent à créer, après la prouesse abominable de l'esclavage, l'étape sombre de la colonisation et de la tromperie de la coopération, une Afrique en perdition. Ces « occidentés » et « capitalisés » offrirent aux capitalistes occidentaux l'Afrique d'hier, d'aujourd'hui et de demain. L'exemple du franc CFA est assez illustrateur. Après des décennies, il continue d'être un lourd fardeau, difficile à porter sur la tête des pays d'Afrique noire.

Face à cette situation d'autosuicide totale, il convient de situer les responsabilités de chacun. C'est tout l'intérêt de se poser la question de savoir qui aurait permis cette autodestruction via des politiques contraires au développement de l'Afrique ? Et pourquoi ?

En s'associant à cette dévastation du continent africain, certains rois et empereurs servirent de première « lame » pour couper toute possibilité de croissance et de développement de leur propre continent. S'en suivit une partie des élites qui, au lendemain des indépendances, jouèrent le rôle de deuxième « lame ». S'en plaindre qu'aux capitalistes occidentaux serait vouloir leur jeter l'opprobre. Car le mal de l'Afrique est interne, non externe. Les capitalistes occidentaux n'ont fait que proposer un monde en fonction de leurs intérêts. Celui ou celle qui accepta de les suivre pensait avoir une rémunération en contrepartie. Et c'est ce qui semble être la motivation de ces rois, empereurs et élites africaines.

Soulever ces tares de l'Afrique noire ne signifie pas y rester. Y rester serait un éternel retour à l'exercice favori des pères de *la Négritude*[588]. La question qui se pose aujourd'hui est de savoir comment sortir de cette situation. Autrement dit, quelle orientation prendre pour que l'Afrique aille de l'avant ?

Répondre à cette question précise est source d'imbroglio chez les auteurs de la nouvelle génération de panafricanistes. Si des groupes de pression ont choisi d'orienter leurs maux contre la France (le mouvement « *France Dégage* » du sénégalais Guy Marius SAGNA, le mouvement panafricaniste radical du béninois Kémy SEBA...), des réponses beaucoup plus « sérieuses » et plus « équilibrées » ont eu aussi à se faire. Il s'agit de celles de certains acteurs panafricanistes comme M. Mbembe[589] (2000) qui tente, suite à son diagnostic de la situation politique dans l'Afrique d'aujourd'hui, de « s'imaginer une solution ». M. Mbembe (2000) pointe du doigt une

---

588 Léopold Sédar SENGHOR, « Qu'est-ce que la négritude ? », *Études françaises*, 3(1), 1967, 3–20.

589 Achille MBEMBE, « *De la postcolonie. Essai sur l'imagination politique dans l'Afrique contemporaine* », Paris, Éditions Karthala, 2000, 302 pages.

certaine élite africaine qui monopolise le pouvoir en s'érigeant le droit de vie et de mort[590] sur leurs propres populations. Il fait allusion à l'incapacité des nouveaux « maîtres » de l'Afrique de se départir du modèle de gestion et de gouvernance de leurs « anciens maîtres ». Pire encore, après la colonisation, c'est l'ère de la « clanisation » voire de la « famillisation » des pouvoirs. Les dictatures africaines[591] complétèrent la liste des bourreaux du peuple africain. MM. Sané et Angoula[592] (2016) s'offusquent de la déperdition des valeurs, des cultures et des mœurs africaines qui s'opèrent au fur à mesure avec la complicité des dirigeants politiques.

Répondre à la question de savoir quelle orientation prendre rimerait à expliquer les enjeux pour la survie de l'Afrique de demain. Pour cela, il existe des objectifs à moyen et long terme. M. Éla[593] (2007) pense que la science peut être un atout favorable pour faire avancer l'Afrique de demain. Nous sommes tentés de lui répondre par une série d'autres questions :

- Que sont devenues les techniques de guerre, d'agriculture et de chasse de l'Afrique d'avant ?
- Les Africains ont-ils conscience de leurs potentiels, de leurs richesses et de la valeur de leurs anciens ?

Car en mettant de côté des legs comme *la Charte du Mandé*, c'est une autre réalité que les peuples d'Afrique devront accepter et vivre : celle des peuples venus d'ailleurs. Une réalité que décrit de fort belle manière M. Cumin[594] (2015) dans sa lecture « occidentale » du droit de la guerre. L'encadrement de la guerre sous l'œil du droit international humanitaire se fit sans l'apport des peuples d'Afrique ni le legs de *la Charte du Mandé.*

Aujourd'hui, l'encadrement du droit de la guerre que les spécialistes assimilent au droit international humanitaire répond à l'initiative des conventions de 1949[595] et des protocoles de 1977 et de 2005[596].

[590] Op. Cité, p.32.

[591] Lire Nuruddin FARAH, « *Variations sur le thème d'une dictature africaine* », trad. de l'anglais par Christian Surber. Carouge-Genève, Éditions Zoé, 1994-1997.

[592] Ibou SANE et Jean-Claude ANGOULA, « *Famille et politique en Afrique : entre le meilleur et le pire* », Éditions L'Harmattan, Collection Études africaines, Juillet 2016, 229 pages.

[593] Jean-Marc ÉLA, « *L'Afrique à l'ère du savoir : science, société et pouvoir* », Éditions L'Harmattan, Collection études africaines, Janvier 2007, 410 pages.

[594] David CUMIN « *Le droit de la guerre, traité sur l'emploi de la force armée en droit international* », Éditions L'Harmattan, volume 3, Novembre 2015, 468 pages.

[595] Les conventions de Genève du 12 août 1949.

[596] Les protocoles additionnels I, II (08 Juin 1977) et III (2005) aux Conventions de Genève.

****

En outre, il convient de dire que c'est l'Afrique elle-même, de par ses institutions nationales, sous régionales et régionales, qui a écarté *la Charte du Mandé* comme instrument de prévention et de règlement de ses conflits.

Ce n'est qu'aujourd'hui, après des siècles de politiques importées de l'Occident, que des chefs d'État africains comme Paul KAGAME du Rwanda et Macky SALL du Sénégal, exigent auprès des Nations Unies « un règlement des conflits africains par des Africains ». En effet, Macky SALL, président de la République du Sénégal, profitait de l'ouverture du Forum sur *la Paix et la Sécurité en Afrique*[597] pour « prôner une solution africaine dans la gestion des crises en Afrique ».

Cette nouvelle donne ouvre-t-elle la voie à un retour « aux mécanismes africains de règlement des conflits » ?

Ce qui est sûr c'est que ce sont des mécanismes qui ont eu à porter leurs fruits. Les prémices d'une résolution africaine des crises affectant les Africains se font jour. La crise entre les rebelles du Mouvement des Forces Démocratiques de Casamance (MFDC) et l'État du Sénégal en est la preuve[598]. Elles contrastent avec les situations extrêmes auxquelles certaines résolutions des Nations Unies plongent le continent africain, car pas appropriées à la réalité africaine.

Paragraphe II : Par les institutions internationales

Après des décennies d'esclavage et de colonisation sur le continent africain, le capitalisme occidental a réussi à faire passer ses idées et sa conception du monde. Il a de fait initié et instauré des règles pour la prévention et le règlement des conflits[599]. Des conflits qui, pour la majeure partie, sont les conséquences de leur vision du monde. Car des armes qui déciment et arrêtent des vies dans cette partie du monde, ils en sont les producteurs. Ils arment eux-mêmes le chaos qui secoue cette partie du monde. En effet, quand quelqu'un se lance dans la production d'armes c'est qu'il espère les vendre à des « clients » et que ces derniers les utiliseront. **Qui achèterait des armes pour faire de la décoration ?**

C'est ainsi que s'affiche l'utopie de semer la guerre pour venir après la décrier. Cette attitude contraste avec l'idée des puissances occidentales de vouloir faire de la paix dans le monde un objectif majeur. C'est dans ce

---

597 Les 13 et 14 Novembre 2017 à Diamniadio (Sénégal).

598 Vincent FOUCHER, « "Tradition africaine" et résolution des conflits. Un exemple sénégalais », *Politix*, vol. N° 80, no. 4, 2007, pp. 59-80.

599 Rosemary ABI-SAAB, « *Droit international humanitaire et conflits internes. Origine de la réglementation internationale* », Paris, Éditions Pèdone, 2003, 140 pages.

« nuage utopique » que planaient les principaux instigateurs et acteurs des deux guerres mondiales. Chaque fin de guerre fit l'objet d'une initiative humaniste en réponse au langage des armes. Ce fut d'abord au tour d'une institution regroupant les principaux États impliqués dans la Première Guerre mondiale. Ils mirent en place à la suite de la Première Guerre mondiale la SDN en 1919 (traité de Versailles). Et ensuite, ils se regroupèrent à la fin de la deuxième guerre mondiale autour de l'ONU en 1945.

Dans ces regroupements de 1919 et de 1945, certains pays n'ont pas eu droit au chapitre. C'est le cas des pays d'Afrique qui, soumis aux souverainetés coloniales à cette période de l'histoire, n'eurent pas accès aux organismes décisionnels internationaux après leurs indépendances qui se déclarèrent entre quinze (15) et trente (30) années plus tard. L'Afrique : 54 États « indépendants » actuels soumis aux décisions des cinq (5) membres permanents du Conseil de Sécurité des Nations Unies (**A**) et « à l'arrogance » de la politique de l'Europe occidentale (**B**).

A. L'Afrique actuelle, 54 États indépendants « soumis à l'arbitrage partisan » du Conseil de Sécurité des Nations Unies

Le continent africain semble avoir toujours été un spectateur de la politique internationale. La conjoncture internationale actuelle en est la preuve. Des cinquante-quatre (54) États « indépendants » que compte le continent africain, aucun n'est membre permanent du Conseil de Sécurité des Nations Unies. Les principaux acteurs des deux guerres mondiales (14-18) et (39-45) sont aujourd'hui les principaux acteurs de « la paix mondiale ». Ils furent à l'initiative pour lutter contre leurs propres pratiques. C'est par le biais de conférences qu'ils tentèrent de combattre à leur manière les maux causés à l'Afrique noire et qui continuent de hanter le sommeil de tout un continent. Il s'agit effectivement, en ce qui concerne la pratique de l'esclavage, de conférences comme celles antiesclavagistes de Bruxelles[600].

Pour ce qui est de la fin de la colonisation donc de « l'indépendance » des peuples d'Afrique, il a fallu comme le souligne M. Houbert[601], attendre ou y aspirer de manière progressive. Cette « mise sous tutelle » du continent noir ne cessa pas avec la décolonisation. Car avec l'avènement du Conseil de Sécurité des Nations Unies, elle semble se faire sous une autre forme : celle des décisions d'institutions supranationales et du caractère « obligatoire » de l'application de leurs résolutions.

---

600 Lire Louis DELMER, « *Les Conférences antiesclavagistes libre données au Palais des Académies de Bruxelles les 28, 29 et 30 Avril 1891* », Bruxelles, Société Antiesclavagiste de Belgique— Comité de Bruxelles 1892, 110 pages.

601 Lire Pierre HOUBERT, « Ce jour-là : le 30 janvier 1944 s'ouvre la conférence de Brazzaville », article publié dans l'hebdomadaire *Jeune Afrique*, le 30 Janvier 2017.

Les institutions supranationales, contrairement à la tentative de M. Nze Ekome[602] (2009) de les défendre, donnent l'impression d'une « domination par procuration ». C'est dans ce sens que Mme Saihi[603] (2011), dans sa thèse pour le doctorat en droit public, expose les limites dans le fonctionnement et les prises de décision du Conseil de Sécurité des Nations Unies. En effet, elle soulève l'épineuse question du positionnement du Conseil de Sécurité dans des conflits impliquant un de ses membres. Des positionnements qui laissent entrevoir une impuissance manifeste de cette institution quand il s'agit de trancher ou d'agir contre l'avis de ses membres permanents.

Étant donné que l'essentiel des guerres et conflits armés dont nous faisons l'analyse dans le cadre de cette étude entre dans cette logique, que faire alors ?

Mme Saihi propose des étapes qui lui semblent logiques et raisonnables pour arriver à parfaire cette institution supranationale. Elle préconise tout d'abord « une interprétation progressiste de la définition de la notion d'"occupation" telle qu'énoncée par le Règlement de La Haye (IV) de 1907 et la IVe Convention de Genève de 1949.[604] » Ceci dans le but d'intégrer ensuite « ces nouvelles formes d'occupations pacifiques, présentant de grandes similitudes avec les occupations de guerre.[605] » En effet, l'article 42 du Règlement (IV) de 1907 dispose : « *un territoire est considéré comme occupé lorsqu'il se trouve placé de fait sous l'autorité de l'armée ennemie. L'occupation ne s'étend qu'aux territoires où cette autorité est établie et en mesure de s'exercer.* »

L'article 47 de la IVe Convention de Genève de 1949 précise :

> « *Les personnes protégées qui se trouvent dans un territoire ne sont privées, en aucun cas ni d'aucune manière, du bénéfice de la présente Convention, soit en vertu d'un changement quelconque intervenu du fait de l'occupation dans les institutions ou le gouvernement du territoire en question, soit par un accord passé entre les autorités du territoire occupé et la Puissance occupante, soit encore en raison de l'annexion par cette dernière de tout ou partie du territoire occupé.* »

---

602 Médard NZE EKOME, « *Le rôle et la contribution de l'ONU dans la résolution des conflits en Afrique : cas de l'Afrique Centrale* », Éditions Mare et Martin, Mars 2009, 318 pages.

603 Majouba SAIHI, « *Le Conseil de sécurité des Nations Unies et le droit de l'occupation de guerre* », Thèse pour le Doctorat de l'Université de Toulouse 1 Capitole (Droit public) sous la direction de Jean-Marie Crouzatier, 2011, XVI-405 pages.

604 Résumé de la thèse de Majouba SAIHI, « *Le Conseil de sécurité des Nations Unies et le droit de l'occupation de guerre* », Thèse pour le Doctorat de l'Université de Toulouse 1 Capitole (Droit public) 2011, XVI-405 pages, — Directeur : Jean-Marie Crouzatier, disponible sur thèse.fr.

605 *Idem.*

Ne se limitant pas à juste faire une proposition, Mme Saihi pense que « *l'objectif est d'éviter qu'il n'attribue aux puissances occupantes des missions qui dépassent le cadre juridique imposé par le droit des conflits armés.*[606] » En effet, « *l'autorisation par le Conseil de Sécurité d'opérations de paix, telle qu'une administration civile transitoire ou une force multinationale avec un mandat de la paix avec recours à la force armée, suite à un conflit impliquant ses propres membres permanents ouvre le débat sur leur réglementation.*[607] »

B. « L'arrogance » de l'Europe après des siècles de pillage et de falsification de l'histoire du continent africain

Les rapports entre l'Afrique et l'Europe semblent avoir été faussés depuis longtemps par l'entreprise de l'esclavage et de la colonisation. D'autant plus que les motifs de ces deux événements historiques souffrent dans leurs argumentaires.

La première avait comme motif le prétexte selon lequel « les peuples d'Afrique noire étaient des sous-hommes ». *La malédiction de Cham* aida à solidifier cette thèse. Un « prétexte » qu'écarte d'un revers de main le *Canon 96* « *par le baptême, un être humain est incorporé à l'Église du Christ et y est constitué comme personne avec les obligations et droits qui sont propres aux chrétiens, toutefois selon leur condition, pour autant qu'ils sont dans la communion de l'Église et pourvu qu'aucune sanction légitimement portée n'y fasse obstacle.* »

La seconde, quant à elle, s'articulait dans « un élan d'humanisme et par esprit de civilisation de cette partie du monde »[608]. L'histoire retiendra que ces peuples dits « civilisés » et qui avaient décidé de faire « entrer l'Afrique dans la civilisation » s'entredéchirèrent dans des guerres confessionnelles (du XVIe au XVIIIe siècle). Et qu'aujourd'hui, au XXe siècle, après des siècles d'évangélisation des peuples d'Afrique noire, ils prônent des concepts comme la laïcité, la démocratie et la République. Ils les imposent aujourd'hui à l'Afrique noire comme étant les principales références de « la bonne santé d'un peuple ». En outre, c'est selon les circonstances et les époques que ces derniers dictent les critères d'« excellence » et de « médiocrité ».

Le capitalisme, qui eut raison des peuples noirs avec ces immenses bateaux négriers, passe aujourd'hui le témoin au libéralisme et au néolibéralisme.

606 *Ibidem.*
607 *Ibidem.*
608 Françoise VERGES, « Approches postcoloniales de l'esclavage et de la colonisation », *Mouvements*, vol. 51, no. 3, 2007, pp. 102-110.

Ces derniers s'affichent comme les nouveaux dieux à vénérer. M. Baboin-Jaubert[609], dans l'esprit d'afficher les contradictions que nous n'avons cessé de soulever entre le capitalisme esclavagiste, évangélisateur et colonisateur, apostropha des penseurs libéraux comme John LOCKE, Tocqueville et l'Abbé Emanuel-Joseph SIEYES, pour exposer les divergences entre l'Église catholique et le libéralisme.

Le dernier penseur cité nous intéresse, car dans sa position d'homme d'Église et d'homme d'État, ces prises de position[610] ont, entre autres, conduit à l'avènement de la démocratie représentative en France. Mais dans le cadre de notre recherche, nous nous focaliserons le plus sur ses conceptions de l'Église et du Libéralisme. Pour l'Abbé Emanuel-Joseph SIEYES « *il faut faire disparaître le clergé en tant qu'ordre, il convient de le garder en tant que corps politique de la Nation, ayant son utilité sociale, soumis néanmoins, comme tous les pouvoirs publics, à la volonté nationale et au pouvoir constituant.*[611]»
Ces changements politiques et sociaux qui étaient propres à la culture et à l'évolution de la société occidentale furent « imposés » à un continent qui avait des objectifs différents. Ces « as » du libéralisme d'aujourd'hui, évangélisateurs et colonisateurs d'hier, et esclavagistes d'avant-hier, semblèrent trouver la notion de « pays en voie de développement » pour caractériser les pays africains. Ils édictent aujourd'hui de nouvelles règles pour se « protéger »[612] des migrants alors qu'ils étaient les premiers à avoir fait le chemin inverse.

Nous ne reviendrons pas sur cette notion, car déjà expliqué dans le « petit un (01) » du paragraphe précédent. Mais, nous nous servirons de cela pour nous poser la question de savoir s'il est cohérent de demander à l'Afrique d'être au même niveau économique que l'Europe après des années d'esclavage et de colonisation.

Répondre à cette question montre, il semble, la situation ironique à laquelle le monde occidental veut soumettre l'Afrique noire. Cette comparaison paraîtrait « mal-fondée ». Une expression juridique qui a tout son sens dans cette tentative de mettre l'Europe et l'Afrique au même point de départ sur le plan économique. Ne pas tenir compte des causes pour lesquelles cette

---

[609] Christian BABOIN-JAUBERT, « *L'Église catholique pour ou contre le libéralisme ?* », Lyon, Éditions Chronique Sociale, Févier 1991,195 pages.
[610] Lire Emanuel-Joseph SIEYES, « *Qu'est-ce que le Tiers État ?* » Éditions Flammarion, Collection Champs Classiques, Mars 2009, 188 pages.
[611] Christian BABOIN-JAUBERT, « *L'Église catholique pour ou contre le libéralisme ?* », Lyon, Éditions Chronique Sociale, Févier 1991, p.41.
[612] Georges TADONKI « Hypocrites Européens : le droit des Africains à l'immigration », *Outre-Terre*, vol. No 17, no. 4, 2006, pp. 27-31.

comparaison est « mal-fondée » serait assimilable à de la « moquerie » ou de l'« arrogance ». D'après M. Berthelot[613] (2014, pp.12-14) avec qui nous avons pu échanger, ce qualificatif de « mal-fondé » persiste avec « *des accords de libre-échange tous azimuts* » comme les Accords de Partenariat Economique (APE). M. Ramonet[614] (2018), dans un article paru dans le journal *Le Monde Diplomatique*, en fait une parfaite analyse. Il fait état de ce « ras-le bol » des populations africaines de l'« arrogance » de l'Europe capitaliste.

Cette question sur la cohérence de mettre l'Europe et l'Afrique au même pied sur le plan économique fait appel à une autre interrogation. En effet, à la lecture des rapports entre ces deux continents, il serait intéressant de se poser la question de savoir si l'Europe se serait développée sans l'Afrique.

La réponse à cette question est non ! M. Pervillé (1994) dans son livre *L'Europe et l'Afrique de 1914 à 1974*[615] en donne les raisons. Notre auteur décrit la dépendance de l'Europe occidentale aux ressources humaines et minières de l'Afrique noire pendant cette période précise de l'Histoire.

****

En outre, il convient de dire que le monde s'est, ou tente de se faire sans le continent africain. Le bien et le mal, tel que les conçoivent les théoriciens capitalistes occidentaux de l'esclavage et de la colonisation, ont dès lors choisi leur camp.

Le bien serait assimilable à la culture européenne. Quant au noir, il serait affilié au mal. Cette idéologie alla jusqu'à « caricaturer » le quotidien des faits sociaux que nous vivons. En effet, ces mêmes théoriciens de l'hégémonie capitaliste occidentale firent du noir, au-delà de la mélanine, la couleur de la mort, du deuil, du malheur… Et du blanc, la couleur de la paix, de la vie et de l'amour…

Le capitalisme occidental s'est de ce fait, fait maître du monde. Il fit de l'Afrique un continent maudit, peuplé de sous-hommes qu'il ait fallu amener à la civilisation, guider dans le droit chemin et exploiter, car ne savant pas quoi faire de leurs vies.

---

613 Jacques BERTHELOT, « Le baiser de la mort de l'Europe à l'Afrique », Article publié dans le journal *Le Monde Diplomatique*, Septembre 2014, pp.12-14.

614 Ignacio RAMONET, « L'Afrique dit "non" », Article publié dans le journal *Le Monde Diplomatique*, Janvier 2008, p.01.

615 Denise BOUCHE sur Guy PERVILLÉE, « L'Europe et l'Afrique de 1914 à 1974 ». In : *Revue française d'histoire d'outre-mer*, tome 82, n°308, 3e trimestre 1995. p. 342.

À la question de M. Zerah[616], de savoir s'il y'avait une malédiction africaine, des auteurs africains donnèrent leurs avis. Il est important de souligner que la question de la malédiction est très présente dans les croyances et pratiques mystiques en Afrique. Chigozie OBIOMA, lors de son interview avec Mme Bloch-Lainé[617] (2016), répondait à la question de l'existence ou non d'une forte croyance aux malédictions en Afrique noire. Il confirmait le fait que la malédiction est une croyance bien présente en Afrique noire. L'histoire tragique des quatre (4) frères qu'il raconte dans son livre, *Les pêcheurs*[618], en est une parfaite illustration. C'est dans ce sillage que M. Shanda Tonme[619] (2011) semble aussi leur donner raison quand, suite à une analyse des faits majeurs de l'histoire du continent noir, il arrive à la conclusion que l'Afrique noire est peut-être maudite. Un *ndeup*[620] général à l'image *des enfants Lébou*[621] possédés s'impose alors pour tous les habitants de ce continent.

Un *ndeup* général qui aura comme centre d'intérêt l'héritage de *la Charte du Mandé*. En effet, il convient de se poser la question essentielle et existentielle, dans la perspective de l'acceptation d'une possibilité d'être frappé par une malédiction, de savoir : qu'est-ce que l'humanité a fait de cette charte ?

Notre seconde section se chargera de répondre à cette question.

---

616 Dov ZERAH, « Y'a-t-il une malédiction africaine ? », article publié sur le site *Financial Afrik*, le 29 septembre 2014.
617 Virginie BLOCH-LAINÉ, « *La malédiction, une croyance très présente en Afrique* », Interview de Chigozie OBIOMA, publiée dans le journal Libération, le 15 Avril 2016.
618 Chigozie OBIOMA, « *Les pêcheurs* », traduit de l'anglais par Serge CHAUVIN, Éditions l'Olivier, Avril 2016, 304 pages.
619 Jean-Claude SHANDA TONME, « *La malédiction de l'Afrique noire : de la Négritude à la Négrocratie* », Éditions L'Harmattan, Novembre 2011, 178 pages.
620 Cérémonie mystique pratiquée, par exemple, chez les *Lébou* du Sénégal. Elle consiste à se réunir autour du *xamb* (lieux de résidences des dieux) pour questionner les dieux sur l'origine de leurs malheurs.
621 Georges BALANDIER, « L'Enfant chez les Lébou du Sénégal », in : *Enfance*, tome 1, n°4, 1948. pp. 285-303.

Chapitre II
Un héritage dilapidé

L'héritage de l'Afrique noire au monde[622] ne peut ni ne doit se jauger que sur le plan économique et politique. Ce serait se perdre et perdre l'Afrique dans des statistiques et des chiffres. Ce serait également finir par accepter ce que nous avons appelé en paraphrasant Felwine SARR, le piège des « mots — valises ». Ce que nous nous efforçons jusqu'à présent d'éviter.
L'héritage de l'Afrique noire au monde va au-delà de cela[623]. Il est évaluable et estimable dans les valeurs que *l'homo africanus* incarne et amène comme apport à la civilisation mondiale. Cet héritage est humain et humaniste. Il est porteur d'espoir pour chaque être humain. L'humain est mis ici avant l'économie, les statistiques, les chiffres et le profit. L'humain est positionné avant la « politique politicienne ». L'humain est placé avant toute autre créature et création de l'homme sur terre.

L'héritage de l'Afrique noire au monde moderne est une caution qui garantit une fusion entre l'homme créé à l'image de Dieu et la nature, temple du sacré. Cette vision du monde contraste avec celle que véhicule le monde capitaliste occidental. Ce monde capitaliste occidental a réussi à faire de la politique un moyen de domination et de faire régner un groupe social. Et pourtant, la politique n'est-elle pas l'art de gérer la cité ?

Si oui, elle doit et devrait s'intéresser encore davantage à l'épanouissement de l'homme, à son bien-être, à l'organisation et à l'aménagement d'un cadre favorable pour le vivre ensemble. En quelque sorte, c'est ce qu'ont réussi les peuples d'Afrique noire. En effet, les initiateurs de *la Charte du Mandé* ont laissé à l'Afrique du XIIIe siècle, au monde et à la postérité une image ineffaçable de la culture de la paix et du respect des droits humains. Les peuples d'Afrique noire ont su poser les jalons d'un monde sachant répondre aux défis des conflits armés, des tensions et des guerres entre les peuples. Ils ont montré au monde la voie à suivre et aux hommes la seule religion valable : celle de la paix, de la fraternité et de l'amour du prochain.

Les peuples d'Afrique noire ont fait de l'épanouissement de l'homme, le sujet principal de leurs préoccupations ; et de la vie, le seul sanctuaire valable. D'où cet adage Wolof qui dit : « *nit, nit ay garabam* »[624]. Cet adage rappelle une réalité que le monde d'aujourd'hui semble oublier. C'est en tout

---

622 Melville Jean HERSKOVITS, « *L'héritage du noir* », Paris, Éditions Présence Africaine, 1966.
623 Amadou Elimane KANE, « Éthique, culture, éducation et renaissance africaine », *Après-demain*, vol. n° 31-32, nf, no. 3, 2014, pp. 35-36.
624 L'homme est le remède de l'homme.

cas le constat de Hobbes[625] (2000) quand il affirme dans le Léviathan : « *homo homini lupus est* »[626].

Cette nouvelle réalité rendit inaudible l'héritage de *la Charte du Mandé* dans les rendez-vous internationaux où se discutaient la paix, la prévention et la résolution des conflits. Elle participa activement à la dilapidation de l'héritage des peuples d'Afrique noire au monde. Même si les Africains (**paragraphe I**) et les nouveaux maîtres du monde (**paragraphe II**) ne furent pas exempts de tout reproche.

Paragraphe I : De manière « inconsciente » par les Africains

La « non -acceptation » de *la Charte du Mandé* et la non-exploitation de ses orientations font de l'Afrique noire ce qu'elle est aujourd'hui. Un continent mit « sous tutelle internationale » qui vit et s'inspire de la culture occidentale. Pour y remédier, après des siècles d'esclavage, de colonisation et de domination, des élites africaines ont pensé proposer une nouvelle vision de l'Afrique. Une vision qui serait loin de ce que l'Europe capitaliste occidentale souhaiterait en faire. C'est dans ce sens que sur le plan philosophique et historique des auteurs comme Achille MBEMBE, Felwine SARR, etc. se réunissent autour d'un cadre intellectuel qu'ils appellent *Les ateliers de la pensée*[627]. Ils consistent à réunir des penseurs panafricanistes pour cogiter sur l'Afrique d'aujourd'hui et décliner les grandes lignes pour arriver à un lendemain meilleur. Ces rencontres scientifiques tentent de réécrire l'histoire de l'Afrique en l'ouvrant au monde.
Sur le plan politique, la tendance va vers une renaissance africaine[628]. C'est dans ce sens que l'ancien chef d'État du Sénégal, dans une vision panafricaniste des rapports entre le continent noir et le reste du monde, se lança dans l'édification d'une statue incarnant l'Afrique d'hier, d'aujourd'hui et de demain. Cette dernière porte comme nom : la statue de la Renaissance africaine.

Pour comprendre l'histoire de ce symbole de l'Afrique nouvelle, nous nous sommes rendus à Dakar en avril 2017. Lors de notre visite du monument, nous avons constaté qu'elle était constituée :

---

625 Thomas HOBBES, « *Le Léviathan* », Éditions Folio, Collection Folio essais, Novembre 2000, 1024 pages.

626 L'homme est un loup pour l'homme.

627 Consulter le lien https://www.lesateliersdelapensee.com/.

628 Cheikh Mbacké DIOP, « La Renaissance africaine : Enjeux et perspectives culturelles, scientifiques et techniques dans l'œuvre de Cheikh Anta Diop », *Présence Africaine*, vol. 175-176-177, no. 1, 2007, pp. 469-497.

- **D'un homme** : en torse nu et un « cache sexe » déchiré. Il tenait un enfant dans un bras et guidait une femme avec l'autre bras.
- **D'un enfant**,
- **D'une femme** : son bras tendait vers l'arrière ainsi que ses cheveux et ses habits.

D'après le guide qui nous avait accueillis lors de notre visite du monument, la statue représente le réveil de l'Afrique noire. Elle est pleine de symboles : « l'enfant pointe son doigt vers un horizon indiquant un avenir radieux, le futur de l'Afrique. La femme qui tend vers l'arrière rappelle le passé douloureux de l'Afrique noire ».

Cette statue qualifiée de « symbole de la volonté d'une Afrique en marche »[629] est critiquée dans *Atlas Obscura*[630] (2014). En réalité dans ce dernier, ce n'est pas la statue de la Renaissance africaine elle-même perçue comme une œuvre d'art véhiculant un message qui est visée. Mais ses constructeurs que le site qualifie de structure « de la propagande nord-coréenne ». Cette critique semble manquer de fondement dans la mesure où d'autres statues existent dans le monde et l'histoire ne retient que le message qu'elles véhiculent. En visite à New York, nous attarderions-nous sur le constructeur de la statue de la Liberté ou sur ce que cette statue représente pour les États-Unis ?

La statue de la Liberté a son histoire et son symbole. L'UNESCO explique que :

> « *La valeur symbolique de la Statue de la Liberté réside dans deux facteurs essentiels. Elle a été représentée par la France dans l'intention d'affirmer l'alliance historique entre les deux pays. Elle a été financée par souscription internationale pour reconnaitre des principes de liberté et de démocratie par la Déclaration d'indépendance des États-Unis, que la Statue tient de la main gauche.*
>
> *La statue est aussi rapidement devenue et demeure un symbole de l'arrivée d'immigrants de nombreux pays aux États-Unis à la fin du XIX*e *et au début du XX*e *siècle. Elle reste un symbole extrêmement fort inspirant, la médiation, le débat et la contestation d'idéaux comme la liberté, la paix, les droits de l'homme, l'abolition de l'esclavage, la démocratie et la chance* »[631].

---

629 Lamiche, « *Le monument de la renaissance africaine, symbole de la volonté d'une Afrique en marche* », Article publié dans le site Blake's, le 20 Mars 2017.

630 « *Découvrez l'histoire de ce gigantesque monument de sénégalais construit par la propagande Nord-coréenne* », article publié dans *Atlas Obscura,* traduit par Andréa FRADIN, le 29 août 2014.

631 Lire une brève synthèse de l'UNESCO sur la statue de la liberté : https://whc.unesco.org/fr/list/307.

La statue de la Renaissance africaine rappelle au peuple d'Afrique noire l'importance de leur histoire et de leur destinée[632]. Avec l'édification d'une telle statue, les élites africaines ont choisi de montrer une Afrique autre que celle que donnent les médias occidentaux. La statue de la Renaissance africaine semble être le reflet d'une Afrique consciente des maux qui la gangrènent et qui tente tant bien que mal à se hisser à la hauteur de l'« émergence ».

Une émergence qui, comme la grande innovation en matière de droits humains qu'est *la Charte du Mandé*, devrait être suivie dans le règlement et la prévention des conflits d'une part (**A**) et d'autre part, dans la prise en compte des réalités du monde loin de l'« angélisme » de certains chefs d'État africains (**B**).

A. Dans les multiples conflits armés en Afrique

La quasi-totalité des nombreux conflits armés[633] qui ont secoué ou secouent aujourd'hui le continent noir ne doit leur résolution que grâce à l'intervention de troupes étrangères (puissances occidentales)[634]. C'est le cas, par exemple, du génocide rwandais[635] (07 avril 1994 au 17 juillet 1994) entre les ethnies *Hutu* et *Tutsi*, des différentes crises internes en Afrique (en Côte d'Ivoire, au Mali, au Nigéria, au Soudan, au Niger, au Sénégal…)[636].

Très loin des traditions juridiques comme les juridictions *gacaca*[637] chez les *Tutsi* (au Rwanda), de l'interprétation du droit chez les *Diola*[638] (au Sénégal), l'ère était à d'autres procédés. Il ne serait donc pas étonnant de voir que ces troupes étrangères appliquent des techniques de guerre, de médiation et de règlement des conflits issues de leur environnement social, et instruites dans leurs écoles militaires. En effet, depuis la fin de la Seconde Guerre mondiale, la guerre devient une matière à étudier, à enseigner et à pratiquer. Ce qui donna naissance à ce que certains, comme M. Bevin appellent *l'art de la*

[632] Ferdinand DE JONG et Vincent FOUCHER, « *La tragédie du roi Abdoulaye ? Néomodernisme et Renaissance africaine dans le Sénégal contemporain* », *Politique africaine*, vol. 118, no. 2, 2010, pp. 187-204.

[633] Philippe HUGON, « Conflits armés, insécurité et trappes à pauvreté en Afrique », *Afrique contemporaine*, vol. 218, no. 2, 2006, pp. 33-47.

[634] Alain Fogue TEDOM, « *Enjeux géostratégiques et conflits politiques en Afrique noire* », Éditions L'Harmattan, Collection défense, stratégie et relations internationales, Janvier 2008,420 pages.

[635] Gérard PRUNIER, « *Rwanda : le génocide* », Éditions Dagarno, août 1998, 520 pages.

[636] Alioune DIOP, « *Gouvernances des diversités : Enjeu de prévention des conflits en Afrique* », Éditions L'Harmattan, Juin 2018,210 pages.

[637] Hélène DUMAS « Histoire, justice et réconciliation : les juridictions gacaca au Rwanda », *Mouvements*, vol. 53, no. 1, 2008, pp. 110-117.

[638] Françoise KI-ZERBO, « *Les sources du droit chez les Diola du Ouolof (Casamance, Sénégal)* », Paris, Éditions Karthala, 1997, 218 pages.

guerre ou *l'art de faire la guerre*[639] (2017). Un art dont l'humanité se serait privée avec plaisir et qui au fil du temps sera encadré par des normes.

Ce droit de la guerre enseigné dans les écoles occidentales devient, de fait, applicable dans les sociétés africaines et utilisable dans le règlement des conflits armés[640] en Afrique, sans aucune adaptation, ni pris en compte du contexte et des réalités africaines.

Dans le cadre de notre étude, nous nous sommes intéressés à la formation des officiers de l'armée sénégalaise. Une importante partie des officiers supérieurs sont issus de l'école militaire française, saint Cyr[641]. Ils y sont formés pour être des meneurs d'hommes. Ils y sont formés dans l'art du commandement militaire selon les notions et pratiques occidentales.

À la fin de leurs formations, ils retournent au Sénégal avec des réalités propres à la société sénégalaise. Ils rejoignent le rang *des Diambars*[642] et y agissent dans des conditions différentes de celles de leurs lieux et cadres de formation. Un officier supérieur de l'armée sénégalaise, avec qui nous avons pu nous entretenir à Dakar, a soulevé le problème d'adaptation rencontré par plusieurs officiers (sortis comme lieutenants) formés en Occident.

Le cas relatif à *l'affaire capitaine Mamadou DIEYE* en est une parfaite illustration. Ce capitaine de l'armée de terre sénégalaise, passé par l'Université Toulouse 2 Jean Jaurès et formé à saint Cyr, est entré « en rébellion » suite à des incompréhensions[643] avec ses supérieurs hiérarchiques. Il soutient vouloir dénoncer les dérives au sein de l'armée sénégalaise. La réponse de sa hiérarchie militaire laisse paraître une autre réalité. En effet, elle laisse entrevoir que la liberté d'expression et d'opinion dont le capitaine Mamadou DIEYE jouissait en France est différente de celle dont il peut jouir en Afrique. Notre interlocuteur finit en concluant : « le Sénégal a ses codes et son armée, son organisation et ses restrictions ».

Revenant à la problématique de l'adaptation des enseignements militaires reçus dans des écoles de guerre occidentales, il nous semble qu'elle touche deux volets cruciaux du commandement militaire. Il s'agit de l'environnement sociolinguistique et culturel. Ces deux volets gagneraient à

---

[639] Alexandre BEVIN, « *Sun Tzu ou l'art de gagner des batailles* », Paris, Éditions Tallandier, Janvier 2017, 320 pages.

[640] Kouyaté Kaba Diakité SACKÉ, « *Droit international humanitaire dans les conflits armés : le cas du Rwanda* », Éditions L'Harmattan Guinée, Avril 2011, 228 pages.

[641] Axel AUGÉ « La formation initiale des futures élites militaires à Saint-Cyr : un dispositif institutionnel en évolution », *Education et sociétés*, vol. 21, no. 1, 2008, pp. 81-94.

[642] Nom donné aux militaires sénégalais et qui signifie en français » courageux, braves, guerriers ».

[643] Consulter le lien suivant : https://www.pressafrik.com/Affaire-Capitaine-Dieye-un-officier-anonyme-de-l-armee-publie-une-lettre-incendiaire-contre-les-autorites_a183109.html.

être pris en compte dans la formation des élèves officiers africains en Occident. Parce que formés en Occident (en anglais ou en français), ils pêchent dans la transmission de leurs directives à leurs troupes et dans leurs communications avec le peuple qu'ils sont censés protéger.

La culture occidentale est différente de celle africaine, nous dira notre interlocuteur. Vouloir transposer le contexte occidental à celui de l'Afrique noire serait une source de friction et de tension alors que l'objectif est de les régler.

À la lecture de ce point soulevé, il convient de se dire qu'il y a un vrai souci dans la formation et l'enseignement des forces de défense et de sécurité en Afrique noire. Ce qui mène souvent à des coups d'État et à des régimes militaires[644].

La notion d'« Armée-Nation » peine à se concrétiser, car il existe des écarts considérables entre la réalité du peuple qui s'identifie, par exemple, à *la Charte du Mandé* et celle des forces de l'ordre chargées de le protéger. La responsabilité de ces écarts est à chercher auprès des chefs d'État africains qui n'ont su mettre à profit l'héritage reçu des ancêtres dont figure en bonne position *la Charte du Mandé*.

L'« angélisme » des chefs d'État africains[645] face aux puissances capitalistes occidentales causa beaucoup de dommages à l'Afrique noire. Ces derniers, gardiens de la Constitution et chefs suprêmes des armées, gagneraient à harmoniser les réalités du peuple et celles de ses armées.

B. Dans l'angélisme des chefs d'État africains

L'émergence économique de l'Afrique[646] figure parmi « les contes de fées que servent » les chefs d'État et de gouvernement africains à leurs peuples à la veille de chaque élection présidentielle[647]. Y croire est une liberté, ne pas y croire une décision personnelle ! Car ces chefs d'État et de gouvernement ont fait le pari de croire aux promesses, aux statistiques et à la bonne foi des institutions de Bretton Woods[648] qui constituent le temple du dieu du

644 Dimitri-Georges LAVROFF, « Régimes militaires et développement politique en Afrique noire ». In : *Revue française de science politique*, 22e année, n°5, 1972. pp. 973-991.

645 Bernard ASSO, « La Présidence et l'institutionnalisation du pouvoir en Afrique noire », in : *Revue française d'histoire d'outre-mer*, tome 68, n°250-253, Année 1981 1981. État et société en Afrique Noire, sous la direction d'Yves Person. pp. 217-232.

646 Antoine N'GAKOSSO, « *L'émergence économique dans les pays d'Afrique subsaharienne ?* », Éditions L'Harmattan, Novembre 2017, 130 pages.

647 Léonard WANTCHÉKON « Clientélisme électoral au Bénin. Résultats d'une étude expérimentale de terrain », *Politique africaine*, vol. 90, no. 2, 2003, pp. 145-160.

648 Patrick GUILLAUMONT et Sylviane GUILLAUMONT-JEANNENEY, « La zone franc, les institutions de Bretton Woods et la conditionnalité », In : *Revue d'économie financière*. Hors-série, 1994. Bretton Woods : mélanges pour un cinquantenaire. pp. 443-457.

capitalisme occidental. Il semble que c'est à travers ces institutions que la mainmise du capitalisme occidental sur l'Afrique noire se perpétue. Une mainmise visible depuis des palais comme l'Élysée où des souverains africains se laissaient amadouer par le colonisateur capitaliste et qui se perpétue avec les institutions internationales. Des mesures drastiques et radicales relatives aux Politiques d'Ajustement Structurel (PAS) jalonnent cette longue marche vers le perpétuel sous-développement. La dévaluation du franc CFA en 1994, fut ressentie comme un coup de massue sur la tête du contribuable africain[649].

Des institutions de Bretton Woods qui, dans leur mode de fonctionnement, semblent être un frein au « développement » de l'Afrique. M. Hülsmann[650] (2003, pp.35-58) est de cet avis. Il pointe du doigt le rôle du Front Monétaire international (FMI) dans le maintien des pays africains dans leurs conditions de « pays sous-développés ». C'est dans cette perspective que, dans un article intitulé *"Pourquoi le FMI nuit-il aux Africains ?"*, il tente de démontrer cette prise de partie de l'institution monétaire internationale pour des politiques favorables à l'Occident et très restrictives contre les pays africains.

Le FMI semble s'ériger comme un « goulot d'étranglement » qui fixe, sur la base de documents produits par le Bureau Indépendant d'Évaluation par exemple, les grandes lignes budgétaires relatives aux « enveloppes de ressources extérieures des pays de l'Afrique subsaharienne »[651]. Des pays que le FMI qualifie par ailleurs « de Pays à Faible Revenu (PFR) »[652]. Des institutions de Bretton Woods à deux vitesses que dénoncent les Africains[653] et les observateurs internationaux[654].

Dans le cadre de notre réflexion, nous nous intéressons à la position des chefs d'État et de gouvernement des pays africains face aux différentes mesures prises par le FMI et la Banque Mondiale en Afrique. Il s'agit notamment de savoir quelle a été leur réaction face aux Programmes d'Ajustement Structurel et au Consensus de Washington. M. Coussy[655] (2006, pp. 29-40) souligne, dans ce sens, une position non claire des chefs

---

649 *Idem.*

650 Jörg Guido HÜLSMANN, « Pourquoi le FMI nuit-il aux africains ? », *Labyrinthe*, 16 | 2003, 35-58.

651 Document de réflexion pour une évaluation du bureau indépendant d'évaluations, 31 Mais 2006.

652 *Idem.*

653 Thierry AMOUGOU, « Le FMI, la Banque Mondiale et le développement de l'Afrique », article publié sur le site du journal *Cameroun.com*, le 16 Juin 2011.

654 Yves TAVERNIER, « Critiquer les institutions financières internationales », *L'Économie politique*, vol. No 10, no. 2, 2001, pp. 18-43.

655 Jean COUSSY, « États africains, programmes d'ajustement et consensus de Washington », *L'Économie politique*, vol. No 32, no. 4, 2006, pp. 29-40.

d'État et de gouvernement des pays d'Afrique noire sur cette question. En effet, il affirme que ces derniers « au début étaient contre les PAS, mais depuis la création du Nouveau Partenariat pour le Développement de l'Afrique (NEPAD) en 2001, semblent lâcher du lest pour s'intéresser au Consensus de Washington. »

Ces Politiques d'Ajustement Structurel ont cloué l'envol de l'Afrique noire au tarmac de l'aéroport du sous-développement ; la livrant de ce fait à la merci des puissances étrangères. Ce qui ressemblerait à l'enterrement des principes et valeurs africaines au profit des idéaux politiques du capitalisme occidental.

Dans ce « tohu-bohu » causé par les mesures des institutions de Bretton Woods, des chefs d'État africains comme le ghanéen Nana Addo Dankwa AKUFO-ADDO ont eu à réagir. Ce dernier, d'après M. Yacouba Barma[656], souhaite sortir « *de la tutelle du FMI pour instaurer une nouvelle ère de prospérité dans son pays* ». Une nouvelle ère qui lui permettrait sans doute de prendre en compte véritablement et de manière concrète les aspirations de son peuple, riche de par son histoire (l'empire du Ghana) et capable de relever le défi du développement par et pour les africains.

Ce retour aux valeurs africaines de gestion et d'administration du peuple nous renvoie à *la Charte du Mandé* et à ses différentes orientations. Celles qui considèrent que « *toute vie (humaine) est une vie. [...] De même qu'une vie n'est pas supérieure à une autre vie* »[657].

****

En outre, il convient de dire comme l'affirment ces deux adages *wolof* : *kou waacc sa and, and bodem fek fa borom. Kou la abaliy geut molameuna wax foyxol*[658], que l'Afrique s'est elle-même livrée au capitalisme occidental. En effet, certaines élites africaines des premières trente années d'indépendance ont préféré la dépendance à l'autonomie. C'est dans ce sillage qu'ils adhérèrent au mirage[659] que leur proposait le capitalisme occidental, pensant s'immuniser des pures et dures réalités quotidiennes de leur continent. Ils ont de ce fait opté pour des théories occidentales comme le keynésianisme[660]

---

656 Aboubacar Yacouba BARMA, « *Ghana : débarrassé de la tutelle de la FMI, Akufo-Addo promet une nouvelle ère de prospérité* », Article publié au Journal *La Tribune Afrique*, le 12 Avril 2018.

657 Article 1er de la Charte du nouveau Manden.

658 Celui qui laisse son bien pour en préférer, par convoitise celui d'un autre, saura que tout bien a un propriétaire. Celui qui te prête des yeux pour voir, lui seul peut te dire où regarder.

659 Samir AMIN, « Le développement du capitalisme en Afrique noire », In : *L'Homme et la société*, N. 6, 1967. pp. 107-119.

660 Lire Michel KAUFFMANN, « Quel avenir pour le keynésianisme ? », *L'Économie politique*, vol. n° 14, no. 2, 2002, pp. 55-66.

soumis à d'interminables débats de positionnement[661], délaissant par ricochet l'avenir « radieux » de *L'Afrique de Cheikh Anta Diop*[662].

Une Afrique enracinée sur ses propres valeurs, ses propres réalités et qui s'ouvre au monde avec des propositions concrètes de prise en compte de l'être humain. *La Charte du Nouveau Manden* (annexe 5) se ressent dans cette ligne que tentait de faire connaître Cheikh Anta DIOP.

Paragraphe II : De manière « sournoise » par les puissances étrangères

L'esclavage, la colonisation politique et la domination économique de l'Afrique noire par les puissances étrangères sont le fruit du non-décèlement à temps des véritables motivations de ces « *christianisateurs* » d'antan devenus « *coopérants* » au lendemain des indépendances et « *partenaires économiques* » par la suite.
Ces éléments de langage montrent cette capacité d'adaptation rapide des puissances étrangères occidentales au contexte auquel il faisait face en Afrique noire. En effet, elles ont su imposer, proposer et renouveler à chaque fois à l'Afrique noire un nouveau type de relation, et cela suivant l'histoire et l'évolution de ses peuples. Ce qui est tout à fait le contraire pour certaines élites africaines[663].

Ces « partitions » non déchiffrées à temps ont coûté à l'Afrique noire sa position actuelle dans l'échiquier mondial[664]. Et pourtant certains voyaient la « nouvelle » Afrique en bonne posture. C'est le cas du panafricaniste et poète Léopold Sédar SENGHOR. Ce dernier, ancien président de la République du Sénégal et artisan distingué du mouvement de *la Négritude*[665], prophétisait cela en parlant de la mondialisation. Il la percevait sous l'optique d'« un rendez-vous du donner et du recevoir »[666], dans lequel l'Afrique noire avait un grand rôle à jouer.

---

661 Vincent GAYON, « Le keynésianisme international se débat. Sens de l'acceptable et tournant néolibéral à l'OCDE », *Annales. Histoire, Sciences sociales*, vol. 72e année, no. 1, 2017, pp. 121-164.

662 François-Xavier FAUVELLE, « *L'Afrique de Cheikh Anta Diop : histoire et idéologie* », Paris, Éditions Karthala, Collection Tropiques, Décembre 1996, 240 pages.

663 Albert K. EKUE « Mondialisation et devenir culturel de l'Afrique : le rôle des intellectuels africains », *Présence Africaine*, vol. 181-182, no. 1, 2010, pp. 365-370.

664 Zaki LAÏDI, « Le déclassement international de l'Afrique », in : *Politique étrangère*, n°3 - 1988 - 53ᵉannée. pp. 667-675.

665 Léopold Sédar SENGHOR, « Roger Bastide, sourcier et sorcier de la négritude ». In : *L'autre et l'ailleurs. Hommages à Roger Bastide*. Nice : Institut d'études et de recherches interethniques et interculturelles, 1976. pp. 97-99. (Publications de l'Institut d'études et de recherches interethniques et interculturelles, 7).

666 Kahiudi Claver MABANA « Léopold Sédar Senghor et la civilisation de l'universel », *Diogène*, vol. 235-236, no. 3, 2011, pp. 3-13.

La géomancie traditionnelle « héritée » des peuples arabes[667] n'a sans doute pas voulu suivre cette prédiction. Car la réalité du terrain est toute autre. M. Dumont et Mme Mottin[668](1980) décrivent une Afrique « *affamée, étranglée, assistée, humiliée, devenue champ de manœuvre et terre de pillage pour l'Occident* ».
Ce dépouillement de l'Afrique se fit et continue à se faire sous l'argumentaire de deux prétextes :

- L'« indépendance », la « liberté » et la « démocratie » (**A**),
- La coopération internationale et l'aide au développement (**B**)

A. Sous la bannière de l'« indépendance », de la « liberté » et de la « démocratie »

L'histoire de l'Europe occidentale et de ses anciennes colonies africaines montre l'existence d'étapes intéressantes menées sous le signe du panafricanisme. Des étapes qui ont conduit à ce que les observateurs appellent la décolonisation des anciennes colonies d'Afrique noire[669].
Avant d'aller plus loin dans notre analyse, une question mérite d'être posée. Elle consiste à savoir s'il y a une différence entre les luttes pour la décolonisation et les luttes pour l'indépendance[670]. Si indépendance il y a, est-elle effective ?

Il semblerait que les élites africaines de l'époque ne s'étaient pas beaucoup attardées sur la notion d'« indépendance », mais plus tôt sur celle de « décolonisation ». À l'époque (1950-1960), en effet, la majeure partie des luttes portait sur la volonté de ne plus être sous la domination coloniale. La décolonisation[671] étant une tout autre chose, puisqu'elle permet de ne plus être membre de la grande famille coloniale qu'un État européen entendait étendre à certains pays d'Afrique noire. Il convient d'affirmer que l'Afrique noire est en majorité décolonisée depuis les années 1960.

---

[667] Lire Hadji KHAMBALLAH « *La géomancie traditionnelle* », Éditions Guy Trédaniel, Collection Arts divinatoires, Janvier 1990, 175 pages.

[668] René DUMONT et Marie-France MOTTIN, « *L'Afrique étranglée* », Paris, Éditions Seuil, Collection Points, 1980, 274 pages.

[669] Philippe DECRAENE, « Indépendance et regroupements politiques en Afrique au Sud du Sahara », in : *Revue française de science politique*, 10e année, n°4, 1960. pp. 850-879.

[670] Benoît TRÉPIED « La décolonisation sans l'indépendance ? Sortir du colonial en Nouvelle-Calédonie (1946-1975) », *Genèses*, vol. 91, no. 2, 2013, pp. 7-27.

[671] Francis SIMONIS, « Le processus de décolonisation en Afrique noire au prisme des administrateurs de la France d'Outre-mer… » In : *Outre-mers*, tome 97, n°368-369, 2e semestre 2010. Cinquante ans d'indépendances africaines, sous la direction de Catherine Coquery-Vidrovitch et Hélène d'Almeida-Topor. pp. 63-74.

Quant à l'indépendance[672], il nous semble qu'elle ne l'est pas encore. Car une indépendance rime avec une autonomie dans tous les secteurs de la vie d'une Nation. Ce que les États africains n'ont pas encore. C'est dans cette perspective qu'il nous serait permis, dès lors, de parler d'indépendance « fictive » ou de pays « en voie d'indépendance » pour qualifier la situation actuelle de la majeure partie des États de l'Afrique noire. M. Millet[673] (2007) rejoint notre pensée quand il parle de l'indépendance des pays d'Afrique noire comme « un leurre ».

L'indépendance « effective » des pays d'Afrique noire reste toujours d'actualité. Ceci au-delà du ou des processus ayant menés à l'acte de séparation, d'appartenance à l'ancienne colonie et la possibilité de voler de ses propres ailes. Un acte qui fut signé en **1960** pour la plupart des États d'Afrique noire.

Dans cette affirmation, le cas des colonies portugaises fait figure d'exception, car elles font partie des dernières à être décolonisées. Cela a engendré même, et il faut le signaler, des actions violentes menées par des Mouvements de Libérations Nationales (MLN) ayant conduit à des guerres de libérations nationales dans une grande partie des colonies portugaises[674]. Ce fut le cas avec l'action de mouvements comme celui du FRELIMO[675], du MPLA[676] et du PAIGC[677]. Il convient de souligner que cela concerne la partie africaine des guerres de libération nationale.

Notre question, relative à savoir si l'indépendance a été effective ou pas, trouve ici sa pertinence. Car il semble qu'après ces luttes pour la décolonisation donc de l'émancipation, d'autres luttes s'en suivirent. Des luttes qui s'organisèrent vers les années 1990 autour des Conférences Nationales[678] et qui eurent comme principal objectif, l'instauration de la démocratie. Mais, qu'est-ce que la démocratie ?

---

[672] Anne-Marie PATHE, « La France et l'indépendance de l'Afrique noire », in : *Vingtième siècle, revue d'histoire*, n°30, avril-juin 1991. pp. 106-108.

[673] Damien MILLET, « Le leurre de l'indépendance : l'Afrique libérée ? », Article publié sur le site *Alter Info*, le 10 décembre 2007.

[674] Michel CAHEN, « Lutte d'émancipation anticoloniale ou mouvement de libération nationale ? Processus historique et discours idéologique. Le cas des colonies portugaises, et du Mozambique en particulier », *Revue historique*, vol. 637, no. 1, 2006, pp. 113-138.

[675] Le Front de libération du Mozambique. Il a été créé à Dar es Salam en 1962.

[676] Le Mouvement Populaire de Libération de l'Angola. Il a été créé à Tunis en 1960.

[677] Le Parti Africain Pour L'Indépendance de la Guinée-Bissau et des îles du Cap Vert. Il a été créé en 1956.

[678] Lire Fabien EBOUSSI BOULAGA, « *Les conférences nationales en Afrique Noire, Une affaire à suivre* », Paris, Éditions Karthala, Mai 2009, 240 pages.

Si l'on s'en réfère à M. Gueye[679] (2009, pp.5-26), « *le processus de démocratisation a permis d'instaurer le multipartisme, le pluralisme politique, économique [...] et la rédaction de nouvelles Constitutions et leur adoption par référendum* ». Une analyse qui n'est pas de l'avis de M. Sissoko[680] (2011). Ce dernier déclare que la notion de « démocratie » gagnerait à être remise dans son contexte. Notre auteur précise que les États africains, en voulant se lancer dans cette nouvelle exigence occidentale, ne firent que perdre leurs repères. Car ce qui leur fut imposé est la vision capitaliste occidentale du monde. Alors que pour lui, la véritable démocratie, celle véhiculant les valeurs africaines, tiennent ses racines de l'Afrique d'avant la colonisation. C'est ce qui déterminait la richesse politique, sociale, économique et culturelle de l'Afrique d'avant la colonisation. Cette organisation des sociétés traditionnelles contraste avec les systèmes auxquels les États africains aspirent. En effet, ils cherchent une démocratie selon l'Occident. Et c'est, il semble, tout le malheur de l'Afrique noire contemporaine[681].

L'état de démocratie ou non d'un pays africain fera office d'échanges et de concessions de la part des puissances occidentales[682]. Ces dernières imposent, de ce fait, leur conception du monde à l'Afrique noire et, font fi de cela quand il s'agit d'autres puissances économiques étrangères comme la Chine, la Russie... Ces « deux poids, deux mesures » poussent à concevoir l'idée que la démocratie apparaît comme un mot « générique »[683]. Elle s'exige pour les plus faibles et s'éclipse pour les plus forts. Elle est une vision du monde, interprétable et applicable selon les réalités de chaque peuple[684].

Cette chronologie de l'histoire de la décolonisation, de l'indépendance et de la démocratie en Afrique noire que nous venons de donner, permet de pointer du doigt les errements dans les argumentaires des puissances occidentales. Ces dernières ont mis l'Afrique noire dans un engrenage de normes, de situations politiques et économiques qui font que ce continent ne puisse atteindre son autonomie.

---

679 Babacar GUEYE « La démocratie en Afrique : succès et résistances », *Pouvoirs*, vol. 129, no. 2, 2009, pp. 5-26.

680 Sissoko, « La démocratie en Afrique c'était avant la colonisation », Article publié sur le site *Médiapart*, le 27 janvier 2011.

681 Philippe HUGON, « Les conflits armés en Afrique : apports, mythes et limites de l'analyse économique », *Revue Tiers Monde*, vol. 176, no. 4, 2003, pp. 829-855.

682 Olivier LAFOURCADE, « L'aide au développement : un état des lieux, des interrogations », *Techniques Financières et Développement*, vol. 117, no. 4, 2014, pp. 11-19.

683 Leonardo MORLINO, « Légitimité et qualité de démocratie », *Revue internationale des sciences sociales*, vol. 196, no. 2, 2010, pp. 41-53.

684 Claude LEFORT, « Pour une sociologie de la démocratie », In : *Annales. Économies, Sociétés, Civilisations*. 21e année, N. 4, 1966. pp. 750-768.

L'indépendance est une attitude personnelle qui se reflète sur ses activités politiques et économiques. Ce qui est loin d'être le cas de l'Afrique noire qui est toujours dans la « dépendance » économique des puissances étrangères.

B. Sous la bannière de la coopération internationale et de l'aide au développement

Au lendemain des « indépendances », le modèle d'échange que proposait l'Europe occidentale à l'Afrique noire était basé sur deux axes : la coopération internationale et l'aide au développement. Dès le début de nos propos, il convient de reconnaître que la coopération avec les anciens colonisateurs a permis aux pays de l'Afrique noire d'avancer dans beaucoup de domaines : la santé, l'éducation, les infrastructures, la sécurité nationale...

Toutefois, elle avait une contrepartie qui l'a rendu peu appréciable des autochtones, car imposant des conditions. Un certain nombre de secteurs comme la sécurité nationale[685] en faisait partie. En effet, les puissances occidentales « exigeaient » une présence de leurs troupes dans leurs anciennes colonies moyennant, entre autres, une garantie de sécurité, de formation et d'appui des armées régulières autochtones...

De ces troupes occidentales en Afrique noire, nous prendrons l'exemple de l'historique de la présence des troupes de l'armée française sur le sol africain[686] et leurs actions en Djibouti (FFDJ), au Gabon (FFG), au Sénégal (FFCV)... au nom de la coopération militaire régionale.

Pour mieux cerner le rôle et l'importance de la présence de ces forces étrangères sur le sol africain, nous nous sommes intéressés au cas des militaires français présents sur le sol sénégalais. Présentes au Sénégal, à la suite des accords de défense du 29 mars 1974, les Forces Françaises du Cap-Vert avaient comme feuille de route, l'aide et la coopération militaire avec les forces armées des pays d'Afrique de l'Ouest. Une idée de coopération militaire qui, après des années, semblait ne plus répondre à celle que l'ancien président de la République du Sénégal, Abdoulaye WADE (avril 2000—avril 2012) se faisait de l'indépendance et de la souveraineté de son peuple. C'est dans ce sens qu'en avril 2010, il faisait part de son souhait de reprendre les bases militaires françaises présentes sur le sol sénégalais. Un « souhait » qui se réalisera trois mois plus tard, le 30 juillet 2010, avec la dissolution des Forces Françaises du Cap — Vert.

---

685 Jean-Pierre STROOBANTS, « Entre l'Europe et l'Afrique, la sécurité conditionne l'aide au développement », Article publié dans le journal *Le Monde*, le 28 Novembre 2017.

686 Jean-Charles JAUFFRET sur Anthony CLAYTON, « Histoire de l'armée française en Afrique, 1830-1962 », Traduit de l'anglais par Paul Gaujac. In : *Revue française d'histoire d'outre-mer*, tome 82, n°306, 1er trimestre 1995. pp. 98-99.

Nous intéressant pleinement à cette question, car entrant dans le cadre de notre étude, nous avons voulu avoir de plus amples informations sur cette nouvelle donne dans la politique post « indépendance » de sécurité et de défense des pays d'Afrique noire. C'est ainsi que lors de notre dernière visite au « pays de la Téranga »[687] (mars-avril 2018), nous nous sommes rendus sur les anciennes bases de l'armée française dans le but de constater l'effectivité de la reprise de ces dernières par l'armée sénégalaise. La réalité est que l'armée française est toujours à l'arsenal de la marine (centre-ville) et à la base aérienne de Ouakam[688].

Toutefois, un officier supérieur que nous avons pu rencontrer à l'État-major de l'armée de terre nous a signalé que la reprise des anciennes bases de l'armée française par l'armée sénégalaise ne signifiait pas pour autant le départ définitif des forces françaises du territoire sénégalais. Ces propos sont corroborés par le lieutenant de Vaisseau Cédric THIBAULT des Éléments Français au Sénégal. D'après les propos de ce dernier, recueillis et repris par Radio France Internationale[689] (2011), « les Forces Françaises du Cap-Vert laissent la place aux Éléments Français au Sénégal (EFS) ».

Afin d'y voir plus clair, nous nous sommes intéressés à la mission qui leur sera confiée. Toujours, d'après le lieutenant de Vaisseau Cédric THIBAULT, repris par Radio France Internationale (2011), ils « *auront plutôt un rôle de coopération* ». Une coopération qu'il définit en ces termes : « *nous proposerons une plate-forme de coopération militaire, composée d'un catalogue de formations qui seront destinées aux pays voisins membres de la Communauté Économique des États de l'Afrique de l'Ouest* ».

Notre lectorat conviendrait avec nous de l'importance de faire un parallélisme entre les missions de la défunte Force Française du Cap-Vert et celle des Éléments Français au Sénégal. En effet, la question que se poserait tout un chacun serait d'essayer de comprendre : qu'est ce qui change réellement à part la reprise de quelques bases militaires et non toutes ? L'unique changement n'est-il pas juste sur les appellations qui font croire à une actualisation avec un jeu d'éléments de langage ?

Par ailleurs, qu'est-ce qu'ont apporté les Forces Françaises du Cap-Vert et que n'apportent plus aujourd'hui les Éléments Français au Sénégal dans la prévention et le règlement des conflits ?

Il nous semble être devant « un jeu de langage » et que réellement les Éléments Français au Sénégal continuent et gardent les mêmes objectifs et obligations que les Forces Françaises du Cap-Vert. La remise d'une partie

---

687 Le Sénégal est aussi appelé « pays de la Téranga ».
688 Un quartier historique de Dakar.
689 Consulter le lien :
http://www.rfi.fr/afrique/20110730-dissolution-bases-militaires-francaises-senegal-0.

des bases de l'armée française semble n'être qu'un acte symbolique. En réalité, l'armée française reste au Sénégal avec la même feuille de route : la coopération militaire régionale. Une coopération militaire régionale qui, avec les Forces Françaises du Cap-Vert, mettait à disposition des armées de la sous-région « des armements lourds, une formation et des entrainements ». Ce qui semble ne plus être le cas avec les Éléments Français au Sénégal si l'on se fie aux informations données par le lieutenant de Vaisseau Cédric THIBAULT et reprises par Radio France Internationale (2011).

Pour répondre à la question de l'apport des Forces Françaises en Afrique, M. Pondi[690] (2002, pp.127-136) fait état d'un sentiment de rejet des troupes étrangères de la part de « l'homme de la rue ». Une perception que M. M'zali[691] (2012), après une analyse de l'état de la coopération franco-africaine en matière de défense, partage pleinement. C'est dans ce sens qu'il appelle à une prise en compte des réalités des pays de l'Afrique subsaharienne. Ce qui, à notre avis, manque dans la coopération internationale que propose l'Occident à l'Afrique noire. Surtout dans ce que les spécialistes appellent la coopération militaire régionale.

Ce ressenti semble être à l'origine des constants moments de tensions et de frictions entre :

- D'un côté, une Afrique qui aspire à un retour aux sources et à une prise en compte de ses valeurs,
- D'un autre côté, un Occident qui ne voit que le potentiel économique qu'il peut tirer de ces propositions de coopération qui s'accompagnent souvent avec une aide financière pour « leur ressembler »[692]. Il s'agit de l'aide au développement.

Ces propositions de l'Occident à l'Afrique noire sont amenées à être reconsidérées. C'est en tout cas l'avis de M. N'guettia Kouassi[693] (2016, pp.85-97) qui appelle à un changement de paradigme dans la coopération entre l'Afrique et l'Europe.

L'évolution des relations internationales et de la géopolitique ont permis à l'Afrique noire de voir dans sa marche vers le « développement » d'autres opportunités, d'autres réalités. Ces réalités lui permettent d'élargir son

---

690 Jean-Emmanuel PONDI « La coopération franco-africaine vue d'Afrique », *Revue internationale et stratégique*, vol. 45, no. 1, 2002, pp. 127-136.

691 Abderrahmane M'ZALI, « *La coopération franco-africaine en matière de défense* », Éditions L'Harmattan, Janvier 2012, 342 pages.

692 Christian DEPOVER et Philippe JONNAERT, « Chapitre 2. Les partenaires de l'aide au développement en matière d'éducation », *Quelle cohérence pour l'éducation en Afrique. Des politiques au curriculum*, sous la direction de Depover Christian, Jonnaert Philippe. De Boeck Supérieur, 2014, pp. 41-59.

693 René N'GUETTIA KOUASSI, « Coopération Afrique Europe : pourquoi faut-il changer de paradigme ? », *Civitas Europa*, vol. 36, no. 1, 2016, pp. 85-97.

champ d'action et de partenariat avec d'autres parties du monde. C'est dans cette perspective que de nombreux rapprochements ont commencé à se faire avec, par exemple, la Russie, les pays du Golf, la Chine... Une nouvelle donne que M. Emanuely[694] (2014, pp.121-138) considère comme une suite logique au choix et à la « liberté » de l'Afrique noire de s'ouvrir aux partenaires qui lui semblent opportuns.

****

En outre, il convient de dire que certaines puissances occidentales ont participé de manière active à la mise sous perfusion de l'Afrique noire sur le plan politique, économique et militaire[695]. Les récents événements liés à la crise politique en Côte d'Ivoire et en Libye en sont les preuves.

À cela vient s'ajouter le fléau des temps modernes que constitue le terrorisme transfrontalier (sujet de ma thèse soutenue en droit public). Il menace la quasi-totalité des pays du Sahel. Cette situation fait face à une triste réalité qui découle de la mauvaise prise en compte des réalités africaines dans la gestion et l'administration des biens et des territoires[696]. C'est ainsi qu'il convient de constater qu'aujourd'hui, aucune armée africaine n'a les moyens de combattre seule les groupes radicaux. Du Nigéria au Mali, en passant par le Tchad et la Somalie, les groupes radicaux dictent leur loi aux États du Sahel. Des États qui se disaient « indépendants » hier et qui sont obligés aujourd'hui de faire appel à leurs anciens colonisateurs pour faire face à la « valse ininterrompue et impunie » des enlèvements, des exécutions et des attentats.

De l'analyse de cette réalité, il nous semble que la non-prise en compte de *la Charte du Mandé* et des valeurs africaines n'est pas étrangère à cela. L'Afrique noire se retrouve face à ces fils « armés par des puissances étrangères »[697] qui se revendiquent aujourd'hui de leur appartenance et de l'application stricte et rigoriste des religions reçues des « pillards » et des « envahisseurs ». Qu'est-ce qui a alors changé jusqu'à ce que des religions combattues par les ancêtres soient aujourd'hui une source de conflits en Afrique noire ?

La réponse à cette question semble être que « les cartes ont été faussées » dès le lendemain de la décolonisation. Au lieu de s'orienter vers un retour aux sources et aux valeurs africaines que sont la cohabitation entre les ethnies, la fraternité et les forts liens de parenté, l'Afrique noire s'est vue

---

[694]Ludovic EMANUELY « Pour une croissance partagée entre l'Afrique, la Chine et l'Europe », *Géo économie*, vol. 72, no. 5, 2014, pp. 121-138.

[695]Marc FRONTIER « Des armées africaines : comment et pour quoi faire ? », *Outre-Terre*, vol. No 11, no. 2, 2005, pp. 347-374.

[696]Philippe HUGON « Conflits armés, insécurité et trappes à pauvreté en Afrique », *Afrique contemporaine*, vol. 218, no. 2, 2006, pp. 33-47.

[697] Aucun pays d'Afrique noire n'est producteur des armes qui circulent dans le continent.

« obligée » à se lancer dans un mimétisme de la culture occidentale. La conception et les motivations « **des guerres** » en Occident sont différentes de celles « **des batailles** » en Afrique noire. En Europe[698], il y a la surenchère des armes qui fait vivre le capitalisme occidental. Tandis qu'en Afrique, les batailles se faisaient suivant des codes et des normes qui prenaient en compte le plus grand don de l'Être Suprême qui est la vie.

Certaines élites africaines ont fait ce qui nous semble être le mauvais choix, celui d'« imiter »[699] le modèle occidental. Un choix qu'il convient depuis lors d'assumer avec les chapelets de conflits armés qui en découlent.

---

[698] Gérard CHALIAND, « *Pourquoi perd-on la guerre ? Un nouvel art occidental* », Éditions Odile Jacob, Mars 2016,170 pages.

[699] Jacques BUGNICOURT, « Le mimétisme administratif en Afrique : obstacle majeur au développement », In : *Revue française de science politique*, 23e année, n°6, 1973. pp. 1239-1267.

Conclusion titre II

La non-exploitation efficace par les Africains et la non-prise en compte par l'humanité de la première charte fondamentale sur les droits humains découleraient d'une volonté manifeste de l'Europe occidentale capitaliste de s'adjuger le statut de « maître du monde ». Ce statut semblait leur permettre d'avoir une mainmise sur une grande partie du globe (Asie, Amérique, Afrique, Océanie). Toutefois, si les autres pays sous domination coloniale de l'Europe occidentale capitaliste ont pu se départir de ce lourd fardeau de la dépendance totale, l'Afrique noire quant à elle peine à s'y défaire.

Nous référant au domaine militaire, car travaillant sur le droit de la guerre, les États « indépendants » d'Afrique noire ont jusqu'aujourd'hui besoin de l'appui des puissances étrangères pour sécuriser leurs frontières, leurs territoires et se défendre des attaques ennemies. L'avènement du terrorisme transfrontalier en Afrique noire rappelle que cette dépendance pour mener des campagnes de prévention et de sécurisation des frontières persiste. En effet, la réalité « ironique » de nos jours est que les anciens pays colonisateurs, regroupés la plupart au sein de l'Union européenne, n'ont cessé d'être « critiqués » lors des campagnes de décolonisation. Et pourtant, ils sont aujourd'hui « sollicités »[700] de toute part pour répondre à la recrudescence de ces affrontements *africano-africains* à connotation religieuse et souverainiste[701].

Des affrontements armés et des crises politiques qui ont été engendrés en partie par eux-mêmes de par leur immixtion, leur mauvaise gestion et leur appréciation des réalités africaines. C'est en tout cas l'avis de l'ancien ambassadeur de France au Mali, au Congo et au Sénégal. En effet, l'ambassadeur Nicolas NORMAND[702] pointe du doigt la responsabilité de la France dans la crise du Mali.

Une affirmation qui pousse M. Pérouse de Montclos[703] (2006, pp. 547-556) à dire que l'Afrique noire constitue un terrain particulier pour les puissances étrangères et onusiennes. Il insinue que les instabilités et les conflits armés en Afrique noire arrangent ces dernières dans la mesure où ils leur donnent

---

[700] Raymond Atché BESSOU, « *Les conflits armés interne en Afrique et le droit international* », Thèse de doctorat en droit international public, Université Cergy — Pontoise, 2008.

[701] Antoine-Denis N'DIMINA-MOUGALA « Les conflits identitaires ou ethnopolitiques africains au XXe siècle : caractéristiques et manifestations », *Guerres mondiales et conflits contemporains*, vol. 248, no. 4, 2012, pp. 97-119.

[702] Nicolas NORMAND, « Au Mali, le chaos résulte d'une succession de faux pas de la diplomatie française », publié dans le journal *Le Monde*, le 27 Juillet 2018.

[703] Marc-Antoine PÉROUSE DE MONTCLOS, « Les Occidentaux peuvent-ils sauver l'Afrique ? », *Politique étrangère*, vol. Automne, no. 3, 2006, pp. 547-556.

une opportunité d'engager des troupes pour s'y rendre dans le but de les « résoudre ».

L'efficacité de leurs interventions est d'après M. Porteous (2003, pp. 307-320) à revoir. Cela même s'il y a un grand apport des pays africains voisins[704]. Car selon lui, c'est l'angle sur lequel ces conflits veulent être réglés qui fait défaut. Des initiatives militaires récentes comme celle du G5 Sahel risquent de finir de la même manière[705].

Ce qui nous motive à remettre à jour la proposition de résolution des conflits armés en Afrique noire selon les réalités et les modèles propres à cette partie du continent. La prise en compte des orientations de *la Charte du Mandé* constituerait alors un début de solution à ces « typologies de conflits »[706]. Des conflits auxquels l'Afrique noire est aujourd'hui confrontée et qui ont eu, à notre avis, comme point de départ le lendemain de la décolonisation (le XXe siècle).

---

704 Jaquet Christophe PORTEOUS, « L'évolution des conflits en Afrique subsaharienne », in : *Politique étrangère*, n°2 - 2003 - 68e année. pp. 307-320.
705 Lire Boubacar HAIDARA, « Le G5 Sahel "un machin" mort-né ? », publié dans *Les Afriques dans le Monde*, le 23 novembre 2017.
706 Antoine-Denis N'DIMINA-MOUGALA « Les conflits africains au XXe siècle. Essai de typologie », *Guerres mondiales et conflits contemporains*, vol. 225, no. 1, 2007, pp. 121-131.

Conclusion partie II

Écrire l'histoire ne devrait signifier aucunement faire le tri sur certaines civilisations. C'est en quelque sorte ce qui nous semble percevable dans la tentative de certains auteurs occidentaux[707]. En effet, c'est une perception que le monde contemporain semble prendre en compte pour remettre en cause la primauté des civilisations africaines.

Le mot « primauté » est utilisé ici dans le sens de première et non de plus grande. Car notre travail ne s'oriente pas dans une optique de pesage, mais de chronologie de l'histoire de l'humanité. À la loupe des rudiments de ces derniers pour permettre la mise en « guillotine » de la civilisation africaine, car la considérant figée dans l'oralité, M. Mbaye[708] (2004, pp.483-496) retrace l'histoire écrite de l'Afrique noire. Une histoire riche de sa tradition[709] que décrivent les différents tomes édités grâce au concours de l'UNESCO.

Ces différentes éditions permettent de faire bénéficier à l'humanité des richesses du passé de ce continent[710], de son histoire à une période précise de l'humanité[711] et de sa culture[712].Une histoire et une culture donc une civilisation qui ne fait plus, d'après M. Frobenius[713] (1952), l'ombre d'aucun doute. C'est aussi l'avis de M. Iliffe[714](2009) qui magnifie le savoir-faire et le savoir-vivre des populations d'Afrique noire malgré les obstacles de la nature et des hommes. Des perceptions sur l'Afrique que partage totalement M. Cornevin[715] (1967).

Nier cette réalité de l'histoire de l'humanité serait s'engager dans une entreprise de « réécriture partisane » de l'histoire des civilisations africaines.

---

707 Bernard LUGAN, « Le berceau de l'humanité n'est pas en Afrique selon Yves COPPENS », Article publié sur le site de *Réinformation historique*, le 12 juin 2016.

708 Saliou MBAYE, « Sources de l'histoire africaine aux XIXe et XXe siècles ». In : *Bibliothèque de l'école des chartes*. 2004, tome 162, livraison 2. pp. 483-496.

709 Claude Hélène PERROT et Gilbert GONIN, « *Sources orales de l'histoire de l'Afrique* », Éditions du CNRS, Paris, 1993, 228 pages.

710 Gamal MOKHTAR, (dir) Histoire générale de l'Afrique, tome II, « *l'Afrique ancienne* », UNESCO, 1987.

711 Djibril Tamsir NIANE, (dir) Histoire générale de l'Afrique, tome IV, « *l'Afrique du XIIe au XVIe siècle* », UNESCO, 1985.

712 Alpha SOW, Balogun OLA, Honorat AGUESSY et Pathé DIAGNE, « *Introduction à la culture africaine, aspects généraux* », Unesco 1977.

713 Léo FROBENIUS, « *La civilisation africaine* », Éditions du Rocher, Collection Civilisation et Tradition Décembre 1987, 362 pages.

714 John ILIFFE, « *Les Africains, Histoire d'un continent* ». Éditions L'Harmattan, Collection Champs Histoire, Février 2009, 701 pages.

715 Robert CORNEVIN, « *Histoire de l'Afrique des origines au XVIe siècle* », Éditions Payot, Paris, 1967.

Ce qui correspondrait à un « déni d'existence »[716] et d'appartenance au monde réel, mais à la fiction qui est, à notre avis, une liberté.

Faire table rase de la première civilisation mondiale concourrait à l'implantation d'un avatar qui n'existerait que dans le subconscient de certains (les afros pessimistes)[717]. Les comprendre nécessiterait, dès lors, des radiographies à forte dose de rayon X. Suivre leurs idées comparables à des films 3D, constituerait une obligation d'utilisation de lunettes spéciales. Ce dont l'Afrique se passerait volontiers, car l'urgence étant ailleurs : la résolution des conflits armés, la lutte contre la famine... L'Afrique gagnerait à vivre de ses propres réalités. Car même s'il est d'actualité de se créer des illusions optiques pour s'affranchir de la réalité du monde et de la vie, le bon sens nous rappelle toujours que le quotidien des peuples d'Afrique noire est ailleurs :

- La lutte contre la pauvreté, la sècheresse, les maladies...
- La prévention contre les coups d'État et les interminables conflits armés,
- L'instauration de systèmes de gestion et d'administration des biens publics plus justes,
- La prise en compte des valeurs africaines.

716 Eugène ENRIQUEZ et Claudine HAROCHE, « Déni d'existence, cruauté et reconnaissance », *La face obscure des démocraties modernes,* sous la direction de Enriquez Eugène, Haroche Claudine. ERES, 2002, pp. 63-80.

717 Jules FERRY, discours au Sénat, le 06 Mars 1891, cité par Pierre MONTAGNON, « *Dictionnaire de la colonisation française* », Paris, Éditions Pygmalion, 2010, p.149.

CONCLUSION GÉNÉRALE

En définitive, il convient de dire, en nous basant sur le résultat de nos analyses, que des affrontements et tensions existaient dans l'Afrique noire d'avant l'esclavage et la colonisation. Comme tout acte humain et phénomène propre à l'Afrique noire, ils portaient un nom et avaient des conceptions et motivations diverses de celles des tribus arabo-musulmanes et de l'Occident.

Cette différence de conception et de motivation touche aussi le phénomène de l'esclavage. Car culturel et présent dans les pratiques ancestrales à travers le système des castes[718], l'esclavage a connu une autre dimension avec d'abord, les tribus arabo-musulmanes[719] et ensuite, les troupes et armées occidentales[720]. En effet, l'esclavage s'est étendu à toutes les populations noires en terres d'Islam[721] ou non de l'intérieur de l'Afrique. Elle débuta d'abord avec le « pillage » des ressources humaines et minières de l'Afrique noire par les tribus arabo-musulmanes. Pillage que légalisa le ***Bakht*** en instaurant un système de ponction annuelle de grand nombre de sujets des empires et royaumes d'Afrique noire. Ce qui valida l'entreprise de la traite transsaharienne[722].

Ensuite, cette pratique se développa avec les Européens, par le biais de la déportation et de l'orientation sans consentement des populations noires vers le Nouveau Monde, dans des champs de plantations de canne à sucre. L'immigration « illégale », car non consentie, a vu le jour avec ces pratiques. Et elle constitue une des conséquences que l'homme dominateur infligea à son prochain. L'émigration « illégale », non consentie d'hier et « clandestine » d'aujourd'hui, est la conséquence des affrontements et tensions qui existent dans certaines parties du monde. La seule différence entre ces deux types d'immigration est que la première n'est pas consentie tandis que la seconde est un choix des populations menacées de s'orienter vers les territoires de paix où il y a l'espérance d'une vie meilleure.

---

718 Jean-Pierre OLIVIER DE SARDAN, « Esclavage d'échange et captivité familiale chez les Songhay-Zerma », in : *Journal de la Société des Africanistes*, 1973, tome 43, fascicule 1. pp. 151-167.

719 Sabine LEDOUX, « L'esclavage en Afrique : pérennité et renouveau (l'exemple du Soudan et de la Mauritanie) », in : *L'information géographique*, volume 61, n°1, 1997. pp. 19-23.

720 Roger BOTTE, « L'esclavage africain après l'abolition de 1848. Servitude et droit du sol », In : *Annales. Histoire, Sciences sociales*. 55e année, N. 5, 2000. pp. 1009-1037.

721 Jacques HEERS « *Les négriers en terre d'islam, la première traite des noirs, VIIe — XVIe siècle* », Éditions Tempus Perrin, Janvier 2008, 320 pages.

722 Murray GORDON, « *L'esclavage dans le monde arabe, VIIIe — XXe siècle* », Éditions Tallandier, Novembre 2009, 265 pages.

Revenant à la différence de conception et de motivation des pratiques, donc de législation liée aux affrontements armés, nous disions plutôt que l'Afrique d'avant l'esclavage et la colonisation l'avait intégré dans sa culture. Elle était souvent relative aux frictions qui découlaient de malentendus sur le processus de succession (le droit de succession), ou sur la possession et la propriété d'une terre (le droit des biens).

Les affrontements armés plus connus sous le nom de **bataille** pouvaient s'engager entre les membres d'une même famille, entre deux familles rivales, entre deux royaumes ou deux empires. Chaque peuple, chaque ethnie, avait sa stratégie de bataille. Elle intégrait ses moyens humains et militaires (lance, sagaie, flèche...) Les combats étaient loyaux, car leurs issues montraient la bravoure ou non d'une personne, d'une famille, d'un royaume ou d'un empire. Les batailles étaient la spécialité des guerriers africains[723].

Avec l'esclavage, les repères et les paradigmes sur la notion de « bataille » changèrent pour donner naissance à ceux de la guerre. La guerre était perçue comme une entreprise de destruction de la vie humaine, une stratégie de domination et d'asservissement. C'est sur quoi les tribus arabo-musulmanes se lancèrent contre leurs voisins d'Afrique noire. Les motivations de leurs actes étaient sociologiques et religieuses. Amener l'histoire en terre des « *koufars* », disaient-elles [les tribus arabo-musulmanes]. Et c'est sur la base de l'Islam comme religion-empire [religion-État plus tard] qu'ils s'autorisèrent des razzias dévastatrices contre les peuples d'Afrique noire.

Cette partie de l'histoire nous ramène à la motivation des groupes islamistes radicaux présents aujourd'hui en Afrique noire. Qu'il s'agisse de Boko Haram, d'AQMI, d'Ansar Dine, des Shabaabs, leurs motivations rejoignent celles des tribus arabo-musulmanes de l'époque : instaurer l'Islam-État en terre africaine. Et quel Islam ?

La seule différence entre les anciens « islamisateurs » et les nouveaux, porte sur les moyens et techniques de guerres utilisées, excepté les razzias qui sont une tradition. En effet, les attentats à la voiture piégée, la pose de mine antipersonnel et antichar... répondent aux moyens modernes et à l'évolution des sociétés.

Dans cette entreprise d'islamisation de l'Afrique noire, l'esclavage était une pratique autorisée par les Califes et les Sultans[724]. Les guerres qu'ils imposaient aux peuples d'Afrique noire étaient, d'après eux, « fondées » sur

---

723 *Idem.*

724 François RENAULT, « L'esclavage en Afrique musulmane ». À propos d'une publication récente [Willis (J. R.) éd. *Slaves and Slavery in Muslim Africa*]. In : *Revue française d'histoire d'outre-mer*, tome 73, n°271, 2e trimestre 1986. Madagascar et l'Europe (2e Partie) pp. 211-224.

l'entreprise d'expansion de l'Islam dans le monde. Ces guerres religieuses (djihad) avaient une signification différente de celle des batailles que se livraient les peuples d'Afrique noire avant la période d'islamisation. En effet, contrairement aux tribus arabo-musulmanes, les batailles entre les guerriers africains d'avant la période d'islamisation, étaient régis par **la première Charte des droits humains dans le monde** : *la Charte du Mandé* (cf. annexes 2 et 5).

Pour faire face à cette domination arabe du monde (empire turc ottoman…), l'Europe de la chrétienté se lança alors dans des croisades pour d'abord, stopper l'avancée de l'Islam sur ses terres (Royaume d'Espagne…) et ensuite, faire connaître le Christianisme aux peuples indigènes pour ne pas dire païens d'Afrique noire. C'est dans ce sens que des affrontements eurent lieu à Grenade et dans d'autres parties de l'Europe Occidentale, avec la Méditerranée comme témoin de l'hégémonie des tribus arabes qui à la fin furent repoussées de l'autre côté de la mer.

Une fois ce qui deviendra plus tard le Maghreb[725] repoussé et cantonné en Afrique du Nord, les troupes et forces occidentales, en l'occurrence les Portugais (Roi Alphonse) s'intéressèrent à l'autre partie de l'Afrique. Comme motif d'invasion et de domination, ils se drapèrent du Christianisme pour neutraliser toute résistance des peuples d'Afrique noire en arguant de les « re-civiliser ». Leurs actes militaires se glissèrent alors dans l'entreprise pacifique d'évangélisation des peuples d'Afrique noire. Une évangélisation qui était totalement décalée et distincte de celle de la guerre et des affrontements armés. Par ce procédé, les troupes et armées occidentales semèrent la confusion dans plusieurs esprits. Contrairement à la colonisation, l'évangélisation était menée par des missionnaires dont la seule arme était la foi dans le Christ. Les missionnaires français les plus en vue pendant cette période étaient les pères blancs et la congrégation du Saint-Esprit.

L'analyse historique de ces événements « militaires » dans la vie des peuples d'Afrique noire révèle aujourd'hui une évolution dans la conception, la connotation et la motivation des conflits armés. De cette analyse, nous apprenons que les affrontements armés ont chacun une propre définition et appellation que lui donnent les différents protagonistes. La guerre, puisque c'est d'elle qu'il s'agit et qu'il serait bien de trouver un consensus sur l'appellation, devient alors un mot à sens multiple. En effet, son appellation dépend de la réalité des forces en jeu, de la motivation des parties et du ou des institutions qui la garantissent. Quand certaines institutions supranationales comme l'ONU préfère utiliser l'expression « d'opération de maintien de la paix » et des puissances occidentales, elles, font état « d'opération militaire de sécurisation et de maintien de la démocratie »,

---

[725] Michel BRANCIARD, « *Le Maghreb au cœur des crises* », Éditions Chronique Sociale, Octobre 1994, 169 pages.

l'Afrique noire reste au stade de « défense et de sécurisation ». Les faibles moyens militaires et économiques, la réalité des affrontements armés et des tensions internes, imposent à l'Afrique noire cette qualification.

Cela nous ramène à faire écho de la proposition des présidents Paul KAGAME du Rwanda et Macky SALL du Sénégal. En effet, à l'occasion du forum de Dakar sur *la Paix et la Sécurité en Afrique*[726], ces deux présidents précités ont plaidé et opté pour une reconsidération des mécanismes de prévention et de gestion des crises en Afrique noire. Une reconsidération qui devrait permettre, nous le souhaitons vivement, de donner une place centrale à la relecture, l'adaptation et l'intégration du droit de la guerre dans les religions et traditions africaines que prône *la Charte du Mandé*[727]. Une charte africaine des droits et libertés fondamentaux qui rejoint pleinement le droit au respect et la sacralité de la vie que prêche l'Église catholique et condamne de ce fait tous « délits contre la vie et la liberté humaines » (*Canon 1397*)[728].

Il convient dès lors de se dire que les religions, malgré les manquements liés à la condition humaine des hommes qui la représentent, s'efforcent de marcher dans le sens du respect de l'autre, de sa culture, de son histoire et de sa rencontre personnelle avec Dieu. C'est tout le sens, en ce qui concerne l'Église catholique, de l'activité d'évangélisation que délimite le *Canon 781*. Cette dernière dispose : « *comme l'Église tout entière est par sa nature missionnaire et que l'œuvre de l'évangélisation doit être considérée comme un devoir fondamental du peuple de Dieu, tous les fidèles conscients de leur propre responsabilité, prendront leur part de l'œuvre missionnaire.* »

Notre part dans ce devoir de défense et de promotion du dialogue entre les religions, basé sur des faits scientifiques, est de rétablir la vérité sur des faits historiques relatifs à l'Afrique noire. Des faits que la nouvelle génération de panafricanistes tente de comparer, d'assimiler à l'esclavage et la colonisation. Ces derniers événements historiques avaient un tout autre fondement : le pouvoir et la domination. Leurs objectifs étaient centrés sur la recherche du profit. Ils sont le fruit du système capitaliste occidental.

L'évangélisation avait une démarche différente de celle de l'esclavage et de la colonisation. Le *Canon 786* nous éclaire sur le fait que « *l'action proprement missionnaire, par laquelle l'Église s'implante chez les peuples ou des groupes où elle n'est pas encore enracinée, est accomplie par*

---

726 Tenu les 13 et 14 novembre 2017 à Diamniadio (Sénégal).

727 Youssouf Tata CISSE, « *L'histoire de la Charte du Mandé. L'invention au XIIIe siècle des droits de l'homme en Afrique* », Éditions Esprit Frappeur, Collection Simbo, Juin 2012, 300 pages.

728 Ernest CAPPAROS et Hélène AUBÉ (Dir.), « *Code de Droit canonique* », Éditions Wilson et Lafleur, 3e édition révisée, corrigée et mise à jour avec les réformes législatives de 2015, 2016, p.1225.

l'Église surtout en envoyant des messagers de l'Évangile jusqu'à ce que les nouvelles Églises soient pleinement constituées, c'est-à-dire lorsqu'elles sont munies de leurs propres forces et de moyens suffisants qui les rendent capables de poursuivre par elles-mêmes l'œuvre de l'évangélisation.[729] »

Les démarches ayant conduit à l'esclavage et à la colonisation étaient toutes autres. Elles se sont faites avec les armes en s'imposant aux populations autochtones, d'où les qualificatifs assez déterminants de « pillard » et d'« envahisseur ».

Il ne serait aucunement prudent ni fondé alors de comparer la mission pour sauver des âmes et la mission pour assouvir des intérêts économiques. Notre conseil au panafricanisme renaissant serait qu'il est bien de dénoncer, mais, avec la lumière de la Foi, de l'Espérance et de la Charité, la miséricorde prend le dessus sur tout antagonisme. Cette lumière permet de proposer une Afrique nouvelle ! Une Afrique, terre de dialogue entre les religions ! Une Afrique en pèlerinage vers la Paix… !

Suite à l'encyclique *Africae Terrarum*[730] pour une Église d'Afrique à l'heure d'Afrique (annexe 6) et une reprise en main des questions africaines (annexe 7), ces différents messages du pape Paul VI sur l'Afrique restent toujours d'actualité. Aujourd'hui plus que jamais, la question de la guerre entre les religions d'une part, et entre les croyants et les non-croyants d'autre part, taraude l'esprit de tout messager de la paix et de la fraternité entre les peuples et les religions. Une question qui nous impose, loin des considérations scientifiques d'impartialité requise pour une étude, de prendre position, de militer pour une paix durable dans le monde. C'est ainsi que :

- **À nos défunts, victimes des différentes confrontations armées dans ce continent**

Nous cherchons à honorer leurs mémoires. Non par une dénonciation qui est le propre du « panafricanisme religieux » rampant, mais avec la prière et l'Action de grâce. Si la religion à travers ces guerres a été la source de ces nombreuses pertes humaines dans ce continent, la prise en compte des victimes de ces guerres devrait elle aussi venir de la religion.

L'histoire des peuples d'Afrique noire montre qu'il y avait des marabouts, des imams qui accompagnaient soit spirituellement (prières et gris-gris), soit physiquement (sur le champ de bataille) les guerriers au combat. Avec l'avènement des États en Afrique, cette prise en charge spirituelle (prière) des soldats reste inquiétante.

---

[729] Op, Cité, p.688.

[730] La lettre apostolique *Africae Terrarum*, destinée aux peuples et à la hiérarchie de l'Église catholique en Afrique, 29 Octobre 1967.

Dans les nombreux pays visités pour les besoins de nos enquêtes, la figure traditionnelle du guide spirituel militaire et moderne de l'aumônier militaire demeure un non-sujet. Le livre de l'abbé Christian VENARD (2013)[731], aumônier militaire français, nous fortifie sur la place centrale du spirituel au cœur des armées. Une aumônerie militaire permet de ramener Dieu au centre des décisions, des actes et des positions que l'homme peut être amené à prendre. **Réfléchir sur les victimes civiles et militaires que peuvent causer des guerres est le préalable du droit de la guerre**. C'est dans cette perspective que l'une des finalités de notre étude sera d'impulser la réflexion pour une mise en place d'aumôneries militaires interconfessionnelles dans les armées africaines.

Il convient de souligner que des aumôneries confessionnelles militaires existent déjà dans certains pays africains comme la Côte d'Ivoire[732], le Madagascar[733], la République Démocratique du Congo... Cependant, même si leur création a été effective dans ces pays, la prise en compte de leurs statuts fait défaut.

Les premiers contacts entrepris auprès des autorités politiques et religieuses du Sénégal, pour l'instauration d'aumôneries militaires musulmanes et chrétiennes dans les armées, nous réconfortent sur le fait qu'elles puissent servir dans le discernement et l'accompagnement spirituel des troupes.

Pour ce qui est relatif aux militaires catholiques, le premier pèlerinage a eu lieu à Popenguine les 11 et 12 juin 2016 sous la présidence de Monseigneur André GUEYE[734]. Nos échanges avec ce dernier encouragent un esprit de pérennisation, d'installation permanente d'aumôniers interconfessionnels dans les centres hospitaliers régionaux, les centres pénitentiaires régionaux et dans les camps militaires.

Nous avons pu approfondir et mesurer la pertinence des orientations sur lesquelles Monseigneur André Gueye pense appuyer ses actions. Ce dernier, en tant que président de la Commission épiscopale pour l'apostolat des laïcs et évêque en charge du dialogue islamo-chrétien, défend sa vision du monde et surtout celle du dialogue entre les peuples et les religions. Une vision basée sur la fraternité entre les hommes et les religions qui entre en parfaite ligne avec notre recherche. C'est dans cet ordre d'idées que nous nous adressons aux autorités et personnalités concernées :

---

731 Abbé Christian VENARD, « *Un prêtre à la guerre : le témoignage d'un aumônier parachutiste* », Éditions Tallandier, Novembre 2013, 290 pages.

732 Le décret n°67-11 du 11 janvier 1967 modifié par la loi n° 68-440 du 17 septembre 1968.

733 Le décret 2005-598 du 27 novembre 2005 portant Organisation et Réglementation de l'Aumônerie militaire des Forces Armées.

734 Consulter le lien suivant : http://pelerinagepoponguine.com/wp/2016/06/05/premier-pelerinage-militaire-national-a-poponguine-du-11-au-12-juin-2016/.

- **À nos gouvernants**

Nous demandons une meilleure prise en compte dans l'encadrement et la garantie du droit et de la liberté de culte des religions dites minoritaires. Une oreille attentive aux messages de paix, d'union et de médiation que leur proposent les guides religieux africains dans la résolution des conflits politiques (République Démocratique du Congo…) et religieux (République de Centrafrique…) qui sont le lot quotidien de ce continent.

- **À nos frères musulmans d'Afrique noire**

Nous tendons la main pour un respect de la liberté de culte dans les pays africains frappés ou menacés par le terrorisme transfrontalier[735]. Issu d'une famille catholique et musulmane (sœur ainée) et ayant appris le Saint Coran dès le bas âge, nous pensons qu'un respect mutuel entre les différentes religions présentes et pratiquées sur le sol africain permettrait une ouverture à l'autre, à son message de paix et d'amour. Un message de paix et d'amour que portent nos deux références dans ce bas monde : les prophètes Mohamed (PSL) et Jésus Christ. Nos repères n'en seraient que « ravis ».

La fraternité[736] islamo-chrétienne, déjà enclenchée et vivante dans des pays comme le Sénégal[737] pourrait permettre de nous retrouver sur l'essentiel autour de la personne Simple, Sainte et Sans Tache de la Vierge Marie[738]. Marie qui occupe une place importante dans le cœur de nos frères musulmans. Nous en voulons pour preuve ce poème que lui a dédié Cheikh Ahmadou Bamba, dit Khadimou Rassoul : « Futsi ». L'analyse[739] qu'en fait Marcel MENDY n'est point démesurée. En effet, il reconnait ce pouvoir, ce don de Dieu à certains privilégiés de pouvoir apprécier son œuvre et ses créatures d'une part, et d'autre part de leur témoigner le rang d'élu qu'ils occupent auprès du Créateur et Unique Dieu. C'est ce statut que reconnaîtront les papes Benoit XVI et François en la personne de Cheikh Ahmadou Bamba lors de leurs audiences accordées[740], pour le premier en

---

[735] Consulter le lien suivant :
http://www.54etats.com/fr/afrique-terrorisme-et-risques-transfrontaliers.

[736] Nous utilisons le mot fraternité au lieu de dialogue pour montrer l'esprit de dépassement face à certains conflits interconfessionnels.

[737] Lire Charles GUILHAMON, « Le Sénégal, cas d'école d'un dialogue islamo-chrétien apaisé », Article paru dans le journal *Le Figaro*, Le 08 mai 2010.

[738] Lire Nicolas SENEZE, « Marie dans l'Islam », Article paru dans le journal *La Croix*, le 1er avril 2016.

[739] Consulter le lien suivant :
http://www.seneweb.com/news/Societe/la-vive-emotion-d-un-catholique-pour-la-_n_218574.html.

[740] Consulter le lien suivant :
https://www.dakaractu.com/Audience-au-Vatican-Serigne-Mame-Mor-Mbacke-offre-le-poeme-Fouzti-de-Serigne-Touba-au-Pape-Francois_a153818.html.

juin 2008 et pour le second en juin 2018, à Serigne Mame Mor Mbacké Mourtala.

- **À nos frères protestants**

Nous nous associons pour que l'image du Christ rayonne encore plus dans ce beau continent qu'est l'Afrique. Le Christ qui nous unit doit être le principal message de paix que nous apportons à l'Afrique. Ne laissons pas les démons de la division[741] nous éloigner de la véritable face du Christ. Une paix entre ces « frères du Christ » ne serait que bénéfique pour un continent qui se cherche et ne dépend que de ses fils pour s'engager dans la voie du développement.

- **À nos frères de l'Église universelle**

Nous sollicitons vos prières pour pouvoir surmonter les douleurs de l'esclavage et de la colonisation. La rage et la rancœur n'ont jamais permis à une nation de se relever. L'Afrique noire est un membre du corps que compose l'Église universelle : le Christ.
Le mal souffert par les peuples d'Afrique noire et causé par le capitalisme a été aussi ressenti dans toutes les Églises du monde. Que l'amour du prochain berce les peuples d'Afrique noire.

- **À nos guides religieux africains**

Nous réclamons plus de rencontres autour de la foi afin de solidifier les enseignements reçus autour d'une vie communautaire interconfessionnelle. Pour l'Église catholique, cette démarche doit être commune et identique à celle des disciples et témoins du Christ[742]. Une démarche que doivent soutenir les évêques qui représentent sur terre la figure salvatrice du Christ et en parfaite cohésion avec les guides religieux de confession différente, mais de destin commun : l'humanité.
Les évêques doivent, à la suite du pape Paul VI, veiller à ce que « *l'Église catholique continue de contribuer dans le domaine qui lui est propre, celui de la conscience humaine (au fait que) les peuples d'Afrique [...] assument la responsabilité de leurs propres destins... À la lumière du message évangélique, apparaît avec plus de clarté la dignité de la personne comme la dignité d'un peuple* »[743].

---

[741] Élisabeth DORIER-APPRILL et Robert ZIAVOULA, « La diffusion de la culture évangélique en Afrique centrale. Théologie, éthique et réseaux », *Hérodote*, vol. No 119, no. 4, 2005, pp. 129-156.

[742] Ludovic LADO, « Le rôle public de l'Église catholique en Afrique », *Études*, vol. Tome 417, no. 9, 2012, pp. 163-174.

[743] Discours du pape Paul VI devant le Parlement de l'Ouganda, le 1er août 1969, cité par Joseph Roger De BENOIST, « L'Église catholique et la naissance des nouvelles nations en Afrique occidentale francophone ». In : *Revue française d'histoire d'outre-mer*, tome 68,

- **À nos pères, frères et amis des religions traditionnelles**

Nous comprenons le fait que l'Afrique noire a ses croyances et ses repères en la représentation des ancêtres qui faisaient office d'intermédiaire entre le peuple et l'Être Suprême[744]. Mais la beauté et la profondeur des messagers de Dieu ne font pas de distinction entre les ethnies, les races et les cultures[745]. L'Afrique a toujours été une terre d'ouverture à la diversité religieuse[746]. Elle donne à chacun le droit et la liberté de croire en qui il veut. Ce qui permet une cohabitation sereine entre les religions[747].

Dans notre propre lecture de la vie sur terre, il nous semble plus cohérent d'imaginer nos ancêtres auprès de Dieu. Leurs bienfaits sur terre nous amènent à l'espérer, la promesse du Christ de sauver toute l'humanité nous pousse à ne pas en douter. Ils n'ont pas connu certes la Bonne Nouvelle, mais les voies de Dieu restent insondables et impénétrables.

- **À nos frères, chrétiens d'Afrique noire**

La Bonne Nouvelle vous a été apportée et annoncée par le biais des missionnaires[748]. Votre mérite sera de la garder et de la mettre en pratique conformément aux textes sacrés. Car il a été dit dans *Luc 11 : 28 « Heureux plutôt ceux qui écoutent la parole de Dieu et l'observent !*[749] » Un message que n'a pas hésité à rappeler le pape saint Jean Paul II lors de sa visite à Gorée le 22 février 1992 (annexe 8).

---

n°250-253, Année 1981 1981. État et société en Afrique Noire, sous la direction d'Yves Person. pp. 100-111.

[744] René TABARD, « Théologie des religions traditionnelles africaines », *Recherches de Science Religieuse*, vol. Tome 96, no. 3, 2008, pp. 327-341.

[745] Etienne, KAOBO-SUMAIDI, « Les discours christologiques africains (1956-2000). Histoire et enjeux ». In : *École pratique des hautes études, Section des sciences religieuses.* Annuaire. Tome 114, 2005-2006. 2005. pp. 435-444.

[746] Jean-Claude BARBIER et Elisabeth DORIER-APPRILL, « Cohabitations et concurrences religieuses dans le Golfe de Guinée. Le Sud-Bénin, entre vodun, Islam et Christianismes *(*Religious cohabitation and rivalry in the Gulf of Guinea. Southern Benin between vodun, Islam and Christianity*).* In : *Bulletin de l'Association de géographes français*, 79e année, 2002-2 (Juin). Géopolitiques africaines, sous la direction de Roland Pourtier. pp. 223-236.

[747] Élisabeth DORIER-APPRILL, « Les échelles du pluralisme religieux en Afrique subsaharienne », *L'Information géographique*, vol. 70, no. 4, 2006, pp. 46-65.

[748] Jean-Marie GAUDEUL, « Pour l'histoire du dialogue islamo-chrétien : sur un passage du Directoire de 1881 des Missionnaires d'Afrique », *Histoire et missions chrétiennes*, vol. 8, no. 4, 2008, pp. 127-132.

[749] « *La Bible de Jérusalem* », *La vraie béatitude*, Luc 11 :28, traduite en français sous la direction de l'École biblique de Jérusalem, Éditions du CERF, Avril 1998, p.1750.

Annexes

Annexe 1

Petit Extrait de la bulle papale *Romanus Pontifex* traduite et publiée en français dans le livre de Fassassi (2002, pp.16-17) *Le péché du pape contre l'Afrique, Jésus-Christ outragé, l'Afrique courroucée*[750].

« Grâce à cette faculté, le Roi Alphonse, ou sous son autorité l'Infant, a acquis et possède en toute justice et légitimité, ces îles, terres, ports et mers ; et, de droit, ces domaines relèvent et dépendent du même Roi Alphonse et de ses successeurs, et nul autre, quel qu'il fût, parmi les chrétiens n'a pu licitement jusqu'à présent, sans permission spéciale octroyée par le Roi et ses successeurs, y pénétrer, et ne le peut en aucune manière.

Afin que le Roi Alphonse et ses successeurs, ainsi que l'Infant puissent s'adonner avec d'autant plus de cœur à cette œuvre très sainte, excellente, digne de mémoire à jamais, par laquelle, puisqu'ils travaillent au salut des âmes, à l'accroissement de la foi et à l'abaissement des ennemis de celle-ci, nous voyons bien que c'est l'intérêt de la foi et de l'Église universelle qui est promu, et afin que, ayant supporté toutes sortes de préjudices considérables, ils se voient munis, par Nous et le Siège Apostolique, de faveurs et de grâces,

Nous, pleinement informés de toutes ces questions, de notre propre chef et non à la requête à Nous présenter, à ce sujet, par le Roi Alphonse et l'Infant eux-mêmes ou par un tiers en leur nom, après mûr examen, par notre autorité apostolique, de science certaine, en vertu de la plénitude du pouvoir apostolique, déclarons qu'aux termes des présentes, les lettres susdites qui accordent cette faculté, dont Nous voulons que les dispositions soient mot pour mot reportées dans les présentes, avec chacune des clauses qu'elles contiennent, ont valeur et force de loi à Ceuta, dans les domaines susdits ainsi que dans tous ceux qui ont été acquis, même avant la concession de cette faculté, dans les terres qui, par la suite, dans ces régions, dans les régions circonvoisines, dans celles qui s'étendent au-delà et sont plus éloignées encore, ont pu être arrachées aux infidèles ou païens au nom du Roi Alphonse et de ses successeurs, ainsi que de l'Infant.

Nous déclarons pareillement que les domaines déjà acquis en vertu des pouvoirs concédés par les présentes lettres, ceux qui viendraient à

---

[750]Assani FASSASSI, « *Le péché du pape contre l'Afrique* », Éditions Al Qalam, Mai 2002, pp.16-17.

l'être dans l'avenir, ainsi que les conquêtes qui s'étendent du Cap Bojador et de Nam à la Guinée entière, c'est-à-dire en direction du midi, ont relevé et dépendu, et qu'ils relèvent et dépendent de plein droit du Roi Alphonse et de ses successeurs ainsi que l'Infant, et de nul autre.

Nous décidons et déclarons en outre que le Roi Alphonse et ses successeurs ainsi que l'Infant, aux termes des présentes, ont pu et peuvent, maintenant et à l'avenir, librement et licitement, sur ces domaines et leurs parages, porter toutes interdictions, tous décrets, rescrits, condamnations même ; y lever des impôts à leur gré, administrer et gouverner ces possessions et leurs biens propres, ainsi que d'autres qui leur appartiennent qui plus est, afin que ce droit soit plus fermement établi et garanti, nous accordons, concédons et attribuons, par les présentes, au Roi Alphonse susnommé et aux Rois des dits Royaumes, ses successeurs, ainsi qu'à l'Infant, les domaines présentement acquis et ceux qui à l'avenir viendraient à l'être, provinces, îles, ports, places et mers, quels qu'ils soient, quel qu'en soit le nombre et de quelque valeur qu'ils soient, ainsi que les territoires conquis au-delà du Cap Bojador et de Nam. »

Annexe 2

La charte de Kouroukan Fouga

Les représentants du Mandé primitif et leurs alliés réunis en 1236 à Kouroukan Fouga (actuel cercle de Kangaba) après l'historique baille de Kirina ont adopté la charte suivante pour régir la vie du grand ensemble Mandingue. Le Roi Naré Maghan Soundiata était entouré pour la circonstance à la tribune par 4 Chefs de Tribus :

•Siby Kamandjan Camara, le Roi des Camara non-forgerons ;

•Fran Camara dit Tabon N'Gana Fran Camara, Chef des Rois Forgerons ;

•FakolyKoroma ;

•FaoulyTounkara, le petit frère de Néma Moussa Tounkara.

1. DE L'ORGANISATION SOCIALE

•Article 1er : — La Société du grand Mandé est divisée en seize porteurs de carquois, cinq classes de marabouts, quatre classes de Myamakalas, une classe de serfs (esclaves — Mäfémölu —). Chacun de ces groupes a une activité et un rôle spécifiques.

•Article 2 : —Les Nyamakalas se doivent de dire la vérité aux Chefs, d'être leurs conseillers et de défendre par le verbe les règles établies et l'ordre sur l'ensemble du royaume.

•Article 3 : —Les Morikandalolu (les cinq classes de marabouts) sont nos maîtres et nos éducateurs en Islam. Tout le monde leur doit respect et considération.

•Article 4 : —La société est divisée en classes d'âges. À la tête de chacune d'elles est élu un chef. Sont de la classe d'âge les personnes (Hommes ou Femmes) nées au cours d'une période de trois années consécutives. Les Kangbès (classe intermédiaire entre les jeunes et les vieux) doivent être conviés pour participer à la prise des grandes décisions concernant la société.

•Article 5 : — Chacun a le droit à la vie et à la préservation, de son intégrité physique. En conséquence, toute tentation d'enlever la vie à son prochain est punie de la peine de mort.

•Article 6 : —Pour gagner la bataille de la prospérité, il est institué le köngbéènwolo (un mode de surveillance) pour lutter contre la paresse et l'oisiveté.

•Article 7 : —Il est institué entre les Mandenkas le Sanankuya (cousinage à plaisanterie) et le tanamanyoya (forme de totémisme). En conséquence, aucun différend né entre ces groupes ne doit dégénérer, le respect de l'autre étant la règle. Entre beaux-frères et belles-sœurs, entre grands-parents et petits-enfants, la tolérance et le chahut doivent être le principe.

•Article 8 : —La Famille Keïta est désignée famille régnante sur l'empire.

•Article 9 : —L'éducation des enfants incombe à l'ensemble de la société. La puissance paternelle appartient en conséquence à tous.

•Article 10 : — Adressons-nous mutuellement les condoléances.

•Article 11 : —Quand votre femme ou votre enfant fuit, ne le poursuivez pas chez le voisin.

•Article 12 : —La succession étant patrilinéaire, ne donnez jamais le pouvoir à un fils tant qu'un seul de ses pères vit. Ne donnez jamais le pouvoir à un mineur parce qu'il possède des liens.

•Article 13 : — N'offensez jamais les Nyaras.

•Article 14 : — N'offensez jamais les femmes, nos mères.

•Article 15 : —Ne portez jamais la main sur une femme mariée avant d'avoir fait intervenir sans succès son mari.

•Article 16 : —Les femmes, en plus de leurs occupations quotidiennes doivent être associées à tous nos gouvernements.

•Article 17 : —Les Mensonges qui ont vécu 40 ans doivent être considérés comme des vérités.

•Article 18 : — Respectons le droit d'aînesse.

•Article 19 : — Tout homme a deux beaux-parents : les Parents de la Fille que l'on n'a pas eue et la parole qu'on a prononcée sans contrainte aucune. On leur doit respect et considération.

•Article 20 : —Ne maltraitez pas les esclaves, accordez-leur un jour de repos par semaine et faites-en sorte qu'ils cessent le travail à des heures raisonnables. On est maître de l'esclave et non du sac qu'il porte.

•Article 21 : —Ne poursuivez pas de vos assiduités les épouses du Chef, du voisin, du marabout, du féticheur, de l'ami et de l'associé.

•Article 22 : —La vanité est le signe de la faiblesse et l'humilité le signe de la grandeur.

•Article 23 : —Ne vous trahissez jamais entre vous ; respectez la parole d'honneur.

•Article 24 : —Ne faites jamais du tort aux étrangers.

•Article 25 : —Le Chargé de mission ne risque rien au Mandé.

•Article 26 : —Le taureau confié ne doit pas diriger le parc.

•Article 27 : —La jeune fille peut être donnée en mariage dès qu'elle est pubère sans détermination d'âge. Le choix de ses parents doit être suivi, quel que soit le nombre des candidats.

•Article 28 : —Le jeune homme peut se marier à partir de 20 ans.

•Article 29 : —La dote est fixée à 3 bovins : un pour la fille, deux pour son père et sa mère.

•Article 30 : — Venons en aide à ceux qui en ont besoin.

2. DES BIENS

•Article31 : — Il y a cinq façons d'acquérir la propriété : l'achat, la donation, l'échange, le travail et la succession. Toute autre forme sans témoignage probant est équivoque.

•Article 32 : — Tout objet trouvé sans propriétaire connu ne devient propriété commune qu'au bout de quatre ans.

•Article 33 : —La quatrième mise bas d'une génisse confiée est la propriété du gardien.

•Article 34 : —Un bovin doit être échangé contre quatre moutons ou quatre chèvres.

•Article 35 : —Un œuf sur quatre est la propriété du gardien de la poule pondeuse.

•Article 36 : — Assouvir sa faim n'est pas du vol si on n'emporte rien dans son sac ou sa poche.

3. DE LA PRÉSERVATION DE MA NATURE

•Article 37 : — Fakombé est désigné Chef des chasseurs. Il est chargé de préserver la brousse et ses habitants pour le bonheur de tous.

•Article 38 : — Avant de mettre le feu à la brousse, ne regardez pas à terre, levez la tête en direction de la cime des arbres.

•Article 39 : —Les animaux domestiques doivent être attachés au moment des cultures et libérés après les récoltes. Le chien, le chat, le canard et la volaille ne sont pas soumis à cette mesure.

4- DISPOSITIONS FINALES

•Article 40 : — Respectez la parenté, le mariage et le voisinage.

•Article 41 : — Tuez votre ennemi, ne l'humiliez pas.

•Article 42 : —Dans les grandes assemblées, contentez-vous de vos légitimes représentants et tolérez-vous les uns les autres.

•Article 43 : — Balla Fasséké Kouyaté est désigné grand Chef des cérémonies et médiateur principal du Mandé. Il est autorisé à plaisanter avec toutes les tribus en priorité avec la famille royale.

•Article 44 : — Tous ceux qui enfreindront à ces règles seront punis. Chacun est chargé de l'application stricte de ces articles.

Annexe 3

Les Signataires catholiques de la réaction de l'épiscopat canadien sur la bulle *Terra Nullius* de 1095 du pape Urbain II

Mgr Douglas Crosby, O.M.I. Évêque de Hamilton et Président de la Conférence des évêques catholiques du Canada

Mgr Donald Bolen Évêque de Saskatoon et Président de la Commission pour la justice et la paix de la Conférence des évêques catholiques du Canada

M. Rennie Nahanee, d.p. Président du Conseil autochtone catholique du Canada

M. Jean-Denis Lampron, d.p. Président, l'Organisation catholique canadienne pour le développement et la paix

Sœur Rita Larrivée, S.S.A. Présidente de la Conférence religieuse canadienne

Père Timothy Scott, C.S.B. Directeur général de la Conférence religieuse canadienne

M. David Leduc, Directeur général, l'Organisation catholique canadienne pour le développement et la paix.

Source : Conférence des évêques catholiques du Canada

Annexe 4

Extrait de la causerie de Jules Renquin, ministre belge des Colonies, en 1920 avec les premiers missionnaires catholiques du Congo belge.

Les devoirs des Missionnaires dans notre colonie,

Révérends Pères et Chers Compatriotes, soyez les bienvenus dans notre seconde patrie, le Congo belge.
La tâche que vous êtes conviés à y accomplir est très délicate et demande beaucoup de tact. Prêtres, vous venez certes pour évangéliser. Mais cette évangélisation doit s'inspirer de notre grand principe : tout avant tout pour les intérêts de la métropole (Belgique).
Le but essentiel de votre mission n'est donc point d'apprendre aux noirs à connaître DIEU. Ils le connaissent déjà. Ils parlent et se soumettent à un ***NZANBE ou un NVINDI-MUKULU***, et que sais-je encore. Ils savent que, tuer, voler, calomnier, injurier… est mauvais. Ayant le courage de l'avouer, vous ne venez donc pas leur apprendre ce qu'ils savent déjà. Votre rôle consiste, essentiellement, à faciliter la tâche aux administratifs et aux industriels. C'est donc dire que vous interpréterez l'évangile de la façon qui sert le mieux nos intérêts dans cette partie du monde.
Pour ce faire, vous veillerez entre autres à :

1. Désintéresser nos « sauvages » des richesses matérielles dont regorgent leur sol et leur sous-sol, pour éviter que s'intéressant, ils ne nous fassent une concurrence meurtrière et rêvent un jour à nous déloger. Votre connaissance de l'évangile vous permettra de trouver facilement des textes qui recommandent et font aimer la pauvreté. Exemple : « Heureux sont les pauvres, car le royaume des cieux est à eux » et « il est plus difficile à un riche d'entrer au ciel qu'à un chameau d'entrer par le trou d'une aiguille ». Vous ferez donc tout pour que ces Nègres aient peur de s'enrichir pour mériter le ciel…
2. Les contenir pour éviter qu'ils ne se révoltent. Les administratifs ainsi que les industriels se verront obligés de temps en temps, pour se faire craindre, de recourir à la violence (injurier, battre…). Il ne faudrait pas que les Nègres ripostent ou nourrissent des sentiments de vengeance. Pour cela, vous leur enseignerez de tout supporter. Vous

commenterez et les inviterez à suivre l'exemple de tous les saints qui ont tendu la deuxième joue, qui ont pardonné les offenses, qui ont reçu sans tressaillir les crachats et les insultes.

3. Les détacher et les faire mépriser tout ce qui pourrait leur donner le courage de nous affronter. Je songe ici spécialement à leurs nombreux fétiches de guerre qu'ils prétendent les rendre invulnérables. Étant donné que les vieux n'entendraient point les abandonner, car ils vont bientôt disparaître, votre action doit porter essentiellement sur les jeunes.
4. Insister particulièrement sur la soumission et l'obéissance aveugles. Cette vertu se pratique mieux quand il y a absence d'esprit critique. Donc évitez de développer l'esprit critique dans vos écoles. Apprenez-leur à croire et non à raisonner. Instituez pour eux un système de confession qui fera de vous de bons détectives pour dénoncer tout noir ayant une prise de conscience et qui revendiquerait l'indépendance nationale.
5. Enseignez-leur une doctrine dont vous ne mettrez pas vous-même les principes en pratique. Et s'ils vous demandaient pourquoi vous comportez-vous contrairement à ce que vous prêchez, répondez-leur que « vous les noirs, suivez ce que nous vous disons et non ce que nous faisons ». Et s'ils répliquaient en vous faisant remarquer qu'une foi sans pratique est une foi morte, fâchez-vous et répondez : « heureux ceux qui croient sans protester ».
6. Dites-leur que leurs statuettes sont l'œuvre de Satan. Confisquez-les et allez remplir nos musées : de Tervuren, du Vatican. Faites oublier aux noirs leurs ancêtres.
7. Ne présentez jamais une chaise à un noir qui vient vous voir. Donnez-lui tout au plus une cigarette. Ne l'invitez jamais à dîner même s'il vous tue une poule chaque fois que vous arrivez chez lui. ***NE JAMAIS DIRE « VOUS » A UN NOIR, CAR IL SE CROIRAIT L'ÉGAL DU BLANC…***
8. Considérez tous les noirs comme de petits enfants que vous devez continuer à tromper. Exigez qu'ils vous appellent tous « mon père ».
9. Criez au communisme et à la persécution quand ils vous demandent de cesser de les tromper et de les exploiter. Ce sont là, Chers Compatriotes, quelques-uns des principes que vous appliquerez sans faille. Vous en trouverez beaucoup d'autres dans des livres et textes qui vous seront remis à la fin

de cette séance. Le Roi attache beaucoup d'importance à votre mission. Aussi, a-t-il décidé de faire tout pour vous la faciliter. Vous jouirez de la très grande protection des administratifs. Vous aurez de l'argent pour vos œuvres évangéliques et vos déplacements.

Source : Avenir colonial belge, 30 octobre 1921

Annexe 5

La Charte du nouveau Manden

« Le Manden fut fondé sur l'attente et l'amour, la liberté et la fraternité. Cela signifie qu'il ne saurait y avoir de discrimination éthique ni raciale au Manden. Tel fut le sens de notre combat. Par conséquent, les enfants de Sanené et Kontron font à l'adresse des douze parties du monde et au nom du Manden tout entier, la proclamation suivante :

1. Les chasseurs déclarent : toute vie (humaine) est une vie. Il est vrai qu'une vie apparaît à l'existence avant une autre vie. Mais une vie n'est pas plus « ancienne », plus respectable qu'une autre vie. De même qu'une vie n'est pas supérieure à une autre vie.

2. Les chasseurs déclarent : toute vie étant une vie, tout tort causé à une vie exige réparation.

Par conséquent :

que nul ne s'en prenne gratuitement à son voisin, que nul ne cause de tort à son prochain, que nul ne martyrise son semblable.

3. Les chasseurs déclarent : que chacun veille sur son prochain, que chacun vénère ses géniteurs, que chacun éduque comme il se doit ses enfants, que chacun « entretienne », pourvoie aux besoins des membres de sa famille,

4. Les chasseurs déclarent : que chacun veille sur le pays de ses pères, par pays ou patrie, faso. Il faut entendre aussi et surtout les hommes. Car « tout pays, toute terre qui verrait les hommes disparaître de sa surface deviendrait aussitôt nostalgique. »

5. Les chasseurs déclarent : la faim n'est pas une bonne chose, l'esclavage non plus n'est pas une bonne chose. Il n'y a pas de pire calamité que ces choses-là, dans ce bas monde. Tant que nous détiendrons le carquois et l'arc, la faim ne tuera plus personne au Manden. Si d'aventure la famine venait à sévir ; la guerre ne détruira plus jamais de village pour y prélever des esclaves. C'est dire que nul ne placera désormais le mors dans la bouche de son semblable pour aller le vendre. Personne ne sera non plus battu, à fortiori mis à mort, parce qu'il est fils d'esclave.

6. Les chasseurs déclarent : l'essence de l'esclavage est éteinte ce jour, « d'un mur à l'autre » ; d'une frontière à l'autre du Manden ; la razzia est bannie à compter de ce jour au Manden. Les tourmentes nées de ces horreurs sont finies à partir de ce jour au Manden ; quelle épreuve quel tourment ! Surtout

lorsque l'opprimé ne dispose d'aucun recours. L'esclave ne jouit d'aucune considération ; nulle part dans ce monde.
7. Les anciens nous disent : “l'homme en tant qu'individu, fait d'os et de chair, de moelle et de nerfs, de peau couverte de poils et de cheveux, se nourrit d'aliments et de boissons. Mais son « âme », son esprit vit de trois choses :
voir ce qu'il a envie de voir,
dire ce qu'il a envie de dire, et faire ce qu'il a envie de faire ; si une seule de ces choses venait à manquer à l'âme humaine, elle en souffrirait, et s'étiolerait sûrement.
En conséquence, les chasseurs déclarent :

chacun dispose désormais de sa personne, chacun est libre de ses actes, chacun dispose désormais des fruits de son travail ; tel est le serment du Manden. À l'adresse des oreilles du monde entier.

Annexe 6

PÈLERINAGE APOSTOLIQUE EN OUGANDA

CÉLÉBRATION EUCHARISTIQUE EN CONCLUSION DU SYMPOSIUM DES ÉVÊQUES D'AFRIQUE

HOMÉLIE DU SAINT-PÈRE PAUL VI

Kampala (Ouganda), jeudi 31 juillet 1969

AU RENDEZ-VOUS DE L'AFRIQUE

Kampala, 31 juillet — 2 août 1969

Dans le souvenir de l'heure missionnaire
Dans la catholicité et l'unité

L'ÉGLISE D'AFRIQUE A L'HEURE AFRICAINE

Messieurs les Cardinaux,
Frères vénérés,
Très chers fidèles, et vous tous,
Fils d'Afrique ici présents,
À vous tous, notre salut plein de respect et d'affection !
Notre salut de Frère, de Père, d'Ami, de serviteur, aujourd'hui votre hôte ! À vous, notre salut d'Évêque de Rome, de successeur de Saint-Pierre, de Vicaire du Christ, de Pontife de l'Église catholique, lequel a la chance d'être enfin et comme premier pape sur cette terre africaine. Notre salut porte avec lui celui de toute la fraternité catholique ; nous pouvons dire, avec Saint Paul : « Toutes les Églises du Christ vous saluent » *(Rm* 16, 16) ! Accueillez ce salut, vous, Messieurs les Cardinaux de ce continent. Nous nous réjouissons et nous sommes honorés de vous avoir comme membres du Sacré Collège, comme collaborateurs et conseillers personnels, comme représentants autorisés de l'Église africaine dans les dicastères du Siège Apostolique. Merci du signe de votre adhésion que vous nous donnez par votre présence. Et merci à vous, Frères très chers dans l'Épiscopat ! Nous savons vos soucis pastoraux et vos mérites. Nous vous embrassons tous et nous vous bénissons. Et aux Prêtres, aux Religieux, aux Religieuses, aux Catéchistes, aux Maîtres, et à tous les

coopérateurs du Laïcat catholique, à tous les Fidèles : nos remerciements, nos vœux et nos bénédictions.
Deux sentiments remplissent en ce moment notre cœur. Un sentiment de communion. Nous remercions le Seigneur qui nous en donne l'ineffable expérience.
Nous devons vous dire que c'est dans le désir de cette expérience spirituelle que nous avons entrepris ce voyage : pour être avec vous, pour jouir de la foi commune et de la commune charité qui nous unissent, pour affirmer, même de façon sensible, que nous sommes une unique famille dans le corps mystique du Christ, son Église ! Nous devons vous dire que nous sommes heureux de répéter ici les paroles de l'Apôtre des gentils : « Nous sommes un seul corps et un seul Esprit… appelés à une seule espérance. Un seul Seigneur, une seule foi, un seul baptême. Un seul Dieu et Père de tous… » *(Ep* 4, 4-6). Si ce sentiment de communion est aussi en vous, comme nous l'espérons, et s'il constitue le souvenir de cette rencontre, nous pourrons dire que notre voyage aura déjà obtenu un résultat grandement satisfaisant. Un autre sentiment, Frères et Fils, est maintenant dans notre cœur : celui de respect, pour vos personnes, pour votre terre, pour votre culture. Nous sommes pleins d'admiration et de dévotion pour vos Martyrs, que nous sommes venus honorer et invoquer. Nous n'avons d'autre désir que de promouvoir ce que vous êtes : chrétiens et africains. Nous voulons que notre présence parmi vous soit le signe que nous reconnaissons votre maturité et que nous désirons vous montrer comment la communion qui nous unit n'étouffe pas, mais alimente l'originalité de votre personnalité individuelle, ecclésiale et même civile. Nous demandons au Seigneur la grâce de pouvoir être utile à votre progrès, en éveillant les bons germes et en stimulant les énergies humaines et chrétiennes qui sont dans le génie de votre vocation à la plénitude spirituelle et temporelle. Ce ne sont pas nos intérêts, mais les vôtres, qui sont l'objet de notre ministère apostolique. Cette pensée nous permet de donner tout d'abord un très bref coup d'œil récapitulatif aux questions caractéristiques de l'Église africaine. Nous savons que beaucoup de ces questions ont été traitées par vous, Évêques de ce continent ; et à leur sujet, il ne nous reste plus qu'à apprécier vos études et à encourager votre zèle : ayez des idées claires et concordantes, et allez de l'avant, méthodiquement et courageusement, avec la conscience d'un grand mandat : construire l'Église ! Nous nous limitons maintenant à mentionner quelques aspects généraux de la vie

catholique africaine en ce moment historique. Le premier aspect nous semble celui-ci : vous, Africains, vous êtes désormais vos propres missionnaires. L'Église du Christ est vraiment implantée sur cette terre bénie (cf. Décr. *Ad gentes,* 6). Et il est un devoir que nous devons accomplir : Nous devons évoquer le souvenir de ceux qui, en Afrique, avant vous et encore aujourd'hui avec vous, ont prêché l'Évangile. L'Écriture Sainte nous y invite : « Souvenez-vous de vos prédécesseurs, qui vous ont annoncé la parole de Dieu, et considérant la fin de leur vie, imitez leur foi » *(He* 13, 7). C'est une histoire que nous ne devons pas oublier ; elle confère à l'Église locale la note de son authenticité et de sa noblesse : la note « apostolique ». Elle est un drame de charité, d'héroïsme, de sacrifice, qui fait de l'Église africaine, depuis les origines, une Église grande et sainte. C'est une histoire qui dure encore et qui devra durer longtemps, même si vous, Africains, vous en prenez maintenant la direction. L'aide de collaborateurs provenant d'autres Églises vous est aujourd'hui encore nécessaire : estimez-la précieuse, faites-lui honneur et sachez l'unir à votre œuvre pastorale. Être vos propres missionnaires : c'est dire que vous, Africains, vous devez poursuivre la construction de l'Église sur ce continent. Les deux grandes forces (oh ! combien différentes et inégales !), voulues par le Christ pour édifier son Église, doivent être à l'œuvre ensemble avec une grande intensité (cf. *Ad gentes,* 4) : la hiérarchie (et nous entendons par là toute la structure sociale, canonique, responsable, humaine, visible de l'Église, avec les Évêques en première ligne, et l'Esprit-Saint (c'est-à-dire la grâce avec ses charismes : cf. CONGAR, *Esquisses du mystère de l'Église,* pp. 129 ss.) ; ces deux forces doivent être à l'œuvre de façon *dynamique,* comme il convient justement à une Église jeune, appelée à rencontrer une culture ouverte à l'Évangile, comme c'est le cas pour votre culture africaine. À l'impulsion que donnait à la foi l'action missionnaire de Pays étrangers, doit s'unir et succéder l'impulsion venant de l'intérieur de l'Afrique. L'Église, par sa nature, demeure toujours missionnaire. Mais le jour viendra où nous n'appellerons plus « missionnaire » au sens technique, votre apostolat, mais natif, indigène, vraiment vôtre. Un travail immense se prépare pour votre labeur pastoral ; celui spécialement de la formation des chrétiens, appelés à l'apostolat : le Clergé, les Religieux, les Catéchistes, les Laïcs actifs. De la préparation de ces éléments locaux, éléments choisis et agissants du Peuple de Dieu, dépendra de la vitalité, le développement, l'avenir de l'Église africaine. C'est clair.

C'est le plan voulu par le Christ : les frères doivent sauver leurs frères ; mais pour accomplir cette entreprise évangélique, il faut que des frères qualifiés soient les ministres, les serviteurs, les diffuseurs de la parole, de la grâce, de la charité, en faveur des autres frères, appelés eux-mêmes par la suite, à coopérer à l'œuvre commune d'édification de l'Église. Vous savez bien tout cela. Nous ne devons rien faire d'autre qu'encourager et bénir vos projets. Une question qui demeure très vive et suscite beaucoup de discussions se présente à votre œuvre évangélisatrice, celle de l'adaptation de l'Évangile, de l'Église, à la culture africaine. L'Église doit-elle être européenne, latine, orientale… ou bien doit-elle être africaine ? Le problème paraît difficile, et en pratique il peut l'être en effet. Mais la solution est prête, avec deux réponses. Votre Église doit être avant tout catholique. Autrement dit, elle doit être entièrement fondée sur le patrimoine identique, essentiel, constitutionnel de la même doctrine du Christ, professée par la tradition authentique et autorisée de l'unique et véritable Église. C'est là une exigence fondamentale et indiscutable. Tous nous devons être jaloux et fiers de cette foi dont les apôtres furent les héros et les Martyrs, c'est-à-dire les maîtres scrupuleux. Vous savez à quel point l'Église est par-dessus tout tenace, disons conservatrice, sous ce rapport. Pour empêcher que le message de la doctrine révélée ne puisse s'altérer, l'Église est allée jusqu'à fixer en quelques formules conceptuelles et verbales son trésor de vérité ; et même si ces formules sont parfois difficiles, elle nous fait une obligation de les conserver textuellement. Nous ne sommes pas les inventeurs de notre foi ; nous en sommes les gardiens. Toute religiosité n'est pas bonne, mais seulement celle qui interprète la pensée de Dieu, selon l'enseignement du magistère apostolique, établi par l'unique Maître, Jésus-Christ. Mais cette première réponse étant donnée, il nous faut passer à la seconde : l'expression, c'est-à-dire le langage, la façon de manifester l'unique foi peut être multiple et par conséquent originale, conforme à la langue, au style, au tempérament, au génie, à la culture de qui professe cette unique foi. Sous cet aspect, un pluralisme est légitime, même souhaitable. Une adaptation de la vie chrétienne dans les domaines pastoral, rituel, didactique et aussi spirituel, est non seulement possible, mais est favorisée par l'Église. C'est ce qu'exprime, par exemple, la réforme liturgique. En ce sens, vous pouvez et vous devez avoir un christianisme africain. Oui, vous avez des valeurs humaines et des formes caractéristiques de cultures qui peuvent s'élever à une perfection propre, apte à trouver dans le christianisme et par le christianisme, une plénitude supérieure originale, et donc capable d'avoir une richesse d'expression propre, vraiment africaine. Il y faudra peut-être du temps. Il faudra que votre âme africaine soit imprégnée profondément des charismes secrets du christianisme, afin que ceux-ci se répandent ensuite librement, en beauté et en sagesse, à la manière africaine. Il faudra que votre culture ne se refuse pas, mais au contraire en tire profit, à puiser dans le patrimoine de la tradition patristique, exégétique, théologique de l'Église catholique, les trésors de sagesse qui peuvent être considérés comme universels, et de façon spéciale ceux qui sont plus facilement assimilables par la mentalité africaine. L'Occident aussi a su puiser aux sources des écrivains africains, comme Tertullien, Ottavius de Milet, Origène, Cyprien, Augustin… (cf. Décret *Optatamtotius,* 16) : cet échange des plus hautes expressions de la pensée chrétienne alimente, sans l'altérer, l'originalité d'une culture particulière. Il faudra une incubation du « mystère » chrétien dans le génie de votre peuple, pour qu'ensuite sa voix originale, plus limpide et plus franche, s'élève harmonieuse dans le chœur des autres voix de l'Église universelle. Devons-Nous vous rappeler, à ce propos, à quel point il sera utile pour l'Église africaine, d'avoir des centres de vie contemplative et monastique, des centres d'études religieuses, des centres de formation pastorale ? Si vous savez éviter les périls possibles du pluralisme religieux, et par conséquent vous abstenir de faire de votre profession chrétienne une espèce de folklorisme local, ou bien de racisme exclusiviste ou de tribalisme égoïste, ou encore de séparatisme arbitraire, vous pourrez demeurer sincèrement africains même dans votre interprétation de la vie chrétienne ; vous pourrez formuler le catholicisme en termes absolument appropriés à votre culture et vous pourrez apporter à l'Église catholique la contribution précieuse et originale de la « négritude » dont, à cette heure de l'histoire, elle a particulièrement besoin. L'Église africaine a devant elle une tâche immense et originale à réaliser : elle doit s'adresser comme « mère et éducatrice » Mater et Magistra à tous les fils de cette terre du soleil. Elle doit leur offrir une interprétation traditionnelle et moderne de la vie. Elle doit former les populations aux formes nouvelles de l'organisation civile, tout en purifiant et conservant celles si sages de la famille et de la communauté. Elle doit donner une impulsion pédagogique à vos vertus individuelles et sociales d'honnêteté, de sobriété, de loyauté. Elle doit accroître toute activité en faveur du bien public, notamment l'école, comme aussi l'assistance aux pauvres et aux malades. Elle doit aider l'Afrique sur la voie du développement, de la concorde et de la paix.

Oui, ce sont là de grands devoirs, des devoirs toujours nouveaux. Nous en reparlerons.

Mais nous vous disons, au nom du Seigneur, qu'ensemble nous suivons et aimons : vous avez la force et la grâce nécessaires pour les remplir, parce que vous êtes membres vivants de l'Église catholique, parce que vous êtes chrétiens et africains.

Que vous y aide Notre Bénédiction Apostolique.

Source : http://www.clerus.org

Annexe 7

Discours du pape Paul VI au parlement de Kampala le 1er août 1969

MESSAGE AUX PEUPLES D'AFRIQUE

Un des grands moments du voyage pontifical fut, à l'évidence, la visite que Paul VI a faite au Parlement de Kampala, le 1er août, à 12 heures. Du haut de la tribune de cette Assemblée, le pape a salué tous les peuples d'Afrique, a présenté le vrai visage de l'Église, ses nobles ambitions spirituelles, ses préoccupations, ses vœux pour l'avenir spirituel, moral et matériel du continent africain tout entier. Voici le texte de cet important discours.

Messieurs,

Il sera bon que nous nous présentions les uns aux autres. Qui sommes-nous ? Ne vous laissez pas tromper, par hasard, sur l'opinion qu'une certaine mentalité se fait couramment de nous : nous sommes un homme petit et faible, comme tout le monde, et peut-être plus que d'autres. Compatissez à nos limites personnelles. Nous n'hésitons pourtant pas à nous présenter à vous sous un double titre, l'un qui est nôtre, à savoir le grand amour que nous avons pour l'Afrique, pour vous, pour les Peuples que vous gouvernez et représentez ; l'autre titre n'est pas nôtre, il nous a été conféré, et c'est celui-là, qui nous rend humbles et nous encourage à venir parmi vous : c'est le titre que vous connaissez, celui de pape, qui veut dire « père » ; et nous l'avons hérité de Saint-Pierre, dont nous sommes un indigne, mais authentique successeur. C'est ce Saint Pierre que Jésus-Christ, le Fils de Dieu vivant, a constitué le fondement de son Église, laquelle, durant bientôt vingt siècles, s'est répandue par toute la terre, en Ouganda également. C'est comme Pasteur de l'Église catholique que nous sommes ici, et que nous nous présentons à vous pour vous dire à vous aussi sa parole, à la fois simple et solennelle : paix à vous !

Vive l'Afrique

En disant « vous », nous reconnaissons qui vous êtes : Africains, revêtus d'autorité et de responsabilité, assumant en vos personnes et dans vos fonctions l'image, bien plus, la réalité de la nouvelle Afrique. Nous saluons en vous votre Afrique, toute l'Afrique, même celle que vous ne représentez pas physiquement ici. Nous ne cachons pas l'émotion que suscite en notre âme cette rencontre. Volontiers, nous

reconnaissons la singulière importance et la signification profonde de ce moment.
L'Afrique, dans son expression civile authentique à son niveau le plus élevé, reçoit le salut de toute l'Église catholique par la voix qualifiée de son humble chef.
Il nous paraît que l'Afrique nouvelle, affranchie des temps passés et mûre pour les temps nouveaux, se trouve reconnue ici de façon singulière ; et nous prions Dieu que cet acte de reconnaissance ait une valeur historique et prophétique pour ses meilleurs destins futurs. Permettez que de notre cœur monte à nos lèvres, au sens le plus plénier et le plus vrai, le souhait de : Vive l'Afrique !
Vocation de l'Église
Messieurs, nous profitons de cette occasion pour vous déclarer ce que l'Église catholique fait et ce qu'elle ne fait pas en ce continent, comme du reste partout où elle exerce sa mission. L'Église vous remercie de la liberté que vous lui reconnaissez : d'exister et d'accomplir sa mission. Elle apprécie cette liberté, qui veut dire son indépendance dans sa sphère propre, la sphère religieuse ; et qui signifie aussi distinction et respect en ce qui concerne l'autorité politique. Elle n'a pas d'intérêts temporels propres, elle ne fait pas de politique au sens propre de ce mot : donne à César ce qui est à César, et donne à Dieu ce qui est à Dieu (cf. *Mt* 22, 21) ; et elle ne cherche même pas, dans l'accomplissement de sa mission, à imposer les caractéristiques bonnes et humaines de la culture occidentale à la culture africaine. Ne craignez pas l'Église : elle vous honore, elle vous éduque des citoyens honnêtes et loyaux, elle ne fomente pas de rivalités ni de divisions, elle cherche à promouvoir la sainte liberté, la justice sociale, la paix. Si elle a quelque préférence, celle-ci va aux Pauvres, à l'éducation des petits et du Peuple, au soin de ceux qui souffrent ou sont délaissés (cf. Enc. *Mater et magistra,* introd. ; Const. *Gaudium et spes,* 42, 76, 88, etc.).
L'Église ne rend pas ses fidèles étrangers à la vie civile ni aux intérêts nationaux ; au contraire elle les éduque et les engage au service du bien public (cf. *Gaudium et spes,* 75, etc.). Il y a cependant un programme du même ordre temporel que l'Église poursuit aujourd'hui, un programme qui ne lui est pas propre, mais qui est plutôt vôtre, auquel elle entend donner son appui moral et, autant que possible, un appui pratique aussi : le programme du développement des Peuples. Vous savez que nous avons écrit une encyclique, c'est-à-dire un message à l'Église et au monde entier, sur ce thème,

l'Encyclique *Populorum progressio,* et nous en avons réaffirmé les directives dans le message que nous avons adressé précisément à l'Afrique le 29 octobre 1967, *Africae terrarum* (*AAS,* 1967, p. 1073 ss.). Dans ces documents, nous avons voulu souligner l'aspiration fondamentale des Peuples du Tiers Monde à une justice à laquelle ils ont pleinement droit, à l'égal de toutes les autres Nations : le développement est vraiment une exigence indiscutable de la justice. Ni colonialisme, ni nouveau colonialisme, mais aide et impulsion aux populations africaines, afin qu'elles sachent exprimer avec leur génie propre et leurs propres forces les structures politiques, sociales, économiques, culturelles en accord avec leurs besoins, et en coordination avec la société internationale et avec la civilisation moderne. Ne craignez pas l'Église ! Elle ne vous enlève rien, mais elle vous apporte, avec son soutien moral et pratique, l'interprétation de la vie humaine, pour ce monde et pour l'au-delà, l'unique, la vraie — c'est ce que nous croyons —, la suprême : l'interprétation chrétienne.

Indépendance et liberté pour tous

Et c'est à la lumière de cette interprétation que l'Église observe vos grands problèmes. Ceux-ci peuvent être considérés, à notre avis, sous une double perspective : celle de la liberté des territoires nationaux et celle de l'égalité des races. Par ce mot polyvalent « liberté », nous entendons pour l'instant l'indépendance civile, l'autodétermination politique, l'affranchissement de la domination d'autres pouvoirs étrangers à la population africaine.

Voilà un événement qui domine l'histoire mondiale et que notre Prédécesseur Jean XXIII qualifiait de signe des temps (cf. Enc. *Pacem in terris,* 40-41 : AAS 1963, p. 268) ; autrement dit, c'est un fait dû à la plus grande conscience que les hommes ont acquise de leur dignité, qu'il s'agisse de chaque personne ou des communautés des peuples. C'est un fait qui révèle l'orientation irréversible de l'histoire, qui répond certainement à un plan providentiel, et qui indique la direction selon laquelle doivent s'acheminer ceux qui sont investis de responsabilité, surtout dans le domaine politique.

Personne n'aime se sentir, observait notre vénéré Prédécesseur, soumis à des pouvoirs politiques provenant de l'extérieur de sa propre communauté nationale ou ethnique. C'est pourquoi les peuples d'Afrique ont assumé eux aussi la responsabilité de leurs propres destins.

L'Église salue avec satisfaction un tel événement puisqu'il marque, à n'en pas douter, un pas décisif sur le chemin de la civilisation humaine, et elle le salue avec plaisir d'autant plus qu'elle est persuadée d'y avoir contribué dans le domaine qui lui est propre, celui de la conscience humaine, réveillée par le message évangélique ; à la lumière de ce message, en effet, apparaît avec plus de clarté la dignité de la personne comme la dignité d'un peuple, et l'on reconnaît mieux les exigences inhérentes à cette dignité, qui ont leur répercussion en chaque aspect de la vie humaine, élevée à une plénitude de responsabilité personnelle et insérée dans une collectivité gouvernée par la justice et l'amour.

Nous le disons volontiers ici en Ouganda, terre de martyrs qui ont répandu leur sang pour célébrer cette valeur très haute de liberté, de force, de dignité venant de leur foi religieuse, et qui ont affirmé ainsi qu'il n'est pas possible, aujourd'hui moins que jamais, d'avoir une vie ordonnée, digne et féconde entre les êtres humains sans qu'elle ne se fonde sur la reconnaissance, sur la protection, sur la promotion de leurs droits fondamentaux, en tant précisément qu'il s'agit d'hommes et de fils de Dieu, et des devoirs qui en découlent, en tant qu'il s'agit de membres d'une société ordonnée au bien de ses citoyens.

Non à la violence

Ce sont là des critères fondamentaux, d'ordre moral, qui éclairent la marche à suivre, mais ne suppriment pas les difficultés qui l'encombrent, spécialement là où ils n'ont pas encore leur application normale. Ici le jugement des situations concrètes concerne directement les Autorités responsables et, en quelques cas de particulière gravité, également la conscience des citoyens. Nous devrions citer de longues et belles pages de la Constitution pastorale du récent Concile œcuménique *(Gaudium et spes,* 73, 75).

Aujourd'hui, hélas, sont nées dans le monde, et même en Afrique, des situations qui comportent un tel handicap ou une telle opposition pour la vie commune pacifique que redevient malheureusement courante la funeste parole de guerre, comme provenant d'une nécessité inéluctable. L'Église, précisément par son caractère même, par son principe évangélique de « non-violence », ne peut faire sien ce langage inhumain, tandis qu'elle souffre intimement pour les causes qu'il suppose et pour les effets qu'il entraîne avec lui. Nous ne pouvons pas ne pas rappeler parmi les victimes de ces funestes événements, les réfugiés et leurs souffrances. Nous serons cohérents jusqu'à ses extrêmes conséquences avec un seul programme, celui de « la justice et de la paix », celui du Christ.

Ce n'est plus la violence qui doit constituer la règle pour résoudre les contestations humaines, mais la raison et l'amour. Non plus l'homme contre l'homme, mais l'homme pour l'homme et avec l'homme, comme un frère.
Nous dirons même plus, en parlant simplement en homme. Nous croyons qu'aujourd'hui les conflits entre les peuples peuvent être résolus par une voie meilleure et plus efficace que par celle de la violence. Les rapports humains ne doivent pas être réglés par l'affrontement de forces déchaînées pour le massacre et pour la destruction, mais par des pourparlers raisonnables, appuyés par les institutions internationales. Nous exprimons le vœu, en cette occasion également, d'une action toujours plus efficace de ces institutions, auxquelles nous devons donner autorité, efficacité et confiance.
L'Afrique dirigée par les Africains
Pareillement dans la question, toujours brûlante en Afrique, du colonialisme et du néocolonialisme auxquels on peut reprocher d'avoir trop souvent fait prévaloir unilatéralement les intérêts économiques sur des considérations humaines, il est clair que les populations intéressées ont le droit d'aspirer à leur légitime autonomie ; mais dans certaines conditions concrètes, la meilleure méthode pour y arriver sera celle, peut-être un peu plus lente, mais plus sûre, de préparer auparavant des hommes et des institutions capables d'un vrai et solide autogouvernement ; préparation qui, nous voulons le croire, non seulement ne rencontrera pas d'obstacles, mais sera favorisée, dans l'ordre et dans la collaboration, de la part des autorités responsables, durant une période de symbiose des populations indigènes avec celles d'origine étrangère ; ainsi pourront se former des structures culturelles, civiles et économiques capables de préparer la société, à tous ses niveaux, à la responsabilité et au sens du bien commun, en vue de l'accès à une vraie souveraineté, afin de ne pas tomber non plus dans les pièges d'autres servitudes insidieuses.
Pour ce qui nous regarde, l'Église, tout en étant dans des conditions bien diverses, suit déjà cette méthode, en préparant Évêques, Clergé, Religieux et Laïcs natifs du territoire dans lequel elle accomplit sa mission de foi et de charité ; et nous avons confiance qu'on pourra bientôt instituer une Hiérarchie autochtone également dans les Pays africains où cela n'a pas encore été possible.
Nous n'ignorons pas les difficultés pratiques qu'il présente.
Non à la discrimination de race, de classe, de religion

Autre grand problème : celui de la diversité des races. Même au risque d'apparaître ingénu, nous continuerons d'affirmer qu'il doit être résolu d'une façon très simple, c'est-à-dire en lui enlevant son caractère d'antagonisme, de rivalité, de disparité, de droits, de haine raciale, d'antipathie physique. Autrement dit, c'est un problème qui se résout en le réduisant autant qu'il est possible. Il pourra y avoir des mesures libres et raisonnables de respect des mœurs, du caractère, de la culture des diverses familles ethniques. Mais on ne pourra jamais oublier, nous autres chrétiens, que l'Église condamne « toute discrimination ou vexation opérée envers des hommes en raison de leur race, de leur couleur, de leur classe ou de leur religion » (Déclaration *Nostra aetate,* 5). « Tous les hommes, dit encore le Concile, doués d'une âme rationnelle et créés à l'image de Dieu, ont même vocation et d'une même destinée divine : on doit donc, et toujours davantage, reconnaître leur égalité fondamentale *(Gaudium et spes,* 29). Et également en tant qu'homme, nous devrons toujours nous rappeler que la vie de la civilisation s'achemine vers la reconnaissance de l'égalité des hommes, revêtus, en tant que tels, d'une même dignité fondamentale et des droits qui en dérivent. C'est pourquoi nous déplorons le fait que, dans plusieurs parties du monde, persistent des situations sociales fondées sur la discrimination de la race, souvent voulues et soutenues par des systèmes idéologiques : ces situations constituent un affront manifeste et inadmissible aux droits fondamentaux de la personne humaine et aux lois de la vie civile. Un pluralisme bien compris résout le problème négatif du racisme clos.

Vous Africains, vous avez un sens profond de la communauté ; c'est une de vos caractéristiques les plus belles et les plus humaines. Mais le sens de la communauté particulière ne suffit plus ; il faut l'élargir à celui de la communauté civile nationale, et même internationale. Votre expérience vous dira que l'indépendance ne comporte ni opposition, ni isolement entre les Peuples africains et les Peuples non africains : bien plus, les nouveaux États Africains pourront être réellement indépendants dans la mesure où ils sauront collaborer librement avec les autres États et avec la famille mondiale organisée de façon internationale. Le grand précepte chrétien de l'amour du prochain a ainsi une application toujours plus large ; il tend à l'amour universel : l'Église catholique peut être, à ce point de vue, une bonne éducatrice pour tous.

C'est un magnifique précepte, mais il est difficile, parce qu'il exige le dépassement des égoïsmes particuliers ; et c'est le précepte qui porte en lui le grand don de la paix.

Paix à l'Afrique

Nous voulons terminer notre discours sur cette parole : la paix !

C'est une parole douloureuse, car aujourd'hui, dans une région africaine, qui nous est d'autant plus chère que nous l'avions visitée et admirée il y a quelques années, dure toujours un conflit déchirant, vous le savez. Nous avons tenté, non seulement, de procurer une assistance en vivres et médicaments, avec impartialité et dans toute la mesure qui nous était possible, mais aussi d'y porter le remède de quelque commencement de réconciliation. Nous n'y avons pas réussi jusqu'à présent ! Et nous en souffrons dans notre cœur, décidé à continuer notre modeste, mais affectueuse et loyale œuvre de persuasion, pour apporter notre aide au règlement du fatal conflit.

La Paix : c'est une parole humaine et chrétienne, digne d'être comprise et vécue par la jeune Afrique. Celle-ci peut trouver dans la paix, de façon définitive et moderne, son ordre politique et social, ainsi que sa prospérité économique et culturelle ; et elle peut donner au monde, qui semble de nouveau tenté par le démon de la discorde des armements et de la rivalité, l'exemple d'une conception neuve et vraie de la civilisation, de celle qui est fondée sur la fraternité effective entre les Peuples, entre les classes, entre les partis, entre les races, entre les religions, entre les familles. La Paix : c'est le mot le plus aimable et le meilleur que nous avons dans le cœur et que nous vous adressons, à vous, Monsieur le Président, en signe de reconnaissance pour l'accueil que vous nous avez réservé ; nous l'exprimons aussi à toutes les Personnalités présentes, et nous le lançons, comme un souhait de bénédiction, à tout le continent : Paix à l'Afrique entière !

Source : http://www.clerus.org

Annexe 8

VOYAGE APOSTOLIQUE AU SÉNÉGAL, EN GAMBIE ET EN GUINÉE

DISCOURS DE SA SAINTETÉ JEAN-PAUL II À LA COMMUNAUTÉ CATHOLIQUE DE L'ÎLE DE GORÉE DANS L'ÉGLISE DE SAINT CHARLES BORROMÉE

Île de Gorée (Sénégal)
Samedi, 22 février 1992

Chers Frères et Sœurs,

1. c'est de tout cœur que je vous salue.,
Laissez-moi vous dire ma joie et mon émotion de vous rendre visite dans cette île célèbre de Gorée, que son histoire et la qualité architecturale de ses anciennes demeures ont fait inscrire au patrimoine mondial de l'humanité.
Oui, en même temps que ma joie, je vous fais part de ma vive émotion, de l'émotion que l'on éprouve dans un lieu comme celui-ci, profondément marqué par les incohérences du cœur humain, théâtre d'un éternel combat entre la lumière et les ténèbres, entre le bien et le mal, entre la grâce et le péché. Gorée, symbole de la venue de l'Évangile de liberté, est aussi, hélas, le symbole de l'effroyable égarement de ceux qui ont réduit en esclavage des frères et des sœurs auxquels était destiné l'Évangile de liberté.
Le pape, qui ressent profondément les joies et les espoirs comme aussi les tristesses et les angoisses des hommes, ne peut pas demeurer insensible à tout ce que représente Gorée.
2. En venant ici, chers Frères et Sœurs, c'est d'abord un pèlerinage aux sources de l'Église catholique au Sénégal que j'accomplis. En effet, dès le quinzième siècle, Gorée a accueilli les premiers prêtres catholiques, les aumôniers des caravelles portugaises qui y faisaient escale. Certes, la Bonne Nouvelle du Salut en Jésus-Christ ne s'est pas répandue aussitôt sur le continent, mais, par la suite, Gorée et Saint-Louis devinrent de véritables foyers d'évangélisation ; le pape est heureux de rendre hommage à leur rayonnement. En outre, Gorée revendique l'honneur d'avoir donné à l'Église les premiers prêtres

sénégalais des temps modernes, et c'est de Gorée que les missionnaires du Vénérable Père Libermann allèrent fonder en 1846 la mission de Dakar.

Dans cette église dédiée à Charles Borromée, un saint qui m'est personnellement cher, il est bon de nous recueillir et de prendre conscience de la grande grâce qu'est la venue du Royaume de Dieu dans cette partie du monde. Nous nous réjouissons que soit exaucée, à la mesure du secret dessein de la Providence divine, la prière du Seigneur, que nous venons d'entendre, et que l'Église répète inlassablement au cours des âges : « Notre Père, qui est aux cieux que ton nom soit sanctifié. Que ton règne vienne » [1].

Oui, nous remercions Dieu d'avoir envoyé ici ses apôtres et, en reprenant les mots du psalmiste, nous Le louons parce que « sur toute la terre en paraît le message, et la nouvelle aux limites du monde » [2]. Lorsqu'il confia à ses disciples ce qu'il a appelé «son» commandement, «Aimez-vous les uns les autres comme je vous ai aimés», le Christ ajouta ces paroles : «Il n'y a pas de plus grand amour que de donner sa vie pour ses amis» [3]. Il annonçait ce qu'il allait lui-même accomplir par sa mort en croix, par son sang versé pour nous et pour la multitude des hommes. Les Apôtres et les martyrs, unis à la Passion du Sauveur, l'ont imité dans ce témoignage, comme aussi les saints de tous les temps qui ont su faire le don de leur vie pour la cause du Royaume de Dieu. C'est à cette glorieuse lignée de hérauts de l'Évangile qu'appartiennent les pionniers de la foi venus dans ce pays pour y jeter les semences de la Parole de Dieu et offrir leur vie pour leurs amis africains. Je suis heureux de rendre grâce avec vous pour tout ce qui a été réalisé par des générations de missionnaires : prêtres et catéchistes, religieux et religieuses, dont la belle figure de la Bienheureuse Anne-Marie Javouhey, qui a donné un remarquable exemple, avec tant d'autres, de véritable amour de Dieu et du prochain. Ces ouvriers de l'Évangile ont formé des cadres locaux solides en vue de son enracinement. Aujourd'hui, l'Église catholique occupe sa place au Sénégal, une place modeste certes, mais bien réelle ; et elle témoigne d'un authentique élan évangélique, comme le montre notamment le synode de votre archidiocèse auquel vous apportez votre contribution comme communauté catholique de l'île de Gorée.

En pensant à l'héritage du passé et à ce qui se poursuit dans le présent, je redis de tout cœur, avec l'ardent missionnaire que fut l'Apôtre

Paul : « Rendons grâce à Dieu pour ses bienfaits extraordinaires !» [4].

3. Mais, en venant à Gorée, où l'on aimerait pouvoir se livrer entièrement à la joie de l'Action de grâce, comment ne pas être saisi de tristesse à la pensée des autres faits que ce lieu évoque ? La visite de la « maison des esclaves » nous remet en mémoire cette traite des Noirs, que Pie II, écrivant en 1462 à un évêque missionnaire qui partait pour la Guinée, qualifiait de « crime énorme », « magnum scelus ». Pendant toute une période de l'histoire du continent africain, des hommes, des femmes et des enfants noirs ont été amenés sur ce sol étroit, arrachés à leur terre, séparés de leurs proches, pour y être vendus comme des marchandises. Ils venaient de tous pays et, enchaînés, partant vers d'autres cieux, ils gardaient comme dernière image de l'Afrique natale la masse du rocher basaltique de Gorée. On peut dire que cette île demeure dans la mémoire et le cœur de toute la diaspora noire.

Ces hommes, ces femmes et ces enfants ont été victimes d'un honteux commerce, auquel ont pris part des personnes baptisées, mais qui n'ont pas vécu leur foi. Comment oublier les énormes souffrances infligées, au mépris des droits humains les plus élémentaires, aux populations déportées du continent africain ? Comment oublier les vies humaines anéanties par l'esclavage ?

Il convient que soit confessé en toute vérité et humilité ce péché de l'homme contre l'homme, ce péché de l'homme contre Dieu. Qu'il est long le chemin que la famille humaine doit parcourir avant que ses membres apprennent à se regarder et à se respecter comme images de Dieu, pour s'aimer enfin en fils et filles du même Père céleste !

De ce sanctuaire africain de la douleur noire, nous implorons le pardon du ciel. Nous prions pour qu'à l'avenir les disciples du Christ se montrent pleinement fidèles à l'observance du commandement de l'amour fraternel légué par leur Maître. Nous prions pour qu'ils ne soient plus jamais les oppresseurs de leurs frères, de quelque manière que ce soit, mais cherchent toujours à imiter la compassion du Bon Samaritain de l'Évangile en allant au secours des personnes qui se trouvent dans le besoin. Nous prions pour que disparaisse à jamais le fléau de l'esclavage ainsi que ses séquelles : de récents incidents douloureux dans ce continent même n'invitent-ils pas à demeurer vigilant et à poursuivre la longue et laborieuse conversion du cœur ? Nous devons également nous opposer aux formes nouvelles d'esclavage, souvent insidieuses, comme la prostitution organisée, qui profite honteusement de la misère des populations du tiers monde.

En cette ère de changements cruciaux, l'Afrique d'aujourd'hui souffre durement de la ponction en forces vives exercée jadis sur elle. Ses ressources humaines ont été affaiblies pour longtemps dans certaines de ses régions. Aussi, l'aide dont elle ressent le besoin pressant lui est-elle justement due. Dieu veuille qu'une solidarité active s'exerce à son égard afin qu'elle surmonte ses tragiques difficultés !

4. Pour achever cette rencontre, au terme de notre prière universelle, nous invoquerons Marie, Mère de miséricorde. Dans notre profond regret des péchés du passé, en particulier de ceux que nous rappelle ce lieu, nous lui demanderons de se faire « notre avocate » auprès de son Fils. Nous la prierons pour que cessent la violence et l'injustice entre les hommes, pour que ne se creusent plus de nouveaux fossés de haine et de vengeance, mais que progressent le respect, la concorde et l'amitié entre tous les peuples.

Alors qu'en Afrique, en Europe, en Amérique et dans toutes les régions du monde, l'annonce de la Bonne Nouvelle du Christ doit prendre un élan nouveau par de généreuses initiatives, nous lui offrirons nos supplications pour que vienne le Règne de son Fils, «règne de vie et de vérité, règne de grâce et de sainteté, règne de justice, d'amour et de paix»[5].

---

[1] *Mt* 6, 10.

[2] *Ps* 18, 5.

[3] *Jn* 15, 13.

[4] *2 Co* 9, 15.

[5] Cf. Préface pour la fête du Christ, Roi de l'Univers.

Bibliographie

<u>I : Manuel de méthodologie</u>

- ALLAND Denis et RIALS Stéphane (Dir.), « *Dictionnaire de la culture juridique* », Paris, Quadrige, Éditions Lamy/PUF, Octobre 2003, 1640 pages.
- AZRIA Régine et HERVIEU-LEGER Danièle (Dir.), « *Dictionnaire des faits religieux* », Quadrige, Éditions PUF, 2010, 1312 pages.
- BEAUD Michel, « *L'Art de la Thèse, comment rédiger une thèse de doctorat, un mémoire de DEA ou tout travail universitaire à l'ère du net* », Paris, Éditions La Découverte, Janvier 2003, 122 pages.
- BEAUD Stéphane et WEBER Florence, « *Guide de l'enquête de terrain* », Paris, Éditions La découverte, 1997, 325 pages.
- BONTE Pierre et IZARD Michel (Dir.), « *Dictionnaire de l'ethnologie et de l'anthropologie* », 4e édition, Quadrige, PUF, Octobre 2010, 842 pages.
- CAPPAROS Ernest et AUBÉ Hélène (Dir.), « *Code de Droit canonique* », Éditions Wilson et Lafleur, 3e édition révisée, corrigée et mise à jour avec les réformes législatives de 2015, 2016, 2292 pages.
- ECO Umberto, « *Comment écrire sa thèse* », Éditions Flammarion, 31 août 2016, 338 pages.
- FURON Raymond, « *Manuel de préhistoire générale* », 5e édition, Éditions Payot, 1966, 499 pages.
- GAUDEMET Jean, « *Sociologie historique du droit* », Éditions PUF, Collection Doctrine juridique, Novembre 2000, 352 pages.
- CORNU Gérard (Dir.), « *Vocabulaire juridique* », Association Henri Capitant, 12eédition mise à jour, Quadrige, Éditions PUF, Janvier 2014, 1099 pages.
- LALANDE André, « *Vocabulaire technique et critique de la philosophie* », Paris, Éditions PUF, 1968,132 3 pages.
- MESSNER Francis (Dir.), « *Dictionnaire de droit des religions* », Paris, CNRS Éditions, Juin 2013, 789 pages.
- MONGEAU Pierre, « *Réaliser son mémoire ou sa thèse* », Éditions Presses de l'Université du Québec, 2008, 145 pages.
- MONTAGNON Pierre, « *Dictionnaire de la colonisation française* », Paris, Éditions Pygmalion, 2010, 866 pages.
- PANNOFF Michel et PERRIN Michel, « *Dictionnaire de l'ethnologie* », Paris, 6e édition, Éditions Payot, 1973, 293 pages.

- TURANO Maria et VANDIPITE Paul, « *Historiographie et méthodologie de l'histoire africaine* », Éditions Argo, 2003.

II : Ouvrages

En Français :

- AGUESSY Honorat, « *Les religions traditionnelles comme source de valeurs de civilisation* », Éditions Présence Africaine, Janvier 1972.
- ALIMEN Henriette, « *Préhistoire de l'Afrique* », Paris, Éditions Boubée, 1955, 578 pages.
- AUCANTE Vincent (Dir.), « *L'Afrique subsaharienne et la mondialisation* », Préface du Cardinal Crescenzo SEPE, Éditions L'Harmattan, Collection Études africaines, Mars 2008, 266 pages.
- BÂ Ahmadou Hampâté et DAGET Jacques, « *L'empire peul du Macina,* 1818-1853 », Mouton, Paris, Éditions La Haye, 1962, 309 pages.
- BÂ Amadou Hampâté, « *Contes des sages d'Afrique* », les éditions Beaux-Livres, Novembre 2004, 184 pages.
- BÂ Omar, « *Cheikh Ahmadou Bamba face aux autorités coloniales : 1889-1927* », Broché, 1982, 250 pages,
- BADO Arsène Brice, « *Dynamiques des guerres civiles en Afrique* », Éditions L'Harmattan, Collection Études africaines, Avril 2015, 212 pages.
- BAH Thierno Mamadou, « *Histoire du Fouta-Djalon des origines au XXe siècle, Conakry* », Société Africaine d'Édition et de Communication, 1999, 182 pages.
- BALIMA Salfo-Albert, « *Légendes et histoire des peuples du Burkina Faso* », Éditions JA Conseil, 1996.
- BARRY Boubacar, « *Le royaume du Waalo, le Sénégal avant la conquête* », Paris, Éditions Karthala, 1985, 421 pages.
- BASDEVANT-GAUDEMET Brigitte, « *Histoire du droit canonique et des institutions de l'église latine du XVe au XXe siècle* », Éditions Économica, Janvier 2014, 720 pages.
- BASTIDE Roger, « *Le principe d'individuation (contribution à une philosophie africaine)* », dans *La notion de personne en Afrique noire*, Éditions l'Harmattan, Paris, 1993 (1973), 596 pages.
- BAUMANN. H et WESTERMANN. D, « *Les peuples et les civilisations de l'Afrique* », Paris, 1948, Éditions Payot, 1967.

- BAYART Jean François, MBEMBE Achille et TOULABOR Comi, « *Le politique par le bas en Afrique noire* », Paris, Éditions Karthala, Juillet 2007, 320 pages.
- BERBIN Sylvia, « *Reines d'Afrique et héroïnes de la diaspora noire* », Éditions SEPIA, Novembre 2004, 312 pages.
- BETI Mongo, « *Main basse sur le Cameroun : autopsie d'une décolonisation* ». Paris, Éditions La Découverte, 2003. 269 pages.
- BINET Jacques, « *Nature et limites de la famille en Afrique noire* », Études scientifiques, Septembre-Décembre 1979, 178 pages.
- CAMARA Sory, « *Gens de parole : essaie sur la condition et le rôle des griots dans la société Malinké* », Éditions Karthala, Collection Hommes et sociétés, 1992, 376 pages.
- CAMPS Gabriel, « *Aux origines de la berbérie : monuments funéraires protohistoriques* », Paris, Arts et métiers graphiques, 1961, 620 pages.
- CÉSAIRE Aimé, « *Discours sur le Colonialisme* », Éditions Présence Africaine, Paris, 1955.
- « *La tragédie du roi Christophe* », Paris, Éditions Présence africaine, 1970, 162 pages.
- CHALIAND Gérard, « *Pourquoi perd-on la guerre ? Un nouvel art occidental* ». Éditions Odile Jacob, Mars 2016,170 pages.
- CHAPELLE Jean, « *Le peuple tchadien, ses racines et sa vie quotidienne* », Éditions L'Harmattan, 1990, 304 pages.
- CHIZIANE Paulina, « *Le parlement conjugal* », traduit du portugais par Sébastien Roy. Arles, Éditions Actes Sud, 2006. 382 pages.
- CISSÉ Youssouf Tata, « *L'histoire de la Charte du Mandé. L'invention au XIIIe siècle des droits de l'homme en Afrique* », Éditions Esprit Frappeur, Collection Simbo, Juin 2012, 300 pages.
- « *Soundjata, la gloire du Mali* », Éditions Karthala, ARSAN, 1991.
- CLAUSEWITZ Carl Von, « *De la guerre* », *Paris,* Éditions Minuit, Avril 1959, 760 pages.
- COLIN Rolland, « *Littérature africaine d'hier et de demain* », Paris, Éditions Orante, 1959.

- COQUERY-VIDROVITCH Catherine et MINIOT Henri, « *L'Afrique noire de 1800 à nos jours* », Paris, Éditions Presses Universitaires de France, 1974, 462 pages.
- CORNEVIN Robert, « *Le Togo : des origines à nos jours* », Paris, Éditions Académies des sciences d'Outre-Mer, Janvier 1988.
- « *Histoire du Zaïre, des origines à nos jours* », Bruxelles, 4e édition, Éditions Hayez, août 1999.
- CUMIN David, « *Le droit de la guerre, traité sur l'emploi de la force armée en droit international* », Éditions L'Harmattan, volume 3, Novembre 2015, 468 pages.
- DA FONSECA Domingos, « *L'humanité de Christ : essai d'étude christologique pour une évangélisation du peuple mancagne* », Pontificia Universitas Urbaniana, 1993, 171 pages.
- DABIRE Pierre Kpiéllé, « *Le griot, Place, rôle et fonctions dans la société africaine* », Éditions du net, Septembre 2016, 132 pages.
- DAUMAS François, « *La civilisation de l'Égypte pharaonique* », Éditions Artaud, Collection Les grandes civilisations, Janvier 1993, 552 pages.
- DAVIDSON Basil, « *L'Afrique avant les blancs* », Paris, Éditions P.U.F, 1962, 327 pages.
- DE BENOIST Joseph-Roger, « *Le MALI* », Éditions L'Harmattan, octobre 1989, 265 pages.
- DELBEZ Louis, « *Les principes généraux du droit international public, Droit de la paix, droit préventif de la guerre, droit de la guerre* », Éditions LGDJ, 1963, 667 pages.
- DÉSANGES Jehan, « *Catalogue des tribus africaines de l'Antiquité classique à l'ouest du Nil* », Dakar, Fac. De lettres, 1962, 298 pages.
- DESCHAMPS Hubert, « *Les religions de l'Afrique noire* », Éditions PUF, 1965, 128 pages.
- « *Histoire Générale de l'Afrique noire, de Madagascar et des archipels. Tome I : des origines à 1800* », Éditions PUF, cartonné, 1970, 576 pages.
- DESROCHES-NOBLECOURT Christiane, « *Les religions égyptiennes* », 1948.
- DEVIC Louis Marcel « *Le pays des Zendjs : Ou la Côte orientale d'Afrique au Moyen Âge (Géographie, mœurs, Production,*

Animaux légendaires) d'après les écrivains arabes », Éditions Nabu Press, Février 2012, 290 pages.
- DIAKITÉ Tidiane, « *L'Afrique malade d'elle-même* », Paris, Éditions Karthala, 1986, 170 pages.
- DIETERLIN Germaine, « *Essai sur la religion bambara* », Paris, Éditions P.U.F, 1950, 235 pages.
- « *Textes sacrés d'Afrique noire* », Paris, Éditions Gallimard, Février 2005, 320 pages.
- DIOP Boubacar Boris, « *Le temps de Tamango* ». Paris, Éditions Serpent à plumes, 2002, 250 pages.
- DIOP Cheikh Anta, « *Nations Nègres et Culture* », Éditions Présence africaine, 1954,568 pages.
- DIOUF Makhtar, « *Sénégal, les ethnies et la nation* », Dakar, Les Nouvelles Éditions Africaines du Sénégal, 1998, 288 pages.
- DIOUF Mamadou, « *Histoire du Sénégal* », Laval, Éditions Maisonneuve
& Larose, Juin 2001, 250 pages.
- « *Le Kajoor au XIXe siècle : pouvoir ceddo et conquête coloniale* », Paris, Éditions Karthala, 1999, 327 pages.
- DORTIER Jean-François et TESTOT Laurent « *Les religions, des origines au IIIe millénaire* », Éditions Sciences Humaines, Avril 2017, 512 pages.
- Doumbi-FAKOLY, « *L'origine biblique du racisme anti-noir* », Éditions Menaibuc, 138 pages.
- DRAÏ Raphaël, « *Le mythe de la loi du Talion* », Éditions Herrmann, Juin 2017, 264 pages.
- DUMONT René et MOTTIN Marie-France, « *L'Afrique étranglée* », Paris, Éditions Seuil, 1980, 274 pages.
- EBOUSSI BOULAGA Fabien, « *Les conférences nationales en Afrique Noire, Une affaire à suivre* », Paris, Éditions Karthala, Mai 2009, 240 pages.
- EDÉE Anne— Marie, « *La guerre sainte des musulmans* », Collection 4, Février-Avril 1999.
- EFOUDEBE Marcel-Duclos, « *L'Afrique survivra aux afro-pessimistes* », Lettre ouverte à un « ami » de l'Afrique (et à quelques autres…), Paris, Éditions L'Harmattan. 145 pages.
- EL FASI Mohamed (Dir.), « *Histoire générale de l'Afrique, tome III, l'Afrique du VIIe au XIe siècle* », UNESCO, 1997.
- ÉLA Jean-Marc, « *L'Afrique à l'ère du savoir : science, société et pouvoir* », Éditions L'Harmattan, 2006, 410 pages.

- ELIADE Mircea, « *Traité d'histoire des religions* », Paris, Éditions Payot, 1968, 395 pages.
- EMECHETA Buchi, « *Les enfants sont une bénédiction* », trad. de l'anglais par Maurice Pagnoux. Larbey, Éditions Gaïa., 1994. 328 pages.
- ENCEL Frédéric, « *Mon dictionnaire géopolitique* », Paris, 1re édition, PUF/Humensis, Janvier 2018, 455 pages.
- FARAH Nuruddin, « *Variations sur le thème d'une dictature africaine* », trad. de l'anglais par Christian Surber. Carouge-Genève, Éditions Zoé, 1994-1997.
- FASSASSI Assani, « *Le péché du pape contre l'Afrique* », Éditions Al Qalam, Mai 2002, 293 pages.
- FAUVELLE François Xavier, « *L'Afrique de Cheikh Anta Diop : histoire et idéologie* », Paris, Éditions Karthala, Collection Tropiques, Décembre 1996, 240 pages.
- Frère NIOUKY Ange-Marie et Frère ROBERT Michel — avec la préface de Monsieur l'Abbé Pierre TINE, « *Les Brames ou Mancagnes du Sénégal et de la Guinée-Bissau, Essai sur les us et coutumes* », Sénégal, Éditions L'Harmattan, Septembre 2011, 285 pages.
- FROBENIUS Léo, « *Histoire de la civilisation africaine* », Paris, Éditions Gallimard, 1952.
- « *Histoire de la civilisation africaine* », traduction de l'allemand au français par H. BACK et D. ERMONT, Éditions Gallimard, 1936, 378 pages + 120 pages hors texte.
- « *La civilisation africaine* », Éditions du Rocher, Collection Civilisation et Tradition, Décembre 1987, 362 pages.
- FROELICH Jean-Claude, « *Animismes. Les religions païennes de l'Afrique de l'Ouest* », Paris, Éditions Orante, 1964,253 pages.
- GARNIER Christine et FRALON Jean, « *Le fétichisme en Afrique noire* », Éditions Payot, 1951,213 pages.
- GAVRILOV Nicolas Ivanovic, « *Le mouvement de libération nationale en Afrique de l'Ouest* », Éditions du Progrès, 1965, 135 pages.
- GIORGINI Didier, « *Géopolitique des religions* », Paris, Éditions PUF, Coll. Major Février 2016, 208 pages.
- GORDON Murray, « *L'esclavage dans le monde arabe, VIIIe — XXe siècle* », Éditions Texto, 2009, 265 pages.

- GOUNONGBE Ari et KESTELOOT Lilyan, « *Les grandes figures de la négritude* », Éditions L'Harmattan, Décembre 2007, 164 pages.
- GUILLAUMET Edouard, « *Le Soudan en 1894 : la vérité sur Tombouctou, l'esclavage au soudan* », Paris, Éditions Albert Savine, 1895,172 pages.
- HAZOUMÉ Paul, « *Le pacte du sang au Dahomey* », Éditions Institut d'ethnologie, 1937,170 pages.
- HEERS Jacques, « *Les négriers en terre d'islam, la première traite des noirs, VIIe — XVIe siècle* », Éditions Tempus Perrin, Janvier 2008, 320 pages.
- HERSKOVITS Melville Jean, « *L'héritage du noir* », Paris, Éditions Présence Africaine, 1966, 347 pages.
- « *L'Afrique et les Africains* », Paris, Éditions Payot, 1965,320 pages.
- HERZBERGER—FOFANA Pierrette, « *Littérature féminine francophone d'Afrique noire ; suivi d'un Dictionnaire des romancières* », Paris, Éditions L'Harmattan, 2000, 570 pages.
- HUGON Philippe, « *Géopolitique de l'Afrique* », Paris, Éditions Armand Colin, Avril 2016, 132 pages.
- ILIFFE Joseph, « *Les Africains, histoire d'un continent* », Éditions Aubier, Histoires, 2002, 459 pages.
- KABOU Axelle, « *Et si l'Afrique refusait le développement* », Éditions L'Harmattan, Mai 2000.
- KANE Cheikh Hamidou, « *L'aventure ambiguë* », Paris, Éditions Juillard, 1961, 207 pages.
- KESTELOOT Lilyan, « *Les épopées d'Afrique noire* », Lilyan Kesteloot et Bassirou Dieng ; préf. de François Suard, (Hommes et sociétés) (Collection UNESCO d'œuvres représentatives), Paris, Éditions Karthala, 1997,626 pages.
- KI-ZERBO Françoise, « *Les sources du droit chez les diola du Ouolof (Casamance, Sénégal)* », Paris, Éditions Karthala, 1997, 218 pages.
- KI-ZERBO Joseph, « *Histoire de l'Afrique noire, d'hier à demain* », Paris, Éditions Hatier, 1972, 738 pages.
- KOUAMI SEBO Félicien, « *Églises africaines, cultures africaines et dispositions canoniques* », Éditions L'Harmattan, Octobre 2017, 222 pages
- LABAT Jean-Baptiste, « *Nouvelle relation de l'Afrique Occidentale* », Paris, Éditions Guillaume Cavelier, Tome 4, 1728.

- LAGOT Daniel, « *Le droit international et les guerres de notre temps* », Paris, Éditions L'Harmattan, 2016, 206 pages.
- LAROUI Abdallah, « *L'histoire du Maghreb, un essaie de synthèse* », Paris, Éditions Maspero, 1982, 390 pages.
- LEVI-STRAUSS Claude, « *Anthropologie structurale* », Paris, Éditions Plon, 1958, 454 pages.
- LOUCOU Jean-Noël, « *Histoire de la Côte d'Ivoire* », Abidjan, Éditions CEDA, Janvier 1984, 208 pages.
- LOVEJOY Paul, « *Une histoire de l'esclavage en Afrique, mutation et transformations (XIVe — XXe siècles)* », Paris, Éditions Karthala, Juillet 2017,442 pages.
- LUGAN Bernard, « *Histoire du Rwanda, de la préhistoire à nos jours* », Éditions Bartillat, Avril 1997, 603 pages.
- « *Histoire de l'Afrique du Sud* », Éditions ellipses, Mars 2010, 552 pages.
- MALOBA Grégoire, « *Inculturation et eschatologie, enjeux et débats dans les traditions bantu* », Éditions L'Harmattan, Novembre 2014, 392 pages.
- MAPPA Sophia, « *Pouvoirs traditionnels et pouvoir d'État en Afrique. L'illusion universalistes* », Paris, Éditions Karthala, 1998, 210 pages.
- MAQUET Jacques, « *Afrique : les civilisations noires* », Éditions Horizons de France, 1962, 2e éd., 1967, 319 pages.
- MBEM André Julien, « *Sarkozy à Dakar, débat et enjeux autour d'un discours* », Éditions L'Harmattan, Décembre 2007, 112 pages.
- MBEMBE Achille, « *Afriques indociles* », Paris, Éditions Karthala, 1988,224 pages.
- « *Critique de la raison nègre* », Éditions La Découverte, Paris, 2013, 267 pages.
- « *Sortir de la grande nuit. Essai sur l'Afrique décolonisée* », Paris, Éditions La Découverte, 2010, 254 pages.
- MBINTI John, « *Religions et philosophie africaines* », Yaoundé, Éditions Clé, 1972.
- MOFOLO Thomas, « *Chaka : une épopée bantoue* », trad. directement de la langue souto par V. Ellenberger ; préface de J.M.G. Le Clézio. Paris, Éditions Gallimard, 1981. 269 pages.
- MONÉNEMBO Tierno, « *Peuls* », Paris, Éditions Seuil, 2004, 383 pages.

- MUKENA KATA YI Albert Vianney, « *Dialogue avec la religion traditionnelle africaine* », Avril 2007, 266 pages.
- MULAGO Vincent, « *La Relation traditionnelle des Bantu et leur vision du monde* ». Kinshasa : Éditions Presses Universitaires du Zaïre, 1973.
- « *La religion traditionnelle des Bantu et leur vision du monde* », Kinshasa, Faculté de Théologie Catholique, 1980, 211 pages.
- « *Théologie africaine et problèmes connexes. Au fil des années (1956-1992)* », Paris, Éditions L'Harmattan, 2007, collections Études africaines, 390 pages.
- MWISSA Camille Kuyu, « *Parenté et famille dans les cultures africaines* », Éditions Clamecy, Janvier 2005, 176 pages.
- MWOROHA Emile (Dir.),« *Histoire du Burundi, des origines à la fin du XIXe siècle* », sous la direction de, Paris, Éditions Hatier, avril 1987, 271 pages.
- N'DIAYE Tidiane, « *Empire de Chaka Zoulou* », Éditions L'Harmattan, Collections études africaines, 2001, 217 pages.
- « *Le génocide voilé, enquête historique* », Éditions Gallimard, Collection Folio, Février 2017, 320 pages.
- « *Les falachas, Nègres errants du peuple juif* », Paris, Éditions Gallimard, 2004, 232 pages.
- NDIAYE Oumar Leyti, « *Le djolof et ses Bourba* », Les Nouvelles Éditions Africaines, 1981, 110 pages.
- NEUSCH Marcel, « *Énigme du mal* », Éditions Bayard, Mai 2007, 199 pages.
- NGINDU Mushete, « *La théologie en Afrique, d'hier à aujourd'hui* », Kinshasa, 1977.
- NICOD Henri, « *La vie mystérieuse de l'Afrique noire* », Lausanne, Éditions Payot, 1948.
- PARK Mongo, « *Voyage à l'intérieur de l'Afrique* », Traduit de l'anglais par Adrian ADAMS et Jean-Henri CASTERA, Collection La Découverte/Littérature et Voyage n°14, Mai 2009, 364 pages.
- « *Voyage dans l'intérieur de l'Afrique* », traduit de l'anglais au français sur la 2e édition par J. Castéra, Collections les auteurs classiques, 1799.
- PARRINDER, E.G, « *La religion en Afrique occidentale* », Paris, Éditions Payot, 1950.
- PAULME Denise, « *Les civilisations africaines* » (qui sais-je ?), Éditions PUF, 7eme édition mise à jour, 30 août 1993.

- POPOVIC Alexandre, « *La révolte des esclaves en Irak au IIIe, IXe siècle* », Paris, Éditions P. Geuthner, 1976, 218 pages.
- R.P. Trilles, « *L'âme des Pygmées d'Afrique* », Paris, Éditions du Cerf, 1945, 262 pages.
- REY—GOLDZEIGUER Annie, « *Le royaume arabe* », Alger, Société Nationale d'Édition et de Diffusion, 1977, 676 pages.
- ROULAND Norbert, « *Anthropologie juridique* », Paris, Éditions PUF, 1988, 496 pages.
- ROUSSEAU Jean-Jacques, « *Du Contrat social ou Principe du droit politique* », L.I, Ch. III, Du droit du plus fort, Paris, Union Générales d'Édition, 1763.
- SARR Felwine, « *Afrotopia* », 'Paris, Éditions Philippe Rey, 2016, 157 pages.
- SCHELLER Max, « *La situation de l'homme dans le monde* », Paris, Éditions Aubier, Janvier 1992, 122 pages.
- SINABA Lanfia, « *Révélations sur Amadou Hampaté BÂ »*, Paris, Éditions Édilivre, collection Classique, Juin 2016, 132 pages.
- STANLEY Henri Morton, « *Dans les ténèbres de l'Afrique : recherche, découverte et retraite d'Emin Pacha, gouverneur de l'Equatoria »,* Éditions Cosmopole, Collection Récits Historiques, Octobre 2004, 254 pages.
- « *Voyage à la recherche de LIVINGSTONE »,* Éditions Points, Collection aventure, Octobre 2015, 256 pages.
- « *À travers le continent mystérieux, l'Afrique* », Éditions Points Stock, Collection Stock Plus, Janvier 1991, 243 pages.
- TARDIEU Jean-Pierre, « *Les penseurs ibériques et l'esclavage des noirs (XVIe— XVIIIe siècles) »,* Éditions L'Harmattan, Janvier 2016,260 pages.
- TEMPELS Placide, « *La philosophie bantoue* », Paris, 1961.
- THEUWS Théodore, « *Philosophie bantoue et philosophie occidentale* », Civilisations, I, 1951.
- THOMAS Louis-Vincent et LUNEAU René*, « Les religions d'Afrique noire, textes et traditions sacrés »*, Éditions Stock, 1995, 536 pages.
- TRIAUD Jean-Louis, « *Islam et sociétés au sud du Sahara* », Éditions Les Indes Savantes, Juin 2013, 188 pages.
- TROIN Jean-François (Dir.), « *Le Maghreb. Hommes et espaces »*, Paris, Éditions Armand Colin, 1985, 350 pages.
- TSHIBANGU Tharcisse Tshishiku, « *Le propos d'une théologie africaine* », Éditions Presse Universitaire du Zaïre, 1974.

- WABERI Abdourahman Ali, « *Aux États-Unis d'Afrique* », Paris, Éditions Lattès, 2005, 232 pages.
- WILMOT Alexander, « *Monomotapa (Rhodésia)* », Éditions elibron classics, 2005,
- ZAHAN Dominique, « *La dialectique du verbe chez les Bambara* », Dijon, Éditions Darantière, 1963.
- BAUMGARDT Ursula, et DERIVE Jean, « Introduction », Littérature africaine et oralité, Éditions Karthala, 2013, pp. 5-8.
- « *Religion, spiritualité et pensée africaines* », Paris, Éditions Payot, coll. « Bibliothèque scientifique », 1970, 244 pages.

En anglais

- ALLEN Tim et VLASSENROOT Koen, « *The Lord's Resistance Army: Myth and Reality* », Publisher Zed Books, July 2010, 288 pages.
- LIVINGSTONE David, "*Missionary Travels and Researches in South Africa*", The Narrative Press, Novembre 2005, 484 pages.
- PETER Mark, « *A cultural, Economic and Religious history of basse Casamance sine 1500* », Stuttgart, Wiesbaden, Franz Steiner, Verlag, 1985, 136 pages.

III : Articles parus dans les ouvrages et revues scientifiques

- « "L'ivoirité", ou l'esprit du nouveau contrat social du Président H. K. Bédié ». (Extraits) », *Politique africaine*, vol. 78, no. 2, 2000, pp. 65-69.
- AGERON Charles-Robert (Dir.), « *Les chemins de la décolonisation de l'empire colonial français, 1936-1956* » : colloque organisé par l'ITHP, les 4 et 5 Octobre 1984, Nouvelle édition (en ligne), Paris : CNRS éditions, (généré le 11 Mars 2014).
- AMIN Samir, « Le développement du capitalisme en Afrique noire », in : *L'Homme et la société*, N. 6, 1967. pp. 107-119.
- VERGER Pierre, « *Automatisme verbal et communication du savoir chez les Yoruba* », dans *L'Homme*, tome XII, Paris, 1972.
- ANGOULA Jean-Claude, « Quand Dieu se fait politique. Contribution à l'étude des représentations de Dieu dans l'espace public en Afrique », In Benoît Awasi Mbandikungua (dir.), Afroscopie, *revue savante et pluridisciplinaire sur l'Afrique et les*

communautés noires, dieu et l'Afrique. Approche prophétique, émancipatrice et pluridisciplinaire, n° 2016-VI, Paris, L'Harmattan, 2016, pp.93-124.
- ANIGNIKIN Sylvain C, « Les élites africaines et l'indépendance : le cas des "évolués" du (Bénin) », In : *Outre-mers*, tome 97, n°368-369, 2e semestre 2010. Cinquante ans d'indépendances africaines, sous la direction de Catherine Coquery-Vidrovitch et Hélène d'Almeida-Topor. pp. 21-35.
- ASSO Bernard, « La Présidence et l'institutionnalisation du pouvoir en Afrique noire », in : *Revue française d'histoire d'outre-mer*, tome 68, n°250-253, Année 1981. État et société en Afrique Noire, sous la direction d'Yves Person. pp. 217-232.
- SENAC Philippe, « Le Maghreb al Aqsâ et l'Occident chrétien (VIIIe — IXe siècles) », in *Le Maghreb al andalus et la méditerranée occidentale (VIIIe — XIIIe siècle)*, Éditions CNRS, Université Toulouse Le Mirail, collections « Méridiennes », 2007.
- BARBIER Jean-Claude et DORIER-APPRILL Elisabeth, « Cohabitations et concurrences religieuses dans le Golfe de Guinée. Le Sud-Bénin, entre vodun, islam et christianismes *(*Religious cohabitation and rivalry in the Gulf of Guinea. Southern Benin between vodun, Islam and Christianity*)*. In : *Bulletin de l'Association de géographes français*, 79e année, 2002-2 (Juin). Géopolitiques africaines, sous la direction de Roland Pourtier. pp. 223-236.
- BARBIER Jean-Claude et DORIER-APPRILL Élisabeth, "Les forces religieuses en Afrique noire : un état des lieux", in : *Annales de Géographie*, t. 105, n°588, 1996. pp. 200-210.
- BAUMGARDT Ursula sur Alain RICARD "Littératures d'Afrique noire. Des langues aux livres". In : *Cahiers d'études africaines »*, vol. 35, n°140, 1995. Encrages. pp. 956-957.
- BAZEMO Maurice, « Captivité et esclavage dans les anciens pays du Burkina Faso *»*. In : *Dialogues d'histoire ancienne*, vol. 32, n°1, 2006. pp. 175-180.
- BAZEMO Maurice, *«* L'affranchissement chez les Peul de la région sahélienne du Burkina Faso : la réalité *»*. In : *La fin du statut servile ? Affranchissement, libération, abolition*. Volume I. Besançon 15-17 décembre 2005. Besançon : Presses Universitaires de Franche-Comté, 2008. pp. 153-158. (*Actes des colloques du Groupe de recherche sur l'esclavage dans l'antiquité*, 30-1).

- BECKER Charles, « Histoire de la Sénégambie du XVe au XVIIIe siècle : un bilan… » In : *Cahiers d'études africaines*, vol. 25, n°98, 1985. pp. 213-242.
- BLUM Alain, Filipova Elena, « Ethnie, nationalité ou clan : des formes d'identité rivales ? » In : *Revue d'études comparatives Est-Ouest*, vol. 34, 2003, n°4. Dossier : Recenser la Russie en 2002, sous la direction de Catherine Gousseff. pp. 131-152.
- BOAHEN Albert Adu citant ASMAI (Archives del Ministero degli Affari Esteri, Rome), Ethiopia Pos. 36/13-109 « *Menelik to Queen Victoria, Addis Abeba, 14 Miazia, 1883* », pièce ajoutée à Tarnielli to MAE, Londres, 6 août 1891.
- BOAHEN Albert Adu, « L'Afrique face au défi colonial », in *Histoire Générale de l'Afrique VII, sous domination coloniale 1880-1935*, sous la direction de Albert Adu BOAHEN, Éditions UNESCO, 1987, p.25.
- BOTTE Roger, « L'esclavage africain après l'abolition de 1848. Servitude et droit du sol ». In : *Annales. Histoire, Sciences sociales*. 55e année, N. 5, 2000., pp. 1009-1037.
- BRASSEUR Paule, « Les missionnaires catholiques à la Côte d'Afrique pendant la deuxième moitié du XIXe siècle face aux religions traditionnelles », in : *Mélanges de l'École française de Rome. Italie et Méditerranée*, tome 109, n°2. 1997. pp. 723-745.
- BRAUN René, « Aux origines de la Chrétienté d'Afrique : un homme de combat, Tertullien ». In : *Bulletin de l'Association Guillaume Budé*, n°2, juin 1965. pp. 189-208.
- BUGNICOURT Jacques, « Le mimétisme administratif en Afrique : obstacle majeur au développement », In : *Revue française de science politique*, 23 e année, n°6, 1973. pp. 1239-1267.
- BUSHAYIJA Stanislas, « Le mariage coutumier au Rwanda », In : *Revue internationale de droit comparé*. Vol. 20 N°2, Avril—Juin 1968., pp. 390-392.
- CAHEN Michel, « Lutte d'émancipation anticoloniale ou mouvement de libération nationale ? Processus historique et discours idéologique. Le cas des colonies portugaises, et du Mozambique en particulier », *Revue historique*, vol. 637, no. 1, 2006, pp. 113-138.
- CARRE DE MALBERG Nathalie, « Les Bantous, de la philologie allemande à l'authenticité africaine [un mythe racial

contemporain*]* ». In : *Vingtième siècle, revue d'histoire*, n°8, octobre-décembre 1985. pp. 43-66.
- CHÉRIF Mohamed II, « L'histoire de l'Afrique du Nord jusqu'à l'indépendance du Maroc, de l'Algérie et de la Tunisie : Le Maghreb dans l'histoire », in : *Introduction à l'Afrique du Nord contemporaine* [en ligne]. Aix-en-Provence : Institut de recherches et d'études sur le monde arabe et musulman, 1975 (généré le 13 février 2018). Disponible sur Internet : <http://books.openedition.org/iremam/112>. ISBN : 9 782 271 081 247. DOI : 10,400 0/books.iremam.112.
- CHRETIEN Jean-Pierre, « Autorité mystique et pouvoir d'État ; religieuse des royaumes des Grands Lacs ». In : *Revue française d'histoire d'outre-mer*, tome 68, n°250-253, Année 1981. État et société en Afrique Noire. pp. 112-130 ; doi : 10,340 6/outre.1981.2288.
- CHRETIEN Jean-Pierre, et al. « Misères de l'afro-pessimisme », *Afrique & histoire*, vol., vol. 3, no. 1, 2005, pp. 183-211.
- CHRETIEN Jean-Pierre, et PENNEC Hervé, « Afrique de l'Est : l'empire dans tous ses états », *Monde(s)*, vol. 2, no. 2, 2012, pp. 123-149.
- COLLIN Roland, COQUET Bruno, DANIEL Jean-Marc et FOURMANN Emmanuel, « L'Europe et l'Afrique, d'un Berlin à l'autre : 1885-1989 ». In : *Observations et diagnostics économiques : revue de l'OFCE*, n°43, 1993. pp. 455-488.
- COUSSY Jean, « États africains, programmes d'ajustement et consensus de Washington », *L'Économie politique*, vol. n° 32, no. 4, 2006, pp. 29-40.
- DACHER Michèle, « La civilisation de la Femme dans la tradition africaine », Rencontre organisée par la Société africaine de Culture. In : *Cahiers d'études africaines*, vol. 17, n°65, 1977. Des femmes sur l'Afrique des femmes. p. 197.
- DE BEAUREPAIRE Charles, « La paix et la trêve de Dieu, histoire des premiers développements du tiers état par l'Église et les associations », par Ernest Semichon. In : *Bibliothèque de l'école des chartes*. 1858, tome 19. pp. 294-302.
- DE BENOIST Joseph-Roger, « L'Église catholique et la naissance des nouvelles nations en Afrique occidentale francophone ». In : *Revue française d'histoire d'outre-mer*, tome 68, n°250-253,

Année 1981. État et société en Afrique Noire, sous la direction d'Yves Person. pp. 100-111.
- DE JONG Ferdinand et FOUCHER Vincent, « La tragédie du roi Abdoulaye ? Néomodernisme et Renaissance africaine dans le Sénégal contemporain », *Politique africaine*, vol. 118, no. 2, 2010, pp. 187-204.
- DE SARDAN Jean-Pierre Olivier « Esclavage d'échange et captivité familiale chez les Songhay-Zerma ». In : *Journal de la Société des Africanistes*, 1973, tome 43, fascicule 1. pp. 151-167.
- DECRAENE Philippe, « Indépendance et regroupements politiques en Afrique au Sud du Sahara ». In : *Revue française de science politique*, 10 e année, n°4, 1960. pp. 850-879.
- DEFARGES Defarges, « L'Organisation des Nations unies et le droit des peuples à disposer d'eux-mêmes ». In : *Politique étrangère*, n°3 - 1993 - 58eannée. pp. 659-671.
- DEMBELE Alexis, « Parler comme un conte, ou l'art de transmettre la connaissance en Afrique », *Hermès, La Revue*, vol. 72, no. 2, 2015, pp. 243-249.
- DEPOVER Christian et JONNAERT Philippe, « Chapitre 2. Les partenaires de l'aide au développement en matière d'éducation », *Quelle cohérence pour l'éducation en Afrique ! Des politiques au curriculum*, sous la direction de Depover Christian, Jonnaert Philippe. De Boeck Supérieur, 2014, pp. 41-59.
- DIAGNE Souleymane Bachir, « La Négritude comme mouvement et comme devenir », *Rue Descartes*, vol. 83, no. 4, 2014, pp. 50-61.
- DIOP Cheikh Mbacké. « La Renaissance africaine : Enjeux et perspectives culturels, scientifiques et techniques dans l'œuvre de Cheikh Anta Diop », *Présence Africaine*, vol. 175-176-177, no. 1, 2007, pp. 469-497.
- DORIER-APPRILL Élisabeth « Les échelles du pluralisme religieux en Afrique subsaharienne », *L'Information géographique*, vol., vol. 70, no. 4, 2006, pp. 46-65.
- DORIER-APPRILL Élisabeth et ZIAVOULA Robert, « La diffusion de la culture évangélique en Afrique centrale. Théologie, éthique et réseaux », *Hérodote*, vol. n° 119, no. 4, 2005, pp. 129-156.
- DUBOIS Colette, « L'Italie, cas atypique d'une puissance européenne en Afrique : une colonisation tardive, une

décolonisation précoce », in : *Matériaux pour l'histoire de notre temps*, n°32-33, 1993. Colonisations en Afrique, sous la direction de René Girault. pp. 10-14.
- DUMAS Hélène, « Histoire, justice et réconciliation : les juridictions gacaca au Rwanda », *Mouvements*, vol. 53, no. 1, 2008, pp. 110-117.
- DUMONT Ferdinand, « *Cheikh Ahmadou Bamba et le mouridisme sénégalais* », *Revue socialiste de culture négro-africaine*, Ethiopiques numéro 12, octobre 1977.
- ECHERT Raphaël, « Peine judiciaire, pénitence et salut entre droit canonique et théologie (XIIe s. – début du XIIIe s.) », *Revue de l'histoire des religions* [en ligne], 4 | 2011, mis en ligne le 1er décembre 2014, consulté le 11 janvier 2018. URL : http://journals.openedition.org/rhr/7820 ; DOI : 10,400 0/rhr.7820.
- EKUE Albert K, « Mondialisation et devenir culturel de l'Afrique : le rôle des intellectuels africains », *Présence Africaine*, vol. 181-182, no. 1, 2010, pp. 365-370,
- EMANUELY Ludovic, « Pour une croissance partagée entre l'Afrique, la Chine et l'Europe », *Géoéconomie*, vol. 72, no. 5, 2014, pp. 121-138.
- ENRIQUEZ Eugène et HAROCHE Claudine, « Déni d'existence, cruauté et reconnaissance », *La face obscure des démocraties modernes.* Sous la direction d'Enriquez Eugène et Haroche Claudine. ERES, 2002, pp. 63-80.
- Fabio VITI, « L'esclavage au Baoulé précolonial ». In : *L'Homme*, 1999, tome 39 n°152. Esclaves et « sauvages ». pp. 53-88.
- FAVRET-SAADA Jeanne sur Ibn Battuta, « Voyages d'Ibn Battuta ». In : *L'Homme*, 1969, tome 9 n°4. pp. 120-121.
- FOULON Alain, « *Les analyses afropessimistes ne reflètent pas la réalité* », Interview avec Bernard LUGAN page web l'Eco-austral, n°313, 24 Octobre 2016.
- FROIDEVAUX Henri, « Les explorateurs européens dans l'Afrique orientale », in : *Annales de Géographie*, t. 2, n°5, 1892. pp. 126-127.
- FROMENT Alain, « Origine et évolution de l'homme dans la pensée de Cheikh Anta Diop : une analyse critique », in : *Cahiers d'études africaines*, vol. 31, n°121-122, 1991. La Malédiction. pp. 29-64.
- GAUDEUL Jean-Marie « Pour l'histoire du dialogue islamo-chrétien : sur un passage du Directoire de 1881 des Missionnaires

d'Afrique », *Histoire et missions chrétiennes*, vol. 8, no. 4, 2008, pp. 127-132.

- GRANDER William Graham Lister, « La fondation de l'empire du Monomotapa ». In : *Cahiers d'études africaines*, vol. 14, n°54, 1974. pp. 211-236.
- GRELLEY Pierre, « Contrepoint - Famille, parenté et éducation en Afrique », *Informations sociales*, vol. 154, no. 4, 2009, pp. 21-21.
- GUEYE Babacar, « La démocratie en Afrique : succès et résistances », *Pouvoirs*, vol. 129, no. 2, 2009, pp. 5-26.
- GUILLAUMONT Patrick et GUILLAUMONT-JEANNENEY Sylviane, « La zone franc, les institutions de Bretton Woods et la conditionnalité », In : *Revue d'économie financière*. Hors-série, 1994. Bretton Woods : mélanges pour un cinquantenaire. pp. 443-457.
- HADOT Jean et MEKHITARIAN Arpag, « L'Égypte », in : *Archives de sociologie des religions »*, n°20, 1965. pp. 191-192.
- HALEVY Joseph, « La légende de la reine de Saba », In : *École pratique des hautes études, Section des sciences historiques et philologiques*. Annuaire 1905. 1904. pp. 5-24.
- HOLAS Bohumil Théophile, « Remarque sur la valeur sociologique du nom dans les sociétés traditionnelles de l'Ouest africain ». In : *Journal de la Société des Africanistes*, 1953, tome 23. pp. 77-86.
- HOLDER Gilles sur TAMARI Tal, « Les castes de l'Afrique occidentale. Artisans et musiciens endogames ». In : *L'Homme*, 1999, tome 39 n°152. Esclaves et « sauvages ». pp. 234-237.
- HUGON Philippe, *« Conflits armés, insécurité et trappes à pauvreté en Afrique* », *Afrique contemporaine*, vol. 218, no. 2, 2006, pp. 33-47.
- HUGON Philippe, « Les conflits armés en Afrique : apports, mythes et limites de l'analyse économique », *Revue Tiers Monde*, vol. 176, no. 4, 2003, pp. 829-855.
- JACOBS Hubert, « Diversité des approches actuelles de la pensée de saint Thomas d'Aquin », *Nouvelle revue théologique*, vol. tome 127, no. 3, 2005, pp. 389-402.
- JAUFFRET Jean-Charles sur CLAYTON Anthony, « Histoire de l'armée française en Afrique, 1830-1962 », Traduit de l'anglais par Paul Gaujac. In : *Revue française d'histoire d'outre-mer*, tome 82, n°306, 1er trimestre 1995. pp. 98-99.

- JONCKERS Danielle, « Résistances africaines aux stratégies musulmanes de la France en Afrique occidentale (région soudano-voltaïque) », *Le choc colonial et l'islam.* La Découverte, 2006, pp. 283-299.
- KAMISOKO Lansana et KANTE Fa Djimba, « La charte du Manden, Du serment des chasseurs à l'abolition de l'esclavage, 1212-1222 », Tome 1, Paris, Éditions Triangle Dankoun, 2015, pp.169-172.
- KANE Amadou Elimane, « Éthique, culture, éducation et renaissance africaine », *Après-demain*, vol. n° 31-32, nf, no. 3, 2014, pp. 35-36.
- KAOBO-SUMAIDI Etienne, « *Les discours christologiques africains (1956-2000). Histoire et enjeux* ». In : *École pratique des hautes études, Section des sciences religieuses.* Annuaire. Tome 114, 2005-2006. 2005. pp. 435-444.
- KAUFFMANN Michel, « Quel avenir pour le keynésianisme ? », *L'Économie politique*, vol. n° 14, no. 2, 2002, pp. 55-66.
- KHALFA Jean, « Naissance de la négritude », *Les Temps modernes*, vol. 656, no. 5, 2009, pp. 38-63.
- LADO Ludovic, « Le rôle public de l'Église catholique en Afrique », *Études*, vol., tome 417, no. 9, 2012, pp. 163-174.
- LAFOURCADE Olivier, « L'aide au développement : un état des lieux, des interrogations », *Techniques Financières et Développement*, vol. 117, no. 4, 2014, pp. 11-19.
- LATOUCHE Serge, « La supériorité occidentale en question », *Revue du MAUSS*, vol. 32, no. 2, 2008, pp. 461-468.
- LAVROFF Dimitri-Georges, « Régimes militaires et développement politique en Afrique noire ». In : *Revue française de science politique*, 22 e année, n°5, 1972. pp. 973-991,
- LE COUR GRANDMAISON Olivier, « L'exception et la règle : sur le droit colonial français », *Diogène*, vol. 212, no. 4, 2005, pp. 42-64.
- LECUIT Jean-Baptiste, « Grâce et liberté : énigme résolue ou mystère insondable ? », *Recherches de Science Religieuse*, vol. tome 102, no. 1, 2014, pp. 107-127.
- LEDOUX Sabine, « L'esclavage en Afrique : pérennité et renouveau (l'exemple du Soudan et de la Mauritanie) », in : *L'information géographique*, volume 61, n°1, 1997. pp. 19-23.

- LEFORT Claude, « Pour une sociologie de la démocratie », In : *Annales. Économies, Sociétés, Civilisations*. 21e année, N. 4, 1966. pp. 750-768.
- LEGIER Jacques-Henri, « Institutions municipales et politique coloniale : les Communes du Sénégal », in : *Revue française d'histoire d'outre-mer*, tome 55, n°201, 4e trimestre 1968. pp. 414-464.
- LESUEUR Thibaud, « République centrafricaine : autopsie d'une crise méconnue », *Politique étrangère*, vol., automne, no. 3, 2014, pp. 163-174.
- LONIS Raoul, « Les Éthiopiens du pseudo-Scylax ; mythe ou réalité géographique ? » In : *Revue française d'histoire d'outre-mer*, tome 66, n°242-243, 1er et 2e trimestres 1979. pp. 101-110.
- MABANA Claver Kahuidi, « Léopold Sédar Senghor et la civilisation de l'universel », *Diogène*, vol. 235-236, no. 3, 2011, pp. 3-13.
- MANIGAT Mirlande, « L'Organisation de l'Unité Africaine », in : *Revue française de science politique*, 21 e année, n°2, 1971. pp. 382-401.
- MAQUET Jacques J., « Droit coutumier traditionnel et colonial en Afrique centrale ». Bibliographie commentée. In : *Journal de la Société des Africanistes*, 1965, tome 35, fascicule 2. pp. 411-418.
- Marc FRONTIER, « Des armées africaines : comment et pour quoi faire ? », *Outre-Terre*, vol. n° 11, no. 2, 2005, pp. 347-374.
- MARGARIDO Alfredo, « L'ancien royaume du Congo (note critique) », In : *Annales. Économies, Sociétés, Civilisations*. 25e année, N. 6, 1970. pp. 1718-1726.
- MARTIN Denis et DAVIDSON Basil, « Les Africains, Introduction à l'histoire d'une culture ». (The Africans, an entry to cultural history) Traduit de l'anglais par Michel Janin. In : *Revue française de science politique*, 22 e année, n°3, 1972. pp. 628-630.
- MATTINGLY David, « Nouveaux aperçus sur les Garamantes : un État saharien ? », In : *Antiquités africaines*, 37,200 1. pp. 45-61.
- MBAYE Saliou, « Sources de l'histoire africaine aux XIXe et XXe siècles ». In : *Bibliothèque de l'école des chartes*. 2004, tome 162, livraison 2. pp. 483-496.
- MORLINO Leonardo, « Légitimité et qualité de démocratie », *Revue internationale des sciences sociales*, vol. 196, no. 2, 2010, pp. 41-53.

- MORTELMANS Georges, « L'Afrique, berceau de l'humanité », In : *Le Globe. Revue genevoise de géographie*, tome 101, 1961., pp. 12-13.
- MOUCHARD Claude, « "L'Afrique là-bas" et l'Afrique ici, aujourd'hui », *Po&sie*, vol. 143, no. 1, 2013, pp. 7-15.
- N'DIMINA-MOUGALA Antoine-Denis, « Les conflits africains au XXe siècle. Essai de typologie », *Guerres mondiales et conflits contemporains*, vol. 225, no. 1, 2007, pp. 121-131.
- N'DIMINA-MOUGALA Antoine-Denis, « Les conflits identitaires ou ethnopolitiques africains au XXe siècle : caractéristiques et manifestations », *Guerres mondiales et conflits contemporains*, vol. 248, no. 4, 2012, pp. 97-119.
- N'GUETTIA KOUASSI René, « Coopération Afrique Europe : pourquoi faut-il changer de paradigme ? », *Civitas Europa*, vol. 36, no. 1, 2016, pp. 85-97.
- NDOKO Nicole-Claire, *« Les manquements au droit de la famille en Afrique Noire »,* In : *Revue internationale de droit comparé.* Vol. 43 N°1, Janvier-mars 1991., pp. 87-104.
- NGALAMULUME Kalala. « Léopold II et les missionnaires. Les circulations contemporaines d'un faux », *Politique africaine*, vol. 102, no. 2, 2006, pp. 128-133.
- OGIER-GUINDO Julia, « Le griot Manding, artisan de la construction sociale : étude d'un chant jula », *Signes, Discours et Sociétés*, Discours et institutions, 23 décembre 2010.
- OLIVIER DE SARDAN Jean-Pierre, « Esclavage d'échange et captivité familiale chez les Songhay-Zerma », in : *Journal de la Société des Africanistes*, 1973, tome 43, fascicule 1. pp. 151-167.
- PALAU-MARTI Montserrat, DAMMANN Ernest, « Les religions de l'Afrique », In : *Revue de l'histoire des religions*, tome 169, n°2, 1966. pp. 226-228.
- PATHE Anne-Marie, « La France et l'indépendance de l'Afrique noire », in : *Vingtième siècle, revue d'histoire*, n°30, avril-juin 1991. pp. 106-108.
- PAULME Denise, « Structures sociales traditionnelles en Afrique Noire », in : *Cahiers d'études africaines*, vol. 1, n°1, 1960. pp. 15-27.
- PÉROUSE DE MONTCLOS Marc-Antoine, « Les Occidentaux peuvent-ils sauver l'Afrique ? », *Politique étrangère*, vol., automne, no. 3, 2006, pp. 547-556.

- PÉTRÉ-GRENOUILLEAU Olivier, « La traite oubliée des négriers musulmans », in *Les collections de l'Histoire* n°46, janvier-Mars 2010.
- PONDI Jean-Emmanuel, « La coopération franco-africaine vue d'Afrique », *Revue internationale et stratégique*, vol. 45, no. 1, 2002, pp. 127-136.
- PORTEOUS Jaquet Christophe, « L'évolution des conflits en Afrique subsaharienne », in : *Politique étrangère*, n°2 - 2003 - 68ᵉannée. pp. 307-320.
- POULAT Emile sur De LUBAC Henri, « Augustinisme et théologie moderne », in : *Archives de sociologie des religions*, n°20, 1965. p. 189.
- RENAULT François, « L'esclavage en Afrique musulmane ». À propos d'une publication récente [Willis (J. R.), éd. *Slaves and Slavery in Muslim Africa*]. In : *Revue française d'histoire d'outre-mer*, tome 73, n°271, 2e trimestre 1986. Madagascar et l'Europe (2e Partie), pp. 211-224.
- ROSTANE Mehdi, « L'imitation du modèle de l'Union européenne dans d'autres contextes régionaux », In Michele Vellano. *L'avenir des organisations internationales.* Perspectives juridiques, Editoriale Scientifica, pp.459-483, 2015, 978-88-6342-757-8.
- RUSILLON Jean, « L'Afrique noire devant notre civilisation », in : *Le Globe. Revue genevoise de géographie*, tome 91, 1952., pp. 1-21.
- SALVAING Bernard, « Missions chrétiennes, christianisme et pouvoirs en Afrique noire de la fin du XVIIIe siècle aux années 1960 : permanences et ». In : *Outre-mers*, tome 93, n°350-351, 1er semestre 2006. Sites et moments de mémoire, sous la direction de Robert Aldrich. pp. 295-333.
- SCHOLTUS Robert, « L'ambition spirituelle. Ou la vie chrétienne au risque du désir », *Études*, vol. tome 408, no. 1, 2008, pp. 61-68.
- SÉGUY Jean et BOSC Jean, « La Foi chrétienne », in : *Archives de sociologie des religions*, n°20, 1965. pp. 159-160.
- SENAC Philippe, « Le Maghreb al Aqsâ et l'Occident chrétien (VIIIe — IXe siècles) », in *Le Maghreb al andalus et la méditerranée occidentale (VIIIe — XIIIe siècle)*, CNRS Université Toulouse Le Mirail, collections « Méridiennes », 2007, pp.19-36.
- SENGHOR Léopold Sédar, « Qu'est-ce que la négritude ? », *Études françaises*, 3(1), 1967, 3–20.

- SENGHOR Léopold Sédar, « Roger Bastide, sourcier et sorcier de la négritude ». In : *L'autre et l'ailleurs. Hommages à Roger Bastide*. Nice : Institut d'études et de recherches interethniques et interculturelles, 1976. pp. 97-99. (*Publications de l'Institut d'études et de recherches interethniques et interculturelles*, 7).
- SESBOÜE Bernard, « Hors de l'Église, pas de salut ». Cet axiome faussement clair (Y. Congar) », *Études*, vol. tome 401, no. 7, 2004, pp. 65-75.
- SIMONIS Francis, « Le processus de décolonisation en Afrique noire au prisme des administrateurs de la France d'Outre-mer… » In : *Outre-mers*, tome 97, n°368-369, 2e semestre 2010. Cinquante ans d'indépendances africaines, sous la direction de Catherine Coquery-Vidrovitch et Hélène d'Almeida-Topor. pp. 63-74.
- SMITH Étienne, « Les cousinages de plaisanterie en Afrique de l'Ouest, entre particularismes et universalismes », *Raisons politiques*, vol. n° 13, no. 1, 2004, pp. 157-169.
- SURET-CANALE Jean, « Quelques aspects de la géographie agraire au Sénégal ». Le cercle de Louga » , In : *Cahiers d'outre-mer*. N° 4 - 1re année, Octobre-décembre 1948., pp. 348-367.
- SYLLA Omar et PLATTEAU Geneviève, « Le couple contemporain en Europe et en Afrique. Regards croisés », *Cahiers critiques de thérapie familiale et de pratiques de réseaux*, vol. 42, no. 1, 2009, pp. 255-266.
- TABARD René, « Théologie des religions traditionnelles africaines », *Recherches de Science Religieuse*, vol. tome 96, no. 3, 2008, pp. 327-341.
- TAVERNIER Yves, « Critiquer les institutions financières internationales », *L'Économie politique*, vol. n° 10, no. 2, 2001, pp. 18-43.
- THOMAS Louis-Vincent, « La vieillesse en Afrique noire », in : *Communications*, 37, 1983. Le continent gris. Vieillesse et vieillissement, sous la direction de Nicole Benoit-Lapierre. pp. 69-87.
- TITI NWEL Pierre, « L'approche traditionnelle du suicide », *Cahiers de l'IDEDH (Montpellier)*, N°7, 1999, pp. 107-117.
- TRÉPIED Benoît, « La décolonisation sans l'indépendance ? Sortir du colonial en Nouvelle-Calédonie (1946-1975) », *Genèses*, vol. 91, no. 2, 2013, pp. 7-27.

- VERGES Françoise, « Approches postcoloniales de l'esclavage et de la colonisation », *Mouvements*, vol. 51, no. 3, 2007, pp. 102-110.
- VERGES Françoise, « Traite des noirs, esclavage colonial et abolitions : comment rassembler les mémoires », *Hermès, La Revue*, vol. 52, no. 3, 2008, pp. 51-58.
- VERHOEVEN Joe, « Les "étirements" de la légitime défense », in : *Annuaire français de droit international*, volume 48, 2002. pp. 49-80.
- VERON Jean-Bernard sur COURADE Georges, « L'Afrique des idées reçues », *Afrique contemporaine*, vol. 259, no. 3, 2016, pp. 201-203.
- VIMARD Patrice, « Modernité et pluralité familiales en Afrique de l'Ouest », In : *Tiers-Monde*, tome 34, n°133, 1993. pp. 89-115.
- VITI Fabio, « L'esclavage au Baoulé précolonial », in : *L'Homme*, 1999, tome 39 n°152. Esclaves et « sauvages ». pp. 53-88.
- WANTCHÉKON Léonard. « Clientélisme électoral au Bénin. Résultats d'une étude expérimentale de terrain », *Politique africaine*, vol. 90, no. 2, 2003, pp. 145-160.
- ZAJACZKOWSKI Andrzej, « La structure du pouvoir chez les Ashanti de la période de transition », In : *Cahiers d'études africaines*, vol. 3, n°12, 1963. pp. 458-473.

- En Anglais

- CAEIRO Alexandre, « The making of the fatwa. The production of Islamic legal expertise in Europe », *Archives de sciences sociales des religions*, vol. 155, no. 3, 2011, pp. 81-100.

IV : Articles de presse

- https://www.jeuneafrique.com/173903/politique/france-afrique-le-texte-du-discours-de-dakar-prononc-par-fran-ois-hollande/
- https://www.jeuneafrique.com/499017/politique/emmanuel-macron-sur-la-colonisation-on-doit-parler-de-ces-pages-noires-comme-des-pages-glorieuses/
- DEFRESNE Emilie, « Tidiane NDIAYE, La colonisation a mis fin à l'esclavage des noirs par les arabo-musulmans, mais cet esclavage a repris dans l'indifférence », article publié dans le site *Média Presse Info* le 12 Mai 2017, analysant un interview accordé par Jean-Pierre ELKABBACH à l'écrivain Tidiane NDIAYE.

- http://w2.vatican.va/content/francesco/fr/encyclicals/documents/papa-francesco_20150524_enciclica-laudato-si.html
- http://www.forum-scpo.com/relations-internationales-geopolitique-mondialisation/jus-in-bello-jus-ad-bellum-droit-de-la-guerre.htm
- http://www.hadithdujour.com/hadiths/hadith-sur-Le-Croyant-et-le-mecreant-face-a-la-mort_280.asp consulté le 17-01-2018
- https://nofi.fr/2017/04/adn-egyptiens-anciens-eurasien/
- https://rebellyon.info/8-Janvier-1454-l-eglise-catholique,
- https://www.andresilverkonan.com/2016/11/13/saints-africains-meconnus-africains-acte-1-charles-lwanga-kizito-autres/,
- https://www.andresilverkonan.com/2017/02/05/histoire-meconnue-saints-miltiade-premier-pape-africain/,
- https://www.andresilverkonan.com/2017/07/23/les-5-manipulations-politiques-bulle-du-pape-nicolas-v/
- https://www.fabula.org/actualites/le-discours-de-la-suprematie-blanche-autocritique-d-un-imaginaire-falsifie_34161.php consulté le 10/01/2018
- https://www.la-croix.com/Urbi-et-Orbi/Archives/Documentation-catholique-n-2517-B/La-famille-en-Afrique-aujourd-hui-2014-09-03-1200723#
- KODJO-GRANDVAUX Séverine, « *un Colon* », Journal le Monde du 3 décembre 2016.
- NDIAYE Amadou, « *Casamance : le pouvoir des femmes du bois sacré (3/3)* », Article publié dans le journal *le Monde Afrique*, le 16 Décembre 2015.
- SENEZE Nicolas, « Marie dans l'Islam », article paru dans le journal *La Croix*, le 1er Avril 2016.
- STROOBANTS Jean-Pierre, « Entre l'Europe et l'Afrique, la sécurité conditionne l'aide au développement », Article publié dans le journal *Le Monde*, le 28 Novembre 2017.

V : Passages de la Bible

- Genèse 1, 27
- Jean 1,1-18
- Jean 14,7
- Jean 14,7
- Jean 3,17
- La Bible de Jérusalem : 1 Corinthien, 4,34-35
- La Bible de Jérusalem : Ephésiens 5, 21-28
- La Bible de Jérusalem, Genèse 12,10.

- La Bible de Jérusalem, Genèse 13,7
- La Bible de Jérusalem, Jean 15,15
- Matthieu *25, 14-30*
- Psaume 119
- Traduction du Prologue de l'évangile selon Jean par Augustin Crampon, édition en 1894.

VI : Colloques/séminaires/ateliers

➢ Colloques/séminaires/ateliers

En français

- « *Actes du IVe Congrès panafricain de préhistoire* » MORTELMANS George, Musée royal de l'Afrique centrale, 1959, Tervuren 1962.
- « *L'Église et la civilisation noire* », Société Africaine des Cultures (S.A.C), Abidjan, septembre 1977.
- « *Les religions africaines comme source de valeurs de civilisation* », Colloque sur la religion africaine, organisé à Cotonou en 1970, Paris, 1972.
- « *Pour une théologie Africaine* », Yaoundé, 1969.
- « *Religions africaines et christianisme* », Colloque international de Kinshasa, 9-14 janvier 1978.
- « Tradition et Modernisme en Afrique Noire ». In : *Archives de sociologie des religions*, n°20, 1965. pp. 208-209.
- CARTRY Michel, « Introduction, et le lien à la mère et la notion de destin individuel chez les Gourmantché », dans *Actes du colloque sur la notion de personne en Afrique noire*, CNRS, Paris, 1973, p. 15-32, p. 255-282.
- CHARNAY Jean-Paul et CHELHOD Joseph, « Les Structures du sacré chez les Arabes ». In : *Archives de sociologie des religions*, n°20, 1965. pp. 163-164.
- Colloque sur la religion africaine organisé à Abidjan en 1961 sur le thème *Les religions africaines*, Paris, 1962.
- *Colloque sur les religions*, Paris, 1962.
- DESROCHE Henri, « Les Religions africaines traditionnelles », In : *Archives de sociologie des religions*, n°20, 1965. pp. 199-200.
- OLINGA Alain-Didier, « La famille en droit international africain des droits de l'Homme », *Cahiers de l'IDEDH (Montpellier),* N°7, 1999, pp. 210-232.
- POULAT Emile, GUENNOU Jean, « Les Missions étrangères », In : *Archives de sociologie des religions*, n°20, 1965. pp. 180-181.

- PRISO – ESSAWE Samuel-Jacques, « Pratiques traditionnelles et intégrité physique en Afrique subsaharienne. Droit international. Législations nationales et protection des femmes et des enfants », *Cahiers de l'IDEDH (Montpellier),* N°7, 1999, pp. 78-93.
- SANTERRE—VEILLETTE Denise, « Réincarnation et Vie mystique en Afrique noire », in : *Archives de sociologie des religions*, n°22, 1966. pp. 217-218.
- SANTERRE—VEILLETTE Denise, FROELICH J.C, « Animismes. Les Religions païennes de l'Afrique de l'Ouest », In : *Archives de sociologie des religions*, n°20, 1965. pp. 177-178.
- SANTERRE—VEILLETTE Denise, HOLAS B, « L'Afrique noire », in : *Archives de sociologie des religions*, n°20, 1965. pp. 183-184.
- SURGY Albert Néron (de), « Les cérémonies de l'initiation à Afa chez les populations Ewé du littoral », dans *Ann. Univ. Bénin*, Togo, 1979, numéro spécial, p. 65-94.
- Vincent MULAGO in « *Religions africaines et christianisme* », Colloque international de Kinshasa, 9-14 janvier 1978, 1979, p. 44.

En espagnol

- Actas del V Congreso panafricano de Prehistoria y de Estudio del Cuaternario, Santa Cruz de Tenerife, vol. II, 1966.

VII : Thèses et mémoires

Thèses

- ABI-SAAB Rosemary, « *Droit humanitaire et conflits internes. Origine et évolution de la réglementation internationale* » Thèse pour le doctorat en Droit, — Genève : Institut Henry-Dunant/Paris : Pédonne, Université de Genève, 1986. — 280 pages.
- KLIGUEH-GOUDABLA Basile, « *La Géomancie afa et le système vodu chez les Adza-Tado sur la côte ouest-africaine* », Thèse pour le doctorat, Université Paris I, 1993.
- LIBERSKI-BAGNOUD Danouta, « *Rites, pensée, société* », Université de Paris X-Nanterre, Travaux pour l'Habilitation à Diriger des Recherches (HDR), 2003, 249 pages.
- MELONE Stanislas, « *La parenté et la terre dans la stratégie de développement : l'exemple du Sud-Cameroun* », Thèse de doctorat en droit, Paris, Université Paris I, soutenue en 1968.

- MFOUNGUË Cornelia Bounang, « *Le mariage africain, entre Tradition et modernité. Étude socio-anthropologique du couple et du mariage dans la culture gabonaise* », Thèse pour le doctorat en Sociologie de l'Université Paul VALERY— Montpellier III, Mai 2012, 372 pages.
- NDIAYE Amadou « *La confrérie des Mourides et ses rapports avec le pouvoir politique au Sénégal de 1960 à 2000. Contribution à l'histoire de l'islam au Sénégal* », Thèse pour le Doctorat de l'Université de Perpignan (Droit public), 2011, 458 pages.
- NIANG Mamadou, « *Structures parentales et stratégies juridiques du développement (étude appliquée au wolof de la République du Sénégal)* », Thèse en droit et économie des pays d'Afrique, Paris, LAJP, 1970, 279 pages.
- SAIHI Majouba, « *Le Conseil de sécurité des Nations Unies et le droit de l'occupation de guerre* », Thèse pour le Doctorat de l'Université de Toulouse 1 Capitole (Droit public), 2011, XVI-405 pages, — Directeur : Jean-Marie Crouzatier.
- SEYE Almiou « *Islam et sécurité humaine. Contribution à l'étude des confréries musulmanes au Sénégal* », Thèse pour le doctorat de l'Université Lyon 3 Jean Moulin (Sciences politiques) 2011, ressource électronique. — Directeur : David Cumin.
- TRAORÉ Mamadou Lamine, « *Vers une pensée originelle africaine : exposé géomantique, critique de la négritude et du consciencisme* », Thèse pour le doctorat en philosophie, sous la direction d'Henri Birault (1918-1990), Paris Sorbonne, 1979, 144 pages.

➢ Mémoires

- BAMPOKY Gabriel, « *Les Mankagnes, Brame de Bula et Co : origines, migrations et mutations sociales, économiques, politiques et culturelles (1879-1959)* », Mémoire de maitrise, Dakar, UCAD, 1996, 71 pages.
- MACHIN ALVAREZ Laura Inés, « *Être griotte en Casamance aujourd'hui : Analyse des conditions du métier et du contenu des chants des griottes mandingues* », Mémoire de Master à l'Université d'Oslo, Automne 2008, 136 pages.
- NDIAYE Papa Issa, « *L'impact local des revenues migratoires dans le département de Louga (Sénégal) : Approche géographique* »,

Mémoire de maîtrise à l'université Gaston Berger de Saint-Louis, 2007.
- SAUVÉ Jean-Philippe, « *La culture des griots face à la modernisation : représentations de l'évolution de leur musique et de leur rôle social à Saint-Louis du Sénégal* », Mémoire d'études à l'Université du Québec à Montréal, avril 2007,106 pages.

VIII : Revues consultées

Revues consultées :

En français

- Africultures, « *Indépendances Africaines : Chroniques d'une relation, Africultures* », n° 83, 2011, 248 pages.
- BIMWENYI—KWESHI Oscar, « *Le poids de l'homme dans l'univers selon les cultures et les religions africaines traditionnelles* », Présence Africaine, (N° 175-176-177), 2007.
- BIMWENYI—KWESHI Oscar, « *Paul VI et la fondation d'une nouvelle tradition spirituelle en Afrique*, Présence Africaine (N° 172), 2005.
- Cahiers d'Études Africaines, "*50 ans* », Éditions de l'EHESS, N° 198-199-
200, 2010, 914 pages.
- Cahiers d'Études Africaines, « *Territoires sorciers* », Éditions de l'EHESS, n° 189-190, 2008, 392 pages.
- « *Histoire de l'Afrique ancienne, VIIIe-XVIe siècle* ». La Documentation photographique N° 8075. Paris, Mai 2010, Éditions UNESCO.
- Histoire et Missions Chrétiennes, « *La religion africaine réhabilitée ? », Regards changeants sur le fait religieux africain,* Éditions Karthala, n°3, 2007, 204 pages,
- Histoire et Missions Chrétiennes, « *Mission et politique après 1945* », Éditions Karthala, n°14, 2010, 236 pages.
- HISTOIRE GÉNÉRALE DE L'AFRIQUE I, « *Méthodologie et préhistoire africaine », Directeur* du volume Joseph Ki-Zerbo, Éditions UNESCO.
- HISTOIRE GÉNÉRALE DE L'AFRIQUE II, « *Afrique ancienne* » Directeur du volume G. Mokhtar, Éditions UNESCO.
- HISTOIRE GÉNÉRALE DE L'AFRIQUE III, « *L'Afrique du VIIe au XIe siècle* » Directeur du volume M. El Fasi Codirecteur : I. Hrbek, Éditions UNESCO.

- HISTOIRE GÉNÉRALE DE L'AFRIQUE V, « *L'Afrique du XVIe au XVIIIe siècle », Directeur* de volume : B. A. Ogot, Éditions UNESCO.
- HISTOIRE GÉNÉRALE DE L'AFRIQUE VI, « *l'Afrique au XIXe siècle jusque vers les années 1880* », directeur du volume J. F ADE.AJAVI, Éditions UNESCO.
- Les Grands Dossiers des Sciences Humaines, « *L'origine des religions* », Éditions Sciences Humaines, N°5, 2006, 114 pages.
- Recherches de Science Religieuse, « *Théologie des religions (2)* », Centre Sèvres, Tome 96, 2008,156 pages.

En espagnol

- PERICOT GARCIA L et TARRADELL M, "*Manual de Prehistoria africana*". Madrid, Inst. de Estudios africanos, 1962, 346 pages.

TABLE DES MATIÈRES

Structures éditoriales du groupe L'Harmattan

L'Harmattan Italie
Via degli Artisti, 15
10124 Torino
harmattan.italia@gmail.com

L'Harmattan Hongrie
Kossuth l. u. 14-16.
1053 Budapest
harmattan@harmattan.hu

L'Harmattan Sénégal
10 VDN en face Mermoz
BP 45034 Dakar-Fann
senharmattan@gmail.com

L'Harmattan Cameroun
TSINGA/FECAFOOT
BP 11486 Yaoundé
inkoukam@gmail.com

L'Harmattan Burkina Faso
Achille Somé – tengnule@hotmail.fr

L'Harmattan Guinée
Almamya, rue KA 028 OKB Agency
BP 3470 Conakry
harmattanguinee@yahoo.fr

L'Harmattan RDC
185, avenue Nyangwe
Commune de Lingwala – Kinshasa
matangilamusadila@yahoo.fr

L'Harmattan Congo
67, boulevard Denis-Sassou-N'Guesso
BP 2874 Brazzaville
harmattan.congo@yahoo.fr

L'Harmattan Mali
ACI 2000 - Immeuble Mgr Jean Marie Cisse
Bureau 10
BP 145 Bamako-Mali
mali@harmattan.fr

L'Harmattan Togo
Djidjole – Lomé
Maison Amela
face EPP BATOME
ddamela@aol.com

L'Harmattan Côte d'Ivoire
Résidence Karl – Cité des Arts
Abidjan-Cocody
03 BP 1588 Abidjan
espace_harmattan.ci@hotmail.fr

Nos librairies en France

Librairie internationale
16, rue des Écoles
75005 Paris
librairie.internationale@harmattan.fr
01 40 46 79 11
www.librairieharmattan.com

Librairie des savoirs
21, rue des Écoles
75005 Paris
librairie.sh@harmattan.fr
01 46 34 13 71
www.librairieharmattansh.com

Librairie Le Lucernaire
53, rue Notre-Dame-des-Champs
75006 Paris
librairie@lucernaire.fr
01 42 22 67 13

www.ingramcontent.com/pod-product-compliance
Lightning Source LLC
LaVergne TN
LVHW011258061026
849535LV00005B/1302